Raciocínio
Lógico-Matemático
PARA CONCURSOS PÚBLICOS

Teoria e Prática

Grupo
Editorial
Nacional

O GEN | Grupo Editorial Nacional – maior plataforma editorial brasileira no segmento científico, técnico e profissional – publica conteúdos nas áreas de concursos, ciências jurídicas, humanas, exatas, da saúde e sociais aplicadas, além de prover serviços direcionados à educação continuada.

As editoras que integram o GEN, das mais respeitadas no mercado editorial, construíram catálogos inigualáveis, com obras decisivas para a formação acadêmica e o aperfeiçoamento de várias gerações de profissionais e estudantes, tendo se tornado sinônimo de qualidade e seriedade.

A missão do GEN e dos núcleos de conteúdo que o compõem é prover a melhor informação científica e distribuí-la de maneira flexível e conveniente, a preços justos, gerando benefícios e servindo a autores, docentes, livreiros, funcionários, colaboradores e acionistas.

Nosso comportamento ético incondicional e nossa responsabilidade social e ambiental são reforçados pela natureza educacional de nossa atividade e dão sustentabilidade ao crescimento contínuo e à rentabilidade do grupo.

SÉRIE PROVAS & CONCURSOS

DANIEL **LUSTOSA**

Raciocínio
Lógico-Matemático
PARA CONCURSOS PÚBLICOS

Teoria e Prática

- Fechamento desta edição: *06.03.2023*

- **Atendimento ao cliente: (11) 5080-0751 | faleconosco@grupogen.com.br**

- Direitos exclusivos para a língua portuguesa
  Copyright © 2023 *by*
  Editora Forense Ltda.
  Uma editora integrante do GEN | Grupo Editorial Nacional
  Travessa do Ouvidor, 11 – Térreo e 6º andar
  Rio de Janeiro – RJ – 20040-040
  www.grupogen.com.br

- Capa: Bruno Sales Zorzetto
- Revisão: José Carlos Dalsasso

- **CIP – BRASIL. CATALOGAÇÃO NA PUBLICAÇÃO.
  SINDICATO NACIONAL DOS EDITORES DE LIVROS, RJ.**

L99r

Lustosa, Daniel

Raciocínio lógico-matemático para concursos / Daniel Lustosa. – 1. ed. – Rio de Janeiro: Método, 2023.
296 p.; 23 cm

ISBN 978-65-5964-670-8

1. Lógica simbólica e matemática – Problemas, questões, exercícios.
2. Serviço público – Brasil – Concursos. I. Título.

CDD: 511.3
23-82338
CDU: 510.6

Meri Gleice Rodrigues de Souza – Bibliotecária – CRB-7/6439

SUMÁRIO

CAPÍTULO 1
ARITMÉTICA BÁSICA

Aritmética é o ramo da matemática que estuda os números e suas operações.

Conjuntos Numéricos

Os números são divididos em naturais ($\mathbb{N}$), inteiros ($\mathbb{Z}$), racionais ($\mathbb{Q}$), irracionais ($\mathbb{I}$) e reais ($\mathbb{R}$).

Os números naturais são: $\mathbb{N} = \{0, 1, 2, 3, 4, 5, 6, 7, ..., +\infty\}$

Os números inteiros são: $\mathbb{Z} = \{-\infty, ..., -3, -2, -1, 0, 1, 2, 3, ..., +\infty\}$

Os números racionais são as frações: $\mathbb{Q} = \left\{ \dfrac{a}{b}; \begin{array}{l} \text{com a e b} \in \mathbb{Z} \text{ e b} \neq 0; \\ \text{a = numerador e b = denominador} \end{array} \right\}$.

Compõem também o conjunto dos números racionais os números decimais (aqueles escritos com a vírgula e cujo denominador são as potências de 10) e as dízimas periódicas (números em que a parte decimal de repete infinitamente).

Os números irracionais são as dízimas não periódicas e as raízes não exatas.

Os números reais são a união dos números racionais e irracionais.

Operações com números

As **operações com números** são: soma, subtração, multiplicação, divisão e potenciação.

- Somas (+) e subtrações (–) são operações "irmãs":

$2 + 2 = 4$

$2 - 3 = -1$

$-2 + 3 = 1$

$-2 - 2 = -4$

Veja que com sinais iguais basta somar os valores e conservar o sinal, já com sinais diferentes faz-se uma subtração e coloca o sinal do maior numero em valor absoluto.

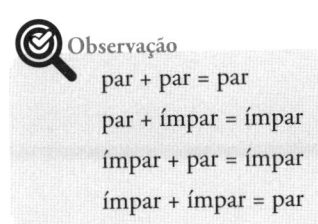 Observação

par + par = par

par + ímpar = ímpar

ímpar + par = ímpar

ímpar + ímpar = par

- Multiplicação (·) e divisão (÷) são operações "irmãs". Na multiplicação e na divisão, temos que fazer o jogo de sinais:

  + · + = +

  + · − = −

  − · + = −

  − · − = +

  $2 \cdot 7 = 14$

  $2 \cdot -7 = -14$

  $-2 \cdot 7 = -14$

  $-2 \cdot -7 = 14$

  $14 \div 2 = 7$

  $14 \div -2 = -7$

  $-14 \div 2 = -7$

  $-14 \div -2 = 7$

Observação

par · par = par

par · ímpar = par

ímpar · par = par

ímpar · ímpar = ímpar

- A potenciação e radiciação – potenciação com expoente fracionário – ficam:

  $a^n = a \cdot a \cdot a \cdot a \cdot ... \cdot a$ (multiplica o "a" tantas vezes quanto for o valor de n; em que a = base e n = expoente)

  $3^4 = 3 \cdot 3 \cdot 3 \cdot 3 = 81$

É importante conhecer algumas propriedades das potências:

$a^0 = 1$ (com $a \neq 0$)

$a^1 = a$

$a^m \cdot a^n = a^{m+n}$

$a^m \div a^n = a^{m-n}$

$(a^m)^n = a^{m \cdot n}$

$a^{m^n} = (a)^{m^n}$

$a^{-m} = \left(\dfrac{1}{a}\right)^m$

$-a^m$ = negativo

$(-a)^m$ = positivo se "m" par e negativo se "m" ímpar

$a^{\frac{m}{n}} = \sqrt[n]{a^m}$

$$\frac{1}{\sqrt{a}} = \left(\frac{1}{\sqrt{a}}\right) \cdot \left(\frac{\sqrt{a}}{\sqrt{a}}\right) = \frac{\sqrt{a}}{a}$$

- Expressões numéricas:

  Para resolver as expressões numéricas:
  - primeiro resolve-se o que está dentro dos parênteses, depois o que está dentro dos colchetes e, por fim, o que está dentro das chaves;
  - após isso, a prioridade entre as operações é a seguinte: primeiro são as potências, depois as multiplicações e divisões e, por fim, as somas e subtrações.

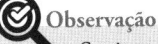
Observação

Se tiver uma soma dentro de um parêntese e uma potência fora do parêntese, primeiro você faz a soma, já que primeiro resolvem-se os parênteses; após resolver os parênteses, resolve-se a potência (o mesmo vale para os colchetes e chaves).

Exemplo:

$2^3 + \{40 \div 4 - [3 \cdot 7 - (11 - 18)]\} =$

$2^3 + \{40 \div 4 - [3 \cdot 7 - (-7)]\} =$

$2^3 + \{40 \div 4 - [3 \cdot 7 + 7]\} =$

$2^3 + \{40 \div 4 - [21 + 7]\} =$

$2^3 + \{40 \div 4 - 28\} =$

$2^3 + \{10 - 28\} =$

$2^3 + \{-18\} =$

$2^3 - 18 =$

$8 - 18 = -10$

Múltiplos e divisores

Múltiplos de um número é o resultado da multiplicação de um numero por todos os números naturais.

Os múltiplos de 3 são, por exemplo:

0, 3, 6, 9, 12, 15, 18, 21, 24, 27, 30, 33, 36, ...

Divisores de um número são os números que dão resultados exatos ao dividir um número qualquer por eles.

Os divisores de 28 são:

1, 2, 4, 7, 14, 28

Números primos

Os **números primos** são números naturais que tem apenas 2 divisores, o 1 e ele mesmo:

2, 3, 5, 7, 11, 13, 17, 19, 23, 29, 31, 37, 41, 43, 47, ...

Fatores primos (fatoração)

Todo número pode ser expresso em **fatores primos**. Para isso, é preciso fatorar esse número. Fatorar é dividir um número pelos números primos com divisões exatas até o resultado das divisões chegar em 1.

Exemplo: 45

$$
\begin{array}{c|l}
45 & 3 \\
15 & 3 \\
5 & 5 \\
\hline
1 & 45 = 3 \cdot 3 \cdot 5
\end{array}
$$

Então, $45 = 3^2 \cdot 5$

Mínimo Múltiplo Comum (MMC)

O **MMC** entre dois ou mais números refere-se ao menor número que é múltiplo ao mesmo tempo desses números. Para determinar o MMC, basta fazer a fatoração – simultânea – desses números e multiplicar todos os fatores primos.

Exemplo:

MMC de 28 e 30

$$
\begin{array}{c|l}
28,30 & 2 \\
14,15 & 2 \\
7,15 & 3 \\
7,5 & 5 \\
7,1 & 7 \\
\hline
1,1 & MMC = 2 \cdot 2 \cdot 3 \cdot 5 \cdot 7 = 420
\end{array}
$$

Máximo Divisor Comum (MDC)

O **MDC** entre dois ou mais números é o maior número que divide ao mesmo tempo esses números. Para determinar o MDC, basta fazer a fatoração – simultânea – desses números e multiplicar os fatores primos que dividiram ao mesmo tempo os números.

Exemplo:

MDC de 30 e 45

$$
\begin{array}{c|l}
30,45 & 2 \\
15,45 & \mathbf{3} \\
5,15 & 3 \\
5,5 & \mathbf{5} \\
\hline
1,1 & MDC = 3 \cdot 5 = 15
\end{array}
$$

Veja que o 3 e o 5 foram os fatores primos que dividiram ao mesmo tempo os números na fatoração.

Quantidade de divisores de um número

Para determinar a quantidade de divisores de um número, basta fazer a sua fatoração, olhar para os expoentes dos fatores primos e seguir a seguinte regra:

Exemplo: 45

$$
\begin{array}{c|l}
45 & 3 \\
15 & 3 \\
5 & 5 \\
\hline
1 & 45 = 3 \cdot 3 \cdot 5
\end{array}
$$

$45 = 3^2 \cdot 5^1$

Número de divisores:
$(2 + \mathbf{1}) \cdot (1 + \mathbf{1}) = 3 \cdot 2 = 6$ divisores

Para determinar esses divisores, tem-se:

$$
\begin{array}{c|c|l}
 & & \mathbf{1} \\
45 & 3 & \mathbf{3} \\
15 & 3 & \mathbf{3, 9} \\
5 & 5 & \mathbf{5, 15, 45} \\
\hline
1 & &
\end{array}
$$

O 1 é divisor de qualquer número, daí segue-se a multiplicar o 3 pelo 1, depois o outro 3 pelo 1 e pelo 3, depois o 5 pelo 1, pelo 3 e pelo 9 (atentar para resultados de multiplicações que já existam).

Logo, os divisores de 45 são: 1, 3, 5, 9, 15, 45.

Divisibilidade

Divisibilidade é saber se um número é divisível por outro ou não.

Os múltiplos de um número são divisíveis por esse número, e esse número é divisor de seus múltiplos.

As regras de divisibilidade são:

- Por 2: um número é divisível por 2 quando ele é par.

  Exemplo:
  36 é divisível por 2, pois 36 é par.

- Por 3: um número é divisível por 3 quando a soma dos seus algarismos for divisível por 3 (múltiplo de 3).
  Exemplo:
  141 é divisível por 3, pois 1 + 4 + 1 = 6 e 6 é múltiplo de 3, logo, divisível por 3.

- Por 4: um número é divisível por 4 quando seus dois últimos algarismos são 00 ou são múltiplos de 4.
  Exemplo:
  164 é divisível por 4, pois 64 é múltiplo de 4.

- Por 5: um número é divisível por 5 quando ele termina em 0 ou em 5.
  Exemplo:
  175 é divisível por 5, pois termina em 5.

- Por 6: um número é divisível por 6 quando ele é divisível por 2 e por 3 ao mesmo tempo.
  Exemplo:
  72 é divisível por 6, pois é par e 7 + 2 = 9.

- Por 8: um número é divisível por 8 quando seus três últimos algarismos são 000 ou são múltiplos de 8.
  Exemplo:
  2.000 é divisível por 8, pois termina em 000.

- Por 9: um número é divisível por 9 quando a soma dos seus algarismos for divisível por 9 (múltiplo de 9).
  Exemplo:
  396 é divisível por 9, pois 3 + 9 + 6 = 18 e 18 é múltiplo de 9, logo, divisível por 9.

- Por 10: um número é divisível por 10 quando ele termina em 0.
  Exemplo:
  730 é divisível por 10, pois termina em 10.

- Por 12: um número é divisível por 12 quando ele é divisível por 3 e por 4 ao mesmo tempo.
  Exemplo:
  1.248 é divisível por 12, pois 1 + 2 + 4 + 8 = 15 e 48 é múltiplo de 4 $\left(\dfrac{1.248}{12} = 104 \right)$.

- Por 7: um número é divisível por 7 quando multiplicando seu último algarismo por 2 e diminuindo esse resultado do restante do número sem o último algarismo o resultado for múltiplo de 7.
  Exemplo:
  364 é divisível por 7, pois 4 · 2 = 8 e 36 − 8 = 28 $\left(\dfrac{364}{7} = 52 \right)$.

- Por 11: um número é divisível por 11 quando a soma dos algarismos de ordem par "menos" a soma dos algarismos de ordem ímpar for múltiplo de 11.
  Exemplo:
  2.739 é divisível por 11, pois 7 + 9 = 16; 2 + 3 = 5; e 16 − 5 = 11 $\left(\dfrac{2.739}{11} = 249 \right)$.

Frações e dízimas periódicas

Fração é a parte de um todo que foi dividido.

$\frac{3}{7}$ quer dizer que um todo foi dividido em 7 partes e dessas 7 partes foram "pegas" 3 partes.

As frações podem ser próprias (numerador menor que o denominador), impróprias (numerador maior que o denominador), aparentes (numerador múltiplo do denominador), mistas (tem uma parte inteira e uma parte própria) e equivalentes (frações que podem ser simplificadas).

$\frac{2}{7}$ = própria

$\frac{11}{4}$ = imprópria

$\frac{18}{3}$ = aparente

$5\frac{1}{14}$ = mista

$\frac{45}{75}$ (simplificando por 3) = $\frac{15}{25}$ (simplificando por 5) = $\frac{3}{5}$ = equivalentes

Dízimas periódicas são números decimais que têm na sua parte decimal (após a vírgula) uma repetição infinita.

2,814141414... é uma dízima periódica, pois tem na sua parte decimal o 14 repetido infinitamente.

Para somar ou subtrair frações com denominadores iguais basta repetir o denominador e somar ou subtrair os numeradores. Para somar ou subtrair frações com denominadores diferentes tem que fazer o MMC dos denominadores, fazer as frações equivalentes e somar ou subtrair os numeradores.

$\frac{5}{18} + \frac{7}{18} = \frac{12}{18}$ (simplificando por 6) = $\frac{2}{3}$

$\frac{3}{5} - \frac{4}{7}$ (MMC de 5 e 7 = 35) = $\frac{21}{35} - \frac{20}{35} = \frac{1}{35}$

Para multiplicar frações basta multiplicar numeradores com numeradores e denominadores com denominadores.

$\frac{2}{7} \cdot \frac{4}{9} = \frac{8}{63}$

Para dividir frações a regra é "conservar" a primeira fração e multiplicar pelo "inverso" da segunda fração.

$\frac{\frac{4}{11}}{\frac{6}{22}} = \frac{4}{11} \cdot \frac{22}{6} = \frac{88}{66}$ (simplificando por 22) = $\frac{4}{3}$

Com as dízimas periódicas a ideia é transformar as dízimas em fração para poder "operar" com elas. Para transformar dízimas em frações as regras são:

Olhando para a parte decimal, ver quantas "casas" têm a parte da dízima e quantas forem essas casas serão a quantidade de 9 no denominador; ainda na parte decimal, se tiver casas não periódicas, estas serão 0 no denominador. Para o numerador basta escrever todo o número até as primeiras "casas" da dízima e subtrair do que não for dízima.

$$0,4444... = \frac{4}{9}$$

$$0,18181818... = \frac{18}{99} \text{ (simplificando por 9)} = \frac{2}{11}$$

$$0,345345345... = \frac{345}{999} \text{ (simplificando por 3)} = \frac{115}{333}$$

$$1,232323... = \frac{123-1}{99} = \frac{122}{99}$$

$$1,37777... = \frac{137-13}{90} = \frac{124}{90} \text{ (simplificando por 2)} = \frac{62}{45}$$

$$2,476666... = \frac{2.476-247}{900} = \frac{2.229}{900} \text{ (simplificando por 3)} = \frac{743}{300}$$

Operações com números decimais

Números decimais são os números "com vírgula".

Para somar ou subtrair os números decimais basta igualar as casas decimais dos números e fazer a soma ou subtração.

$1,47 + 23,8 = 1,47 + 23,80 = 25,27$

$28,3 - 55,66 = 28,30 - 55,66 = -27,36$

Para dividir os números decimais, basta igualar as casas decimais dos números, retirar as vírgulas e fazer a divisão.

$$\frac{92,14}{7,182} = \frac{92,140}{7,182} = \frac{92.140}{7.182} = 12,83 \text{ (aproximadamente)}$$

Para multiplicar os números decimais, basta multiplicar os números e, ao final da multiplicação, contar quantas casas decimais têm ao todo depois das vírgulas e aplicar essa quantidade de casas no resultado.

$9,4 \cdot 13,29 = 124,926$

Observação

Podemos expressar todos os números em função das potências de 10, veja:

$2.100 = 2,1 \cdot 10^3$

$0,28 = 2,8 \cdot 10^{-1}$

$0,007 = 7 \cdot 10^{-3}$

$45 = 4,5 \cdot 10$

Quando a vírgula "anda casas" para trás – para a esquerda – o valor do expoente do 10 aumenta de acordo com a quantidade de casas que essa vírgula "anda"; já quando a vírgula "anda casas" para frente – para a direita – o expoente do 10 diminui de acordo com a quantidade de casas que essa vírgula "anda".

Unidades de Medida (Sistema Legal de Medidas)

Unidades de medidas são os padrões que se usa para entender os valores do que se mede, pesa ou quantifica.

No Sistema Internacional (SI) de Medidas, os padrões são o metro, metro quadrado, metro cúbico, grama, litro, segundo, grau ou radiano e, para o Brasil, o dinheiro é o real.

Comprimento (Distância)

Medido em metro e seus múltiplos e submúltiplos.

km (quilômetro)	hm (hectômetro)	dam (decâmetro)	**m** **(metro)**	dm (decímetro)	cm (centímetro)	mm (milímetro)
\multicolumn{7}{c}{Multiplica por 10 a cada casa à direita Divide por 10 a cada casa à esquerda}						
0,004	0,04	0,4	4	40	400	4.000
0,07	0,7	7	70	700	7.000	70.000
13	130	1.300	13.000	130.000	1.300.000	13.000.000

Área (m²)

Medido em metro e seus múltiplos e submúltiplos.

km² (quilômetro quadrado)	hm² (hectômetro quadrado)	dam² (decâmetro quadrado)	**m²** **(metro** **quadrado)**	dm² (decímetro quadrado)	cm² (centímetro quadrado)	mm² (milímetro quadrado)
\multicolumn{7}{c}{Multiplica por 100 a cada casa à direita Divide por 100 a cada casa à esquerda}						
0,000022	0,0022	0,22	22	2.200	220.000	22.000.000
0,28	28	2.800	280.000	28.000.000	2.800.000.000	280.000.000.000

Massa

Medido em grama e seus múltiplos e submúltiplos.

kg (quilograma)	hg (hectograma)	dag (decagrama)	**g** **(grama)**	dm (decigrama)	cm (centigrama)	mm (miligrama)
\multicolumn{7}{c}{Multiplica por 10 a cada casa à direita Divide por 10 a cada casa à esquerda}						
0,18	1,8	18	180	1.800	18.000	180.000
10	100	1.000	10.000	100.000	1.000.000	10.000.000

Volume ou capacidade

Medido em litro ou em metros cúbicos e seus múltiplos e submúltiplos.

kl (quilolitro)	hl (hectolitro)	dal (decalitro)	l (litro)	dl (decilitro)	cl (centilitro)	ml (mililitro)
Multiplica por 10 a cada casa à direita Divide por 10 a cada casa à esquerda						
0,002	0,02	0,2	2	20	200	2.000
0,08	0,8	8	80	800	8.000	80.000

km³ (quilômetro cúbico)	hm³ (hectômetro cúbico)	dam³ (decâmetro cúbico)	m³ (metro cúbico)	dm³ (decímetro cúbico)	cm³ (centímetro cúbico)	mm³ (milímetro cúbico)
Multiplica por 1.000 a cada casa à direita Divide por 1.000 a cada casa à esquerda						
0,000000009	0,000009	0,009	9	9.000	9.000.000	9.000.000.000
0,00000000006	0,00000006	0,00006	0,06	60	60.000	60.000.000

Observação

Existe uma relação entre o litro e o metro cúbico que é: $1 \text{ m}^3 = 1.000$ litros.

Tempo

O **tempo** é medido em segundo e seus múltiplos (minutos, horas, dias, ...), mas não varia de 10 em 10, nem de 100 em 100, e sim de 60 em 60 e depois segue outras variações.

1 segundo
1 minuto = 60 segundos
1 hora = 60 minutos = 3.600 segundos
12 horas = meio-dia
24 horas = 1 dia
7 dias = 1 semana
15 dias = 1 quinzena
30 dias = 1 mês
2 meses = 1 bimestre
3 meses = 1 trimestre
6 meses = 1 semestre
12 meses = 1 ano
10 anos = 1 década
100 anos = 1 século
1.000 anos = 1 milênio

Ângulos

Os **ângulos** são medidos em graus ou radianos.

$360° = 2\pi$ radianos

$180° = \pi$ radianos

$90° = \dfrac{\pi}{2}$ radianos

$60° = \dfrac{\pi}{3}$ radianos

$45° = \dfrac{\pi}{4}$ radianos

$30° = \dfrac{\pi}{6}$ radianos

Sistema monetário

O **sistema monetário brasileiro** é o **real** (R$). O sistema monetário internacional é balizado pelo dólar (US$).

Outras moedas existem no mundo e a ideia é a conversão de uma moeda em outra, o que depende dos valores de cada moeda no momento da conversão.

Exemplo:

Se, hoje, 1 dólar vale 5,50 reais, então 1.100 reais valem 200 dólares (200 · 5,50 = 1.100).

Os dinheiros (cédulas ou moedas) existentes, hoje, no Brasil são:

0,05 centavos
0,10 centavos
0,25 centavos
0,50 centavos
1,00 real
2,00 reais
5,00 reais
10,00 reais
20,00 reais
50,00 reais
100,00 reais
200,00 reais

Proporcionalidade

Falar de **proporcionalidade** (*n*) é falar de grandezas e das relações entre as grandezas.

Grandezas

Grandeza é tudo que pode ser medido, contado ou quantificado. As grandezas podem ser de mesma "espécie" ou de espécies diferentes. Grandezas de mesma espécie são as que têm a mesma unidade de medida, já grandezas de espécies diferentes são as que têm unidade de medidas diferentes.

A quantidade de pessoas, a altura das pessoas, a idade das pessoas, o peso dos produtos, a distância entre os locais, o tempo etc., tudo isso é grandeza.

As grandezas podem ser direta ou inversamente proporcionais. As grandezas são diretamente proporcionais quando, ao aumentar uma grandeza, a outra aumenta também ou quando, ao diminuir uma grandeza, a outra diminui também. As grandezas são inversamente proporcionais quando, ao aumentar uma, a outra diminui ou quando, ao diminuir uma, a outra aumenta.

Razão

Razão é uma comparação entre grandezas.

É uma fração $\dfrac{a}{b}$ com $b \neq 0$, em que a = antecedente e b = consequente.

Um exemplo clássico de razão entre grandezas de mesma espécie é a razão entre o número de homens e mulheres em determinado ambiente. Já um exemplo clássico entre grandezas de espécie diferentes é a velocidade, que compara a distância e o tempo.

Proporção

Proporção é uma igualdade de razões.

$$\frac{a}{b} = \frac{c}{d}$$

As proporções geralmente são utilizadas para determinar o valor de alguma grandeza pela variação das outras grandezas que estão sendo comparadas.

A propriedade fundamental das proporções é: o produto dos meios é igual ao produto dos extremos (multiplicação cruzada = "cruz credo").

$\dfrac{a}{b} = \dfrac{c}{d}$ (b e c são os meios, veja que na igualdade eles estão no meio; já a e d são os extremos)

$$b \cdot c = a \cdot d$$

Exemplo:

$$\frac{4}{7} = \frac{2}{x}$$

Fazendo "meios por extremos":

$4x = 7 \cdot 2$

$4x = 14$

$x = \dfrac{14}{4}$

Simplificando por 2:

$x = \dfrac{7}{2}$

As proporções têm algumas outras propriedades bem comuns:

- **1ª propriedade**: a soma do antecedente e do consequente de uma razão está para o seu antecedente ou o seu consequente, assim como a soma do antecedente com o consequente da outra razão está para o seu antecedente ou consequente.

$$a + \frac{b}{a} = c + \frac{d}{c}$$

$$a + \frac{b}{b} = c + \frac{d}{d}$$

Exemplo:

$$\frac{2}{7} = \frac{4}{14}$$

$$2 + \frac{7}{2} = 4 + \frac{14}{4}$$

$$\frac{9}{2} = \frac{18}{4}$$

ou

$$\frac{2}{7} = \frac{4}{14}$$

$$2 + \frac{7}{7} = 4 + \frac{14}{14}$$

$$\frac{9}{7} = \frac{18}{14}$$

- **2ª propriedade**: a diferença do antecedente e do consequente de uma razão está para o seu antecedente ou o seu consequente, assim como a diferença do antecedente com o consequente da outra razão está para o seu antecedente ou consequente.

$$a - \frac{b}{a} = c - \frac{d}{c}$$

$$a - \frac{b}{b} = c - \frac{d}{d}$$

Exemplo:

$$\frac{2}{7} = \frac{4}{14}$$

$$2 - \frac{7}{2} = 4 - \frac{14}{4}$$

$$-\frac{5}{2} = -\frac{10}{4}$$

ou

$$\frac{2}{7} = \frac{4}{14}$$

$$2 - \frac{7}{7} = 4 - \frac{14}{14}$$

$$-\frac{5}{7} = -\frac{10}{14}$$

- **3ª propriedade**: a soma dos antecedentes está para a soma dos consequentes, assim como cada antecedente está para o seu consequente.

$$\frac{a+c}{b+d} = \frac{a}{b}$$

$$\frac{a+c}{b+d} = \frac{c}{d}$$

Exemplo:

$$\frac{2}{7} = \frac{4}{14}$$

$$\frac{2+4}{7+14} = \frac{2}{7}$$

$$\frac{6}{21} = \frac{2}{7}$$

ou

$$\frac{2}{7} = \frac{4}{14}$$

$$\frac{2+4}{7+14} = \frac{4}{14}$$

$$\frac{6}{21} = \frac{4}{14}$$

- **4ª propriedade**: a diferença dos antecedentes está para a diferença dos consequentes, assim como cada antecedente está para o seu consequente.

$$\frac{a-c}{b-d} = \frac{a}{b}$$

$$\frac{a-c}{b-d} = \frac{c}{d}$$

Exemplo:

$$\frac{2}{7} = \frac{4}{14}$$

$$\frac{2-4}{7-14} = \frac{2}{7}$$

$$\frac{-2}{-7} = \frac{2}{7}$$

ou

$$\frac{2}{7} = \frac{4}{14}$$

$$\frac{2-4}{7-14} = \frac{4}{14}$$

$$\frac{-2}{-7} = \frac{4}{14}$$

- **5ª propriedade**: o produto dos antecedentes está para o produto dos consequentes, assim como o quadrado de cada antecedente está para o quadrado do seu consequente.

$$\frac{a \cdot c}{b \cdot d} = \frac{a^2}{b^2}$$

$$\frac{a \cdot c}{b \cdot d} = \frac{c^2}{d^2}$$

Exemplo:

$$\frac{2}{7} = \frac{4}{14}$$

$$\frac{2 \cdot 4}{7 \cdot 14} = \frac{2^2}{7^2}$$

$$\frac{8}{98} = \frac{4}{49}$$

ou

$$\frac{2}{7} = \frac{4}{14}$$

$$\frac{2 \cdot 4}{7 \cdot 14} = \frac{4^2}{14^2}$$

$$\frac{8}{98} = \frac{16}{196}$$

Divisão em partes proporcionais

Dividir em partes proporcionais pode ser tanto em partes diretamente proporcionais – quem tem mais fica com mais e quem tem menos fica com menos –, quanto em partes inversamente proporcionais – quem tem mais fica com menos e quem tem menos fica com mais.

Para dividir em partes proporcionais é importante conhecer a constante proporcional (k), que será usada nos cálculos.

Exemplo 1:
Um pai deseja dividir sua herança de R\$ 2.000.000,00 entre seus 3 filhos em partes diretamente proporcionais às idades dos filhos. As idades dos 3 filhos são 12 anos, 13 anos e 15 anos. Com quanto cada filho ficará da herança?

Como a idade dos filhos são 12, 13 e 15 anos e a divisão é em partes diretamente proporcionais, o cálculo fica:

Multiplicando as idades diretamente pela constante k:

$12k + 13k + 15k = 2.000.000$

$40k = 2.000.000$

$$k = \frac{2.000.000}{40}$$

$k = 50.000$

Cada filho, portanto, ficará com:

Filho de 12 anos = $12k$ = 12 · 50.000 = R\$ 600.000

Filho de 13 anos = $13k$ = 13 · 50.000 = R\$ 650.000

Filho de 15 anos = $15k$ = 15 · 50.000 = R\$ 750.000

Exemplo 2:

Um chefe de repartição pretende dividir o trabalho de catalogação de 1.800 processos entre 4 servidores em partes inversamente proporcionais ao tempo de serviço de cada servidor. Os servidores têm 2, 3, 5 e 6 anos de serviço, respectivamente. Quantos processos serão catalogados por cada servidor?

Como os tempos de serviço são 2, 3, 5 e 6 anos e a divisão é em partes inversamente proporcionais, o cálculo fica:

Multiplicando os tempos inversamente pela constante k:

$$\frac{k}{2} + \frac{k}{3} + \frac{k}{5} + \frac{k}{6} = 1.800$$

$$\frac{15k}{30} + \frac{10k}{30} + \frac{6k}{30} + \frac{5k}{30} = 1.800$$

$$\frac{36k}{30} = \frac{1.800}{1}$$

Quando um número não apresenta denominador, na verdade, esse denominador é o 1.

Fazendo "meios por extremos":

$36k = 54.000$.

$$k = \frac{54.000}{36}$$

$k = 1.500$

Cada servidor, portanto, ficará com:

Servidor com 2 anos de serviço = $\dfrac{k}{2} = \dfrac{1.500}{2} = 750$ processos

Servidor com 3 anos de serviço = $\dfrac{k}{3} = \dfrac{1.500}{3} = 500$ processos

Servidor com 5 anos de serviço = $\dfrac{k}{5} = \dfrac{1.500}{5} = 300$ processos

Servidor com 6 anos de serviço $= \dfrac{k}{6} = \dfrac{1.500}{6} = 250$ processos

Regra das torneiras

É um caso específico de divisão proporcional aplicado quando determinada situação é feita em tempos diferentes quando feitas separadas e por outro tempo quando feitas juntas.

$$\frac{1}{t_T} = \frac{1}{t_1} + \frac{1}{t_2}$$

$$t_T = \frac{t_1 \cdot t_2}{(t_1 + t_2)}$$

Exemplo:

Determinado funcionário cataloga 40 processos em 5 horas. Outro funcionário cataloga os mesmos 40 processos em 4 horas. Quanto tempo os dois funcionários catalogariam os processos se fizessem o trabalho juntos?

Aplicando a regra das torneiras:

$$t_T = \frac{t_1 \cdot t_2}{(t_1 + t_2)}$$

$$t_T = \frac{5 \cdot 4}{(5 + 4)}$$

$$t_T = \frac{20}{9}$$

$t_T = 2,2222\ldots$ horas $= 2$ horas 13 minutos e 20 segundos.

Regra de três simples

Regra de três é um dispositivo ou mecanismo prático para calcular proporções.

A regra de três é simples quando compara apenas duas grandezas. O "segredo" é descobrir se as grandezas comparadas são direta ou inversamente proporcionais e fazer o cálculo pedido.

Exemplo:

Para ir da cidade A à cidade B uma família leva 10 horas viajando a 90 km/h. Caso essa família viajasse a 100 km/h, quanto tempo ela levaria para ir de A a B?

As grandezas comparadas aqui são velocidade e tempo. Velocidade e tempo são grandezas inversamente proporcionais, pois, quanto maior a velocidade, menor será o tempo de viagem. Comparando e calculando:

Tempo		Velocidade	
10	↓	90	↑
x		100	

Organizando a proporção:

$$\frac{10}{x} = \frac{100}{90}$$

Veja que quando a grandeza é inversamente proporcional a sua razão fica invertida – troca numerador de denominador de lugar.

Fazendo "meios por extremos":

$100 \cdot x = 90 \cdot 10$

$100x = 900$

$$x = \frac{900}{100}$$

$x = 9$ horas.

Regra de três composta

A **regra de três é composta** quando compara mais de duas grandezas. Determinando quais grandezas são direta e inversamente proporcionais é só fazer o cálculo pedido (a comparação das grandezas é feita sempre com a grandeza que se quer descobrir o valor).

Exemplo:

Quatro pedreiros demoram 10 dias para terminar uma obra, trabalhando 6 horas por dia. Quanto pedreiros seriam necessários para terminar a obra em 6 dias, caso eles trabalhassem 8 horas por dia?

A grandeza que se quer determinar é a quantidade de pedreiros. Comparando pedreiros com dias, quanto mais pedreiros, menos dias de trabalho serão necessários, então essas grandezas são inversamente proporcionais. Comparando pedreiros com horas, quanto mais horas cada pedreiro trabalhar, então menos pedreiros serão necessários para o trabalho, logo essas grandezas também são inversamente proporcionais. Organizando e calculando:

Pedreiros		Dias		Horas	
4	↓	10	↑	6	↑
x		6		8	

$$\frac{4}{x} = \frac{6}{10} \cdot \frac{8}{6}$$

$$\frac{4}{x} = \frac{48}{60} \text{ (simplificando por 12)}$$

$$\frac{4}{x} = \frac{4}{5}$$

Fazendo "meios por extremos":

$4 \cdot x = 4 \cdot 5$

$4x = 20$

$$x = \frac{20}{4}$$

x = 5 pedreiros.

Porcentagem

É uma razão/fração cujo denominador é igual a 100.

- **Taxa percentual:** é o valor que vem acompanhado do símbolo da porcentagem %.
   Exemplo:

   $$4\% = \frac{4}{100}$$

   $$18\% = \frac{18}{100}$$

- **Cálculo de porcentagem:** é a aplicação da taxa percentual a determinado valor. Essa aplicação da taxa percentual é feita por regra de três (sempre de forma diretamente proporcional).
   Exemplo:
   14% de 800

   Calculando:
   800 – 100%
   x – 14%

   Fazendo "meios por extremos":
   $100 \cdot x = 800 \cdot 14$
   $100x = 11.200$

   $$x = \frac{11.200}{100}$$

   x = 112

- **Porcentagens sucessivas:** quando aplicamos a porcentagem sucessiva vezes, devemos ficar atentos para incidir a taxa percentual sobre os valores corretos, principalmente após alguma taxa já ter incidido sobre os valores.
   Exemplo:
   Um produto era vendido a R$ 1.200,00, em janeiro de 2022. Em março, o dono loja resolveu fazer uma campanha e deu 20% de desconto sobre o valor do produto. Em agosto, o dono da loja vendo que as vendas melhoraram e que o estoque estava acabando resolveu aumentar em 20% o valor do produto. Qual o valor do produto em agosto de 2022?
   20% de 1.200 =

   $$\frac{20}{100} \cdot 1.200 =$$

$$\frac{24.000}{100} = 240$$

Logo, em março de 2022, o produto passou a ser vendido a:
1.200 – 240 = 960,00
20% de 960 =

$$\frac{20}{100} \cdot 960 =$$

$$\frac{19.200}{100} = 192$$

Em agosto de 2022, o produto passou a valer:
960 + 192 = 1.152,00

Observação

Note que o desconto de 20% seguido do aumento de 20% não faz o valor voltar para 1.200,00, pois o aumento de 20% não é sobre os 1.200, mas sim sobre 960.

Questões Comentadas de Concursos

(CESPE – 2022 – IBAMA – Técnico Ambiental)

Julgue o item a seguir, com base em conhecimentos da matemática.

1) Dissolvendo-se 450 gramas de cloro em 270 litros de água, obtém-se a mesma concentração que seria obtida ao se dissolver 1,125 quilograma de cloro em 675 litros de água.

Gabarito comentado: fazendo as razões e verificando a proporção entre elas, fica:

$$\frac{cloro}{água}$$

$$\frac{450 \text{ g}}{270 \text{ L}}$$

1,125 quilograma = 1.125 gramas

$$\frac{1.125 \text{ g}}{675 \text{ L}}$$

Colocando na proporção:

$$\frac{450 \text{ g}}{270 \text{ L}} = \frac{1.125 \text{ g}}{675 \text{ L}}$$

Fazendo "meios por extremos":

303.750 = 303.750

Logo, as duas misturas têm a mesma concentração.

Portanto, a assertiva do enunciado está correta.

(CESPE/CEBRASPE – 2022 – PC/PB – Perito)

2) Em certa localidade, o número de crimes registrados por mês é inversamente proporcional ao número de agentes de segurança em atuação no mês, e a constante de proporcionalidade depende de fatores como recursos disponíveis para uso da força policial, tamanho populacional e desigualdade social. Se, em dado mês, nessa localidade, havia um efetivo de 2.100 agentes de segurança e foram registrados 600 crimes, então, para atingir a meta de 450 registros de crimes por mês, o número de agentes de segurança em atuação deve ser igual a:

A) 1.575.

B) 3.150.

C) 2.550.

D) 2.700.

E) 2.800.

Gabarito comentado: calculando a proporção – inversa – para descobrir o número de policiais, fica:

Ag. segurança		Crimes	
2.100	↓	600	↑
x		450	

$$\frac{2.100}{x} = \frac{450}{600}$$

Fazendo "meios por extremos":

$450x = 600 \cdot 2.100$

$450x = 1.260.000$

$$x = \frac{1.260.000}{450}$$

$x = 2.800$ agentes.

Portanto, a letra E é o gabarito.

(FGV – 2022 – MPE/GO – Analista em Informática)

3) Antônio teve seu aluguel reajustado em 10%. O valor do aluguel reajustado é R$ 2.772,00.

O valor do aluguel de Antônio antes do reajuste era:

A) R$ 2.072,00.

B) R$ 2.494,80.

C) R$ 2.520,00.

D) R$ 2.507,70.

E) R$ 2.527,20.

Gabarito comentado: se o aluguel já reajustado passou para 2.772,00, então o aluguel antes do reajuste era:

%   –   valor

110%   –   2.772

100%   – x

Na porcentagem, a regra de três é sempre diretamente proporcional.

Fazendo "meios por extremos":

$110x = 277.200$

$$x = \frac{277.200}{110}$$

$x = R\$ 2.520,00$

Portanto, a letra C é o gabarito.

(FGV – 2022 – TJ/TO – Técnico Judiciário)

4) Carlos fez a lista de todos os múltiplos positivos de 3 que são menores que 500. Em seguida, retirou dessa lista todos os números que eram múltiplos de 4.

Depois disso, o número de elementos da lista de Carlos era:

A) 121.

B) 122.

C) 123.

D) 124.

E) 125.

Gabarito comentado: os múltiplos de 3 menores que 500 são:

3, 6, 9, ..., 498

Ao todo, são 166 múltiplos de 3 menores que 500. Desses 166 múltiplos de 3, os múltiplos também de 4 são, na verdade, os múltiplos de 12:

12, 24, 36, ..., 492

Ao todo, são 41 os múltiplos de 12 (múltiplos de 3 e múltiplos de 4 ao mesmo tempo).

Agora, retirando dos 166 múltiplos de 3 os 41 múltiplos de 3 e 4 ao mesmo tempo (múltiplos de 12), têm-se 125 múltiplos na lista de Carlos.

Portanto, a letra E é o gabarito.

(FGV – 2022 – PC/RJ – Auxiliar Policial de Necropsia de 3ª Classe)

5) Em certa corrida de Fórmula 1, o vencedor percorreu as 75 voltas programadas com tempo médio por volta de 1 minuto e 32 segundos.

O tempo total de corrida gasto pelo vencedor foi de:

A) 1h35min.

B) 1h40min.

C) 1h45min.

D) 1h50min.

E) 1h55min.

Gabarito comentado: se cada volta foi dada em um tempo médio de 1 minuto e 32 segundos (92 segundos), então as 75 voltas foram dadas em:

75 · 92 segundos = 6.900 segundos.

6.900 segundos (÷ 60) = 115 minutos.

115 minutos = 1 hora e 55 minutos.

Portanto, a letra E é o gabarito.

(FGV – 2022 – PC/RJ – Auxiliar Policial de Necropsia de 3ª Classe)

6) Considere a soma

$\dfrac{1}{6}+\dfrac{3}{8}+\dfrac{7}{10}=\dfrac{a}{b}$, sendo os números naturais a e b primos entre si.

O valor da soma $a + b$ é:

A) 35.

B) 47.

C) 181.

D) 227.

E) 269.

Gabarito comentado: somando as frações, fica:

$\dfrac{1}{6}+\dfrac{3}{8}+\dfrac{7}{10}=$

(MMC de 6, 8, 10 = 120)

$\dfrac{20}{120}+\dfrac{45}{120}+\dfrac{84}{120}=$

$\dfrac{149}{120}=\dfrac{a}{b}$

149 e 120 são primos entre si, pois não têm divisores em comum, então a = 149 e b = 120. Somando $a + b$:

$a + b$ = 149 + 120 = 269.

Portanto, a letra E é o gabarito.

(FGV – 2022 – PC/AM – Investigador de Polícia)

7) Em certo município do sul do Estado do Amazonas, o índice pluviométrico no ano 2010 foi 30% menor do que o do ano anterior e, em 2011, foi 40% maior do que o do ano anterior.

Nesse município, o índice pluviométrico de 2011 foi, com relação ao índice de 2009:

A) Maior em 10%.

B) Maior em 2%.

C) Igual.

D) Menor em 2%.

E) Menor em 10%.

Gabarito comentado: em porcentagem, quando não for dado o valor-base, pode considerar o 100, que fica mais fácil de calcular e comparar. O ano-base é 2009 e o valor-base vamos considerar o 100. Calculando as variações de %, têm-se:

2009 = 100

2010 = 30% menor que 2009

(30% de 100 = 30)

2010 = 100 – 30 = 70

2011 = 40% maior que 2010

$$\left(40\% \text{ de } 70 = \frac{40}{100} \cdot 70 = \frac{2.800}{100} = 28\right)$$

2011 = 70 + 28 = 98

Comparando 2011 com 2009, 98 é menor que 100 em 2 unidades, então em 2011 o índice pluviométrico ficou 2% (2 de 100 = 2%) menos que em 2009.

Portanto, a letra D é o gabarito.

(FGV – 2022 – PM/AM – Soldado)

8) Em certo estado, a Coordenadoria de Missões Especiais tem seu diretor trocado de 8 em 8 meses e a Coordenadoria de Operações tem seu diretor trocado de 10 em 10 meses. Sabe-se que, em julho de 2021, as duas coordenadorias tiveram seus diretores trocados simultaneamente.

A próxima troca simultânea dos dois diretores ocorrerá em:

A) Outubro de 2023.

B) Março de 2024.

C) Julho de 2024.

D) Novembro de 2024.

E) Janeiro de 2025.

Gabarito comentado: se os diretores são trocados de 8 em 8 e de 10 em 10 meses, respectivamente, e se em julho de 2021 eles foram trocados simultaneamente, a próxima troca simultânea será em um período coincidente aos 8 e 10 meses simultaneamente. Calculando isso:

MMC de 8 e 10 = 40

40 meses = 3 anos e 4 meses

Julho de 2021 + 3 anos e 4 meses = novembro de 2024.

Portanto, a letra D é o gabarito.

(FGV – 2022 – SEFAZ/AM – Técnico de Arrecadação de Tributos Estaduais)

9) Um pote contém entre 150 e 200 balas. Miguel reparou que separando essas balas em grupos de 5 sobravam 2 balas, e que, separando em grupos de 7, sobravam também 2 balas.

Se Miguel separasse as balas em grupos de 9 balas, sobrariam:

A) 0.

B) 2.

C) 4.

D) 6.

E) 8.

Gabarito comentado: se em grupos de 5 sobram 2, e se dividir em grupos de 7 também sobram 2, então a quantidade de balas é um múltiplo de 5 e 7 ao mesmo tempo "mais" 2 unidades (entre 150 e 200). Calculando isso:

MMC de 5 e 7 = 35

Múltiplos de 35: 35, 70, 105, 140, 175, 210, ...

Então, a quantidade de balas é 175 + 2 = 177.

Agora, dividindo 177 por 9 (para formar os grupos de 9), fica:

$\frac{177}{9} = 19$ grupos "mais" 6 balas. Então, sobram 6 balas.

Portanto, a letra D é o gabarito.

(FGV – 2022 – Prefeitura de Manaus/AM – Especialista em Saúde)

10) 18 advogados devem examinar 400 contas bancárias dos envolvidos em um processo de fraude. Em 14 dias esses advogados examinaram 150 contas e, nesse momento, 4 advogados foram transferidos para outro trabalho.

Os advogados restantes terminaram de examinar as contas em:

A) 20 dias.

B) 24 dias.

C) 28 dias.

D) 30 dias.

E) 35 dias.

Gabarito comentado: se em 14 dias foram examinados 150 processos por 18 advogados, então nos outros dias terão que ser examinados os 250 processos (400 – 150 = 250) restantes por 14 advogados (18 – 4 = 14). Organizando a regra de três e calculando os dias, tem-se:

Advogados		Dias		Processos	
18	↓	14	↑	150	↑
14		x		250	

Comparando dias e advogados, temos que as grandezas são inversamente proporcionais, pois menos advogados demorarão mais dias para examinar os processos. Comparando dias e processos, temos que as grandezas são diretamente proporcionais, já que mais processos serão examinados em mais dias.

Fazendo a proporção:

$\frac{14}{x} = \frac{14}{18} \cdot \frac{150}{250}$

$$\frac{14}{x} = \frac{2.100}{4.500}$$

Fazendo "meios por extremos":

$2100x = 63.000$

$$x = \frac{63.000}{2.100}$$

$x = 30$ dias

Logo, os 14 advogados demorarão 30 dias para examinar os 250 processos restantes.

Portanto, a letra D é o gabarito.

(VUNESP – 2022 – TJ/SP – Psicólogo Judiciário)

11) A modelagem de certo problema resultou no número $\sqrt[5]{243^2}$, que também pode ser representado por:

A) 7.
B) 9.
C) 5.
D) 11.
E) 13.

Gabarito comentado: calculando o que foi pedido:

$$\sqrt[5]{243^2} =$$

$$\sqrt[5]{\left(3^5\right)^2} =$$

$$\sqrt[5]{3^{10}} =$$

$$3^{\frac{10}{5}} =$$

$$3^{\frac{10}{5}} = 3^2 = 9$$

Portanto, a letra B é o gabarito.

(Quadrix – 2022 – CRECI/RO – 24ª Região – Fiscal)

12) Com velocidade média constante, em uma viagem de carro, Enzo fez um percurso de 500 km, da cidade A até a cidade B, em 6 horas e 15 minutos. Também com velocidade média constante, Maria Valentina fez o mesmo percurso de carro, porém no sentido oposto, em 8 horas e 20 minutos.

Com base nessa situação hipotética, julgue o item.

A razão entre os tempos de percurso de Enzo e Valentina é igual a 0,75.

Gabarito comentado: o tempo de Enzo foi de 6 horas e 15 minutos, logo foi de 375 minutos. O tempo de Valentina foi de 8 horas e 20 minutos, logo, foi de 500 minutos. Calculando a razão:

$$\frac{375}{500} =$$

(multiplicando por 2)

$\dfrac{750}{1.000} =$

(simplificando por 10)

$\dfrac{75}{100} = 0,75$

Portanto, a assertiva do enunciado está correta.

(Quadrix – 2022 – CRECI/RO – 24ª Região – Fiscal)

13) Com velocidade média constante, em uma viagem de carro, Enzo fez um percurso de 500 km, da cidade A até a cidade B, em 6 horas e 15 minutos. Também com velocidade média constante, Maria Valentina fez o mesmo percurso de carro, porém no sentido oposto, em 8 horas e 20 minutos.

Com base nessa situação hipotética, julgue o item.

A velocidade média de Enzo foi de 80 km/h.

Gabarito comentado: velocidade é uma razão da distância pelo tempo. Calculando essa razão com a distância em quilômetro e o tempo em horas (6 horas e 15 minutos = 6,25 horas), fica:

$V = \dfrac{d}{t}$

$V = \dfrac{500}{6,25}$

$V = \dfrac{50.000}{625}$

$V = 80$ km/h.

Portanto, a assertiva do enunciado está correta.

Acesse a Plataforma Digital com questões de concursos interativas com gabarito selecionadas para você praticar. Para acessá-la, veja o passo a passo na orelha desta obra.

CAPÍTULO 2
ÁLGEBRA BÁSICA

Álgebra é uma consequência da aritmética. A aritmética trata das operações com números, a álgebra, por sua vez, trata da relação com os números, inclusive com o uso de incógnitas (valor desconhecido que se quer determinar = equações) e variáveis (valores assumidos que geram outros valores nas relações entre os números = funções).

Equações de 1º Grau

É a equação que tem a incógnita no 1º grau (apenas x). Escrita na forma genérica como:

$$ax + b = 0$$

A ideia é achar o valor de x, somando, subtraindo, multiplicando e dividindo os valores. Geralmente, as equações de 1º grau são obtidas a partir dos problemas matemáticos mais simples.

Exemplo:

José comprou 4 jogos de computador e pagou por isso R$ 300,00 em espécie, recebendo R$ 34,00 de troco do vendedor. Quanto custa cada jogo, sabendo que todos os 4 jogos têm o mesmo valor?

Jogos = x

$4x + 34 = 300$

$4x = 300 - 34$

$4x = 266$

$$x = \frac{266}{4}$$

$x = 66,50$ reais cada jogo.

Equações de 2º Grau

É a equação que tem a incógnita no 2º grau (x^2). Escrita na forma genérica como:

$$ax^2 + bx + c = 0$$

Como a incógnita está no 2º grau, ela pode assumir até dois valores no conjunto dos números reais.

Para achar os valores de "x" usa-se a fórmula de Bhaskara e calcula-se em duas etapas (fórmula do discriminante, vulgo "delta" = Δ):

$$\Delta = b^2 - 4 \cdot a \cdot c$$

$$x = \frac{\left(-b \pm \sqrt{\Delta}\right)}{2a}$$

$$x' = \frac{\left(-b + \sqrt{\Delta}\right)}{2a}$$

$$x'' = \frac{\left(-b - \sqrt{\Delta}\right)}{2a}$$

Exemplo:

Quais os valores de "x" que tornam a equação $2x^2 - 14x + 16 = -8$?

$2x^2 - 14x + 16 = -8$

$2x^2 - 14x + 16 + 8 = 0$

$2x^2 - 14x + 24 = 0$

$a = 2, b = -14, c = 24$

$\Delta = b^2 - 4 \cdot a \cdot c$

$\Delta = (-14)^2 - 4 \cdot 2 \cdot 24$

$\Delta = 196 - 192$

$\Delta = 4$

$$x = \frac{\left(-b \pm \sqrt{\Delta}\right)}{2 \cdot a}$$

$$x = \frac{\left[-(-14) \pm \sqrt{4}\right]}{2 \cdot 2}$$

$$x' = \frac{(14 + 2)}{4}$$

$$x' = \frac{16}{4}$$

$$x' = 4$$

$$x'' = \frac{(14 - 2)}{4}$$

$$x'' = \frac{12}{4}$$

$$x'' = 3$$

Observação

1. Quando $\Delta > 0$, a equação tem duas raízes reais diferentes; quando $\Delta = 0$, a equação tem duas raízes reais iguais; quando $\Delta < 0$, a equação tem suas raízes no conjunto dos números complexos.

2. Existe ainda uma relação entre as raízes da equação de 2º grau, que é:

Relação entre a soma e o produto das raízes:

$$ax^2 + bx + c = 0$$

$$\text{Soma} = S = x' + x'' = -\frac{b}{a}$$

$$\text{Produto} = P = x' \cdot x'' = \frac{c}{a}$$

$$x^2 - Sx + P = 0$$

Exemplo:

Na equação $2x^2 - 14x + 24 = 0$, as raízes são $x' = 4$ e $x'' = 3$. Fazendo a relação entre a soma e o produto das raízes, a equação fica:

$S = 4 + 3 = 7$

$P = 4 \cdot 3 = 12$

$x^2 - 7x + 12 = 0$

Simplificando $2x^2 - 14x + 24 = 0$ por 2:

$x^2 - 7x + 12 = 0$, provando a relação mencionada.

Sistema de Equações (de 1º Grau)

Nos sistemas de equações, há duas incógnitas a serem descobertas. Escrito na forma genérica, temos:

$$\begin{cases} ax + by = 0 \\ cx + dy = 0 \end{cases}$$

Os métodos para resolver o sistema de equação são o método da adição e o método da substituição.

Os sistemas de equações são obtidos por problemas matemáticos.

Exemplo:

Em um estacionamento, dentre motos e carros, há 54 veículos e um total de 156 rodas. Quantas motos e quantos carros têm nesse estacionamento?

x = carros

y = motos

$$\begin{cases} x + y = 54 \\ 4x + 2y = 156 \end{cases}$$

Resolvendo pelo método da adição:

$$\begin{cases} x + y = 54 \ (-2) \\ 4x + 2y = 156 \end{cases}$$

$$\begin{cases} -2x - 2y = -108 \\ 4x + 2y = 156 \end{cases}$$

Somando as equações:

$2x = 48$

$$x = \frac{48}{2}$$

$x = 24$ carros

$x + y = 54$

$24 + y = 54$

$y = 54 - 24$

$y = 30$ motos

Resolvendo pelo método da substituição:

$$\begin{cases} x + y = 54 \ (I) \\ 4x + 2y = 156 \ (II) \end{cases}$$

$$\begin{cases} x = 54 - y \ (I) \\ 4x + 2y = 156 \ (II) \end{cases}$$

Substituindo (I) em (II):

$$4 \cdot (54 - y) + 2y = 156$$

$$216 - 4y + 2y = 156$$

$$-2y = 156 - 216$$

$$-2y = -60 \ (-1)$$

$$2y = 60$$

$$y = \frac{60}{2}$$

$$y = 30 \ \text{motos}$$

$$x = 54 - y$$

$$x = 54 - 30$$

$$x = 24 \ \text{carros}$$

Equações Exponenciais

Equações exponenciais são aquelas em que há uma incógnita no expoente.

Para resolver questões com essas equações, usam-se as propriedades das potências.

Exemplo:

$$16^{3x+2} = 256^{x+3}$$

$$\left(2^4\right)^{3x+2} = \left(2^8\right)^{x+3}$$

$$2^{4(3x+2)} = 2^{8(x+3)}$$

$$2^{12x+8} = 2^{8x+24}$$

$$12x + 8 = 8x + 24$$

$$12x - 8x = 24 - 8$$

$$4x = 16$$

$$x = \frac{16}{4}$$
$$x = 4$$

Equações Logarítmicas

Para falar de **equações logarítmicas** é preciso primeiro conhecer os logaritmos.

Logaritmo está relacionado com as equações exponenciais. Por definição, logaritmo é expresso por:

$$\log_a^b = x$$
$$a^x = b$$

em que a = base, b = logaritmando, $a > 0$, $a \neq 1$ e $b > 0$.

As propriedades dos logaritmos são:

$$\log_a^1 = 0$$

$$\log_a^a = 1$$

$$\log_a^{(b \cdot c)} = \log_a^b + \log_a^c$$

$$\log_a^{\left(\frac{b}{c}\right)} = \log_a^b - \log_a^c$$

$$\log_a b^n = n \cdot \log_a^b$$

$$\log_{a^n} b = \frac{1}{n} \cdot \log_a^b$$

$$a^{\log_a^b} = b$$

$$\log_a^b = \frac{\log_c^b}{\log_c^a}$$

$$\log_a^b \cdot \log_b^a = 1$$

Observação

Sempre que a base não aparece no logaritmo, essa base é igual a 10 $\left(\log^2 = \log_{10}^2\right)$. Dito isto, os logaritmos de 10 e as potências de 10 serão os números naturais, veja:

$$\log^{10} = 1;$$
$$\log^{100} = \log 10^2 = 2;$$
$$\log^{1.000} = \log 10^3 = 3; \text{ e assim por diante.}$$

As equações logarítmicas são aquelas que têm a incógnita no logaritmando.

Exemplo:

$$\log_3^{2x+5} + \log_3^4 = 5$$

$$\log_3^{4 \cdot (2x+5)} = 5$$

$$\log_3{}^{8x+20} = 5$$
$$8x + 20 = 3^5$$
$$8x + 20 = 243$$
$$8x = 243 - 20$$
$$8x = 223$$
$$x = \frac{223}{8}$$

Inequações

As equações são igualdades, já as **inequações** são desigualdades. Nas inequações, tem-se que a incógnita será: maior que (>), menor que (<), maior igual a (≥) e menor igual a (≤).

Exemplo:

$$7x + 18 > 88$$
$$7x > 88 - 18$$
$$7x > 70$$
$$x > \frac{70}{7}$$
$$x > 10$$
$$22 - 4x < 6$$
$$-4x < 6 - 22$$
$$-4x < -16 \; (-1)$$

 Observação

Quando multiplicamos a inequação por −1, o sinal de > ou < muda também:

$$4x > 16$$
$$x > \frac{16}{4}$$
$$x > 4$$

Funções

Enquanto as equações são igualdades para achar o valor de uma incógnita, as **funções** são relações entre valores.

As relações podem ser escritas de diversas formas, dentre as quais:

$$f(x) = ax + b \text{ ou}$$

$$f(x) = ax^2 + bx + c \text{ ou qualquer outra relação.}$$

Nessas relações, $f(x) = y$, e, quando o "x" varia, o "y" varia também.

Produto cartesiano e gráficos (interpretação gráfica)

As relações entre os valores em uma função são relações entre o "x" e o "y" em um plano cartesiano formando um gráfico. Para cada valor de x existe um valor de y correspondente, formando o par (x, y).

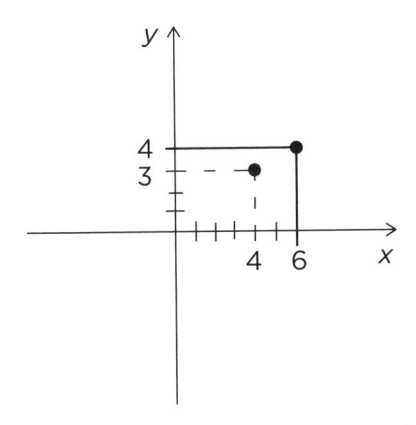

No gráfico, perceba que o valor de $x = 4$ se relaciona com o valor de $y = 3$, formando o par ordenado $(4, 3)$. Já o par ordenado $(6, 4)$ relaciona o valor de $x = 6$ e o valor de $y = 4$.

Desses dois pares ordenados, podemos determinar a função desse gráfico em um sistema:

$$f(x) = ax + b$$

$$\begin{cases} 3 = 4a + b \\ 4 = 6a + b \end{cases}$$

Resolvendo o sistema:

$$\begin{cases} 3 = 4a + b \ (-1) \\ 4 = 6a + b \end{cases}$$

$$\begin{cases} -3 = -4a - b \\ 4 = 6a + b \end{cases}$$

Somando as equações:

$$1 = 2a$$

$$a = \frac{1}{2}$$

$$3 = 4a + b$$

$$3 = 4 \cdot \left(\frac{1}{2} \right) + b$$

$$3 = \frac{4}{2} + b$$

$$3 = 2 + b$$

$$3 - 2 = b$$

$$b = 1$$

Com isso, a função do gráfico é:

$$f(x) = ax + b$$

$$y = \frac{x}{2+1}$$

Domínio, imagem e contradomínio

Em função, o **domínio** são os valores de "x", a **imagem** são os valores de "y" e o **contra-domínio** são os possíveis valores de "y".

> **Observação**
>
> Não confunda contradomínio com imagem. O contradomínio são todos os valores possíveis para y na relação com x, já a imagem são os valores de y na relação com x.

Função injetora, sobrejetora e bijetora

Uma função é **injetora** quando cada elemento distinto do domínio x tem um único elemento distinto no contradomínio.

Uma função é **sobrejetora** quando a imagem é igual ao contradomínio.

Uma função é **bijetora** quando ela é injetora e sobrejetora ao mesmo tempo.

Função constante, crescente, decrescente

Uma função $f(x) = ax + b$ é **constante** quando $a = 0$, ou seja, para qualquer valor de x, o valor de y é sempre o mesmo.

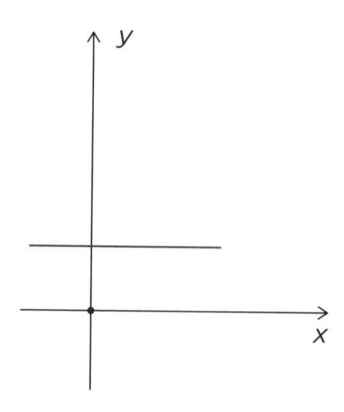

Uma função $f(x) = ax + b$ é **crescente** quando $a > 0$, ou seja, para cada valor de x, o valor de y aumenta.

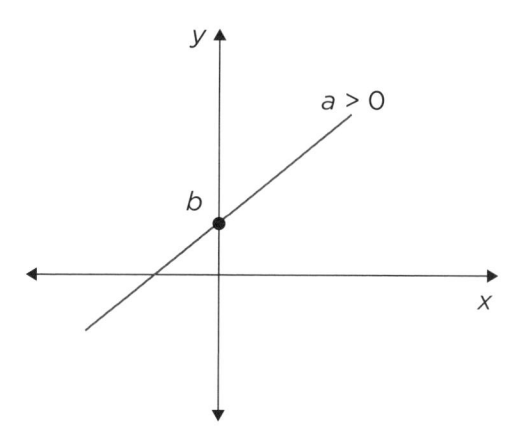

Uma função $f(x) = ax + b$ é **decrescente** quando $a < 0$, ou seja, para cada valor de x, o valor de y diminui.

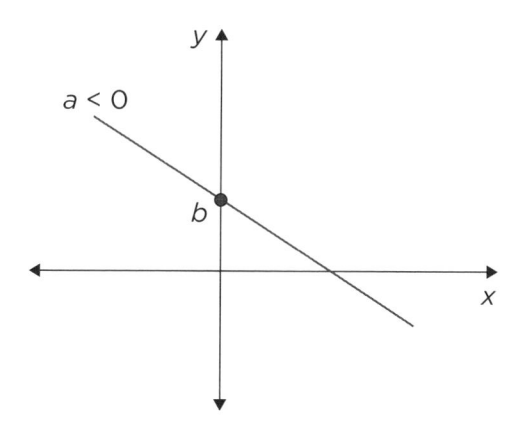

Funções pares e ímpares

Função **par** é a função que $f(-x) = f(x)$. Função **ímpar** é a função que $f(-x) = -f(x)$.
Os clássicos das funções pares e ímpares são:
$f(x) = x^2$ (função par)
$f(x) = x^3$ (função ímpar)

Função de 1º Grau (Função Afim)

Função de 1º grau (ou função afim) é a função escrita na forma $f(x) = ax + b$, em que x está "elevado" a 1 e $a \neq 0$.

O gráfico da função de 1º grau é sempre uma reta paralela ao eixo x (função constante), ou uma reta inclinada para cima (função crescente, $a > 0$), ou uma reta inclinada para baixo (função decrescente, $a < 0$).

Função de 2º Grau (Função Quadrática)

Função de 2º grau (ou função quadrática) é a função escrita na forma $f(x) = ax^2 + bx + c$, em que x está "elevado" a 2 e $a \neq 0$.

O gráfico da função de 2º grau é uma parábola, que pode ter sua abertura voltada para cima (a > 0) ou voltada para baixo ($a < 0$).

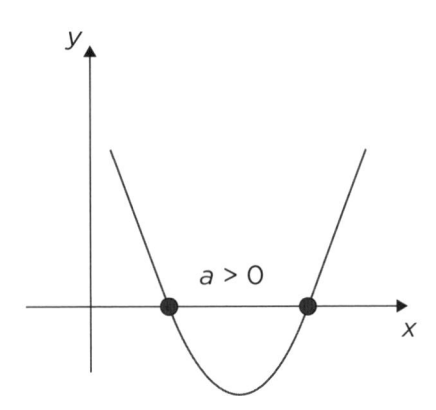

ou

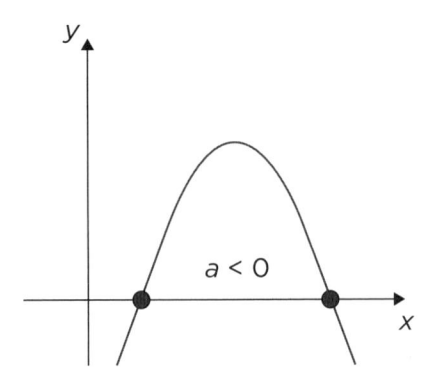

Máximos e mínimos

Quando $a > 0$, tem-se o ponto de mínimo e o valor de mínimo. O ponto de mínimo é o X_v (x do vértice), valor de x em que a função deixa de ser decrescente e passa a ser crescente. O Y_v (y do vértice) é o menor valor assumido pela função $f(x)$.

Quando $a < 0$, tem-se o ponto de máximo e o valor de máximo. O ponto de máximo é o X_v (x do vértice), valor de x em que a função deixa de ser crescente e passa a ser decrescente. O Y_v (y do vértice) é o maior valor assumido pela função $f(x)$.

Para calcular o X_v e o Y_v, usam-se as seguintes fórmulas:

$$X_v = \frac{-b}{2a}$$

e

$$Y_v = \frac{-\Delta}{4a}$$

Outra forma de calcular o Y_v é substituir o valor do X_v na função $f(x) = ax^2 + bx + c$.

Exemplo:

Qual o máximo valor assumido pela função $y = -x^2 + 4x - 7$?

Calculando o X_v:

$$X_v = \frac{-b}{2a}$$

$$X_v = \frac{-4}{2(-1)}$$

$$X_v = \frac{-4}{-2}$$

$$X_v = 2$$

Substituindo X_v na função:

$y = -x^2 + 4x - 7$
$y = -(2)^2 + 4(2) - 7$
$y = -(4) + 8 - 7$
$y = -11 + 8$
$y = -3$

Portanto, o máximo valor assumido pela função é -3.

Questões Comentadas de Concursos

(CESPE – 2022 – IBAMA – Técnico Ambiental)

Julgue os itens a seguir, com base em conhecimentos da matemática.

1) Considere que a soma do peso de três lobos-guará (A, B e C) seja igual a 67,5 kg, que o lobo B seja 10% mais pesado que o lobo A e que o lobo C seja 7,52 kg mais leve que o lobo A. Nesse caso, o peso do lobo A é igual a 24,2 kg.

Gabarito comentado: organizando os dados de acordo com o enunciado fica:

$A = x$

$B = 1{,}1x$ (10% de 1 = 0,1)

$C = x - 7{,}52$

Como, ao todo, os 3 lobos pesam 67,5 kg, têm-se:

$A + B + C = 67{,}5$

$x + 1{,}1x + x - 7{,}52 = 67{,}5$

$3{,}1x = 67{,}5 + 7{,}52$

$3{,}1x = 75{,}02$

$$x = \frac{75{,}02}{3{,}1}$$

$x = 24{,}2$ kg

Então, o lobo A pesa 24,2 kg.

Portanto, a assertiva do enunciado está correta.

(CESPE/CEBRASPE – 2022 – PC/PB – Perito)

2) Na compra de dois coletes e três caixas de munições, um policial pagou R$ 340; outro policial comprou três coletes e duas caixas de munições por R$ 360. Considerando-se que os preços unitários dos referidos produtos tenham sido os mesmos nas duas compras, é correto afirmar que um policial que compre um colete e uma caixa de munições pagará:

A) R$ 60.

B) R$ 70.

C) R$ 80.

D) R$ 140.

E) R$ 700.

Gabarito comentado: organizando os dados de acordo com o enunciado fica:

Colete = x

Caixas de munição = y

$$\begin{cases} 2x + 3y = 340 \\ 3x + 2y = 360 \end{cases}$$

Como a questão quer saber o preço de um colete e uma caixa de munição ($x + y$), basta somar as duas equações e simplificar. Veja:

$5x + 5y = 700$

Simplificando tudo por 5:

$x + y = 140$

Portanto, a letra D é o gabarito.

(FGV – 2022 – MPE/GO – Analista em Informática)

3) Alberto tem dois filhos cujas idades têm 1 ano de diferença. Hoje, a idade do pai é o triplo da soma das idades dos filhos e daqui a 22 anos a idade do pai será igual à soma das idades dos filhos.

Alberto tem hoje:

A) 27 anos.

B) 33 anos.

C) 36 anos.

D) 39 anos.

E) 45 anos.

Gabarito comentado: organizando os dados de acordo com o enunciado fica:

Alberto hoje = x

Filho 1 hoje = y

Filho 2 hoje = $y + 1$

Hoje:

Alberto = $3 \cdot$ (filho 1 + filho 2)

$x = 3 \cdot (y + y + 1)$

$x = 3 \cdot (2y + 1)$

$x = 6y + 3$ (I)

Daqui a 22 anos:

$x + 22 = y + 22 + y + 1 + 22$

$x + 22 = 2y + 45$

$x = 2y + 45 - 22$

$x = 2y + 23$ (II)

Igualando (I) com (II):

$6y + 3 = 2y + 23$

$6y - 2y = 23 - 3$

$4y = 20$

$y = \dfrac{20}{4}$

$y = 5$

Calculando a idade de Alberto:

$x = 6y + 3$

$x = 6 \cdot (5) + 3$

$x = 30 + 3$

$x = 33$ anos é a idade de Alberto hoje.

Portanto, a letra B é o gabarito.

(FGV – 2022 – MPE/SC – Auxiliar do Ministério Público)

4) Sabe-se que $\begin{cases} 2x - y = 9 \\ 3x - 2y = 5 \end{cases}$

O valor de $x + y$ é:

A) 16.

B) 18.

C) 24.

D) 26.

E) 30.

Gabarito comentado: resolvendo o sistema pelo método da adição:

$$\begin{cases} 2x - y = 9 \\ 3x - 2y = 5 \end{cases}$$

Multiplicando a primeira equação por –2:

$$\begin{cases} 2x - y = 9\,(-2) \\ 3x - 2y = 5 \end{cases}$$

$$\begin{cases} -4x + 2y = -18 \\ 3x - 2y = 5 \end{cases}$$

Somando as equações:

$-x = -13\,(-1)$

$x = 13$

Achando o valor de y:

$2x - y = 9$

$2 \cdot (13) - y = 9$

$26 - y = 9$

$-y = 9 - 26$

$-y = -17\,(-1)$

$y = 17$

Somando $x + y$:

$13 + 17 = 30$

Portanto, a letra E é o gabarito.

(FGV – 2022 – PC/RJ – Auxiliar Policial de Necropsia de 3ª Classe)

5) Uma delegacia recebeu 55 camisetas para dividir igualmente entre seus policiais. O delegado Saraiva percebeu que, dando 3 camisetas a cada policial, sobravam ainda 13 camisetas, e que, dando 5 camisetas a cada policial, no final da distribuição, 3 policiais nada receberiam.

O número de policiais dessa delegacia é:

A) 14.

B) 15.

C) 16.

D) 17.

E) 18.

Gabarito comentado: organizando os dados de acordo com o enunciado fica:

Soldados = x

"3 camisetas a cada policial, sobravam ainda 13 camisetas"

$3x + 13 = 55$

$3x = 55 - 13$

$3x = 42$

$x = \dfrac{42}{3}$

$x = 14$ soldados

Para provar:

"5 camisetas a cada policial, no final da distribuição, 3 policiais nada receberiam"

$5 \cdot (x - 3) = 55$

$5x - 15 = 55$

$5x = 55 + 15$

$5x = 70$

$x = \dfrac{70}{4}$

$x = 14$ soldados

Portanto, a letra A é o gabarito.

(FGV – 2022 – IBGE – Recenseador)

6) Em uma função de 1º grau $y = f(x)$, sabe-se:

Que $f(0) = 4$ e $f(-1) = -3$.

O valor de $f(1)$ é

A) 3.

B) 5.

C) 7.

D) 9.

E) 11.

Gabarito comentado: substituindo os dados na função:

$f(x) = ax + b$

$f(0) = a \cdot (0) + b$

$a \cdot (0) + b = 4$

$0 + b = 4$

$b = 4$

$f(-1) = a \cdot (-1) + b$

$a \cdot (-1) + b = -3$

$-a + 4 = -3$

$-a = -3 - 4$

$-a = -7 \, (-1)$

$a = 7$

Com isso, a função é:

$f(x) = ax + b$

$f(x) = 7x + 4$

Calculando $f(1)$:

$f(x) = 7x + 4$

$f(1) = 7 \cdot (1) + 4$

$f(1) = 7 + 4$

$f(1) = 11$.

Portanto, a letra E é o gabarito.

(FCC – 2022 – TRT/RS – 4ª Região – Analista Judiciário)

7) Sabendo-se que ■ representa um número e que ■ + 15 = ■ + ■ + (■/2), o número representado por ■ é

A) 6.

B) 10.

C) 14.

D) 8.

E) 12.

Gabarito comentado: substituindo ■ por x, fica:

$x + 15 = x + x + \dfrac{x}{2}$

$x + 15 = 2x + 0,5x$

$x + 15 = 2,5x$

$x - 2,5x = -15$

$-1,5x = -15(-1)$

$1,5x = 15$

$x = \dfrac{15}{1,5}$

$x = 10$

Logo, o ■ = 10.

Portanto, a letra B é o gabarito.

(VUNESP – 2022 – TJ/SP – Psicólogo Judiciário)

8) Em determinado órgão público, antes do último concurso, o número de servidores que exerciam um cargo A excedia em 30 o número de servidores que exerciam um cargo B, sendo a razão entre esses números de servidores igual a $\dfrac{6}{5}$. Após o último concurso, com a entrada de 30 novos servidores, sendo uma parte para exercer o cargo A e os demais para exercer o cargo B, aquela razão inicial passou a ser igual a $\dfrac{5}{4}$. Depois do concurso, o número de servidores que passaram a exercer o cargo B foi igual a:

A) 170.

B) 190.

C) 180.

D) 200.

E) 160.

Gabarito comentado: organizando os dados de acordo com o enunciado fica:

Antes do concurso:

$A = B + 30$ (I)

$\dfrac{A}{B} = \dfrac{6}{5}$ (II)

Substituindo (I) em (II):

$1 + \dfrac{30}{B} = \dfrac{6}{5}$

$\dfrac{30}{B} = \dfrac{6}{5} - 1$

$\dfrac{30}{B} = \dfrac{6}{5} - \dfrac{5}{5}$

$\dfrac{30}{B} = \dfrac{1}{5}$ (fazendo meios por extremos)

$B = 150$

$A = B + 30$

$A = 150 + 30$

$A = 180$

Após o concurso:

Em $A = A + x$

Em $B = B + y$

$\dfrac{A + x}{B + y} = \dfrac{5}{4}$

$\dfrac{180 + x}{150 + y} = \dfrac{5}{4}$ (III)

$x + y = 30$ (IV)

Substituindo IV ($x = 30 - y$) em III:

$\dfrac{180 + 30 - y}{150 + y} = \dfrac{5}{4}$

$\dfrac{210 - y}{150 + y} = \dfrac{5}{4}$

Fazendo "meios por extremos":

$5 \cdot (150 + y) = 4 \cdot (210 - y)$

$750 + 5y = 840 - 4y$

$5y + 4y = 840 - 750$

$9y = 90$

$y = \dfrac{90}{9}$

$y = 10$

Com isso, em *B*, após o concurso trabalharão 150 + 10 = 160 servidores.

Logo, a letra E é o gabarito.

(Quadrix – 2022 – CRP/10ª Região – Analista-Psicólogo)

9) Considerando que *f* seja uma função de $\mathbb{R}$, em $\mathbb{R}$ definida por $f(x+y) = f(x) \cdot f(y)$ e $f(1) = 2022$, julgue o item.

f(0) = 0

Gabarito comentado: de acordo com o enunciado, se *f*(1) = 2022, então "*x* + *y*" = 1. Dessa situação e considerando *x* = 1, temos:

$x + y = 1$

$1 + y = 1$

$y = 1 - 1$

$y = 0$

Jogando na função:

$f(x+y) = f(x) \cdot f(y)$

$f(1) = f(1) \cdot f(0)$

$2022 = 2022 \cdot f(0)$

$f(0) = \dfrac{2022}{2022}$

$f(0) = 1$

Portanto, a assertiva do enunciado está incorreta.

(Quadrix – 2022 – CRP/10ª Região (AP e PA) – Analista-Psicólogo)

10) Considerando que *f* seja uma função de $\mathbb{R}$, em $\mathbb{R}$ definida por $f(x+y) = f(x) \cdot f(y)$ e $f(1) = 2022$, julgue o item.

f(2) = 4088484

Gabarito comentado: de acordo com o enunciado $f(x+y) = f(x) \cdot f(y)$, então se *x* = 1 e *y* = 1, "*x* + *y*" = 2.

Jogando na função:

$f(x+y) = f(x) \cdot f(y)$

$f(2) = f(1) \cdot f(1)$

$f(2) = 2022 \cdot 2022$

$f(2) = 4088484$

Portanto, a assertiva do enunciado está correta.

(Quadrix – 2022 – CRP/10ª Região (AP e PA) – Analista-Psicólogo)

11) Considerando que f seja uma função de $\mathbb{R}$, em $\mathbb{R}$ definida por $f(x+y) = f(x) \cdot f(y)$ e $f(1) = 2022$, julgue o item.

$f(-1) \geq 5 \cdot 10^{-4}$.

Gabarito comentado: de acordo com o enunciado, se $f(1) = 2022$, então "$x + y$" = 1. Dessa situação e considerando $x = 2$, temos:

$x + y = 1$

$2 + y = 1$

$y = 1 - 2$

$y = -1$

Jogando na função:

$$f(x+y) = f(x) \cdot f(y)$$

$$f(1) = f(2) \cdot f(-1)$$

$$2022 = 4088484 \cdot f(-1)$$

$$f(-1) = \frac{2022}{4088484}$$

$$f(-1) = \frac{1}{2022}$$

$$f(-1) = 0,000494 = 4,94 \cdot 10^{-4}$$

Como $4,94 \cdot 10^{-4}$ é um valor menor que $5 \cdot 10^{-4}$, a assertiva do enunciado está incorreta.

(FUNDATEC – 2022 – Prefeitura de Esteio/RS – Técnico de Enfermagem)

12) Joana trabalha como assistente administrativa executando serviços administrativos gerais em determinado município. Durante uma semana de trabalho, Joana organizou os documentos em arquivos, separando os ofícios dos memorandos em pastas distintas. Supondo que o número de documentos organizados e separados por Joana corresponde à soma das raízes reais da equação de 2º grau $x^2 - 27x + 180 = 0$, esse número é igual a:

A) 12.

B) 15.

C) 21.

D) 27.

E) 30.

Gabarito comentado: como na equação de 2º grau tem-se uma relação entre a soma e produto das raízes, que é:

$$ax^2 + bx + c = 0$$

$$x' + x'' = -\frac{b}{a}$$

Então, a soma das raízes será:

$$x' + x'' = -\frac{b}{a}$$

$$x' + x'' = \frac{-(-27)}{1}$$

$$x' + x'' = 27$$

Portanto, a letra D é o gabarito.

CAPÍTULO 3

SEQUÊNCIAS NUMÉRICAS

Sequências são conjuntos de termos organizados de acordo com determinado padrão, ou seguindo uma regra.

Para compreender as progressões é importante conhecer as sequências.

Progressões são sequências numéricas com algumas características específicas.

Exemplo:

Sequência dos números primos: (2, 3, 5, 7, 11, 13, 17, 19, 23, 29, 31, 37, 41, 43, 47, 53, ...).

Sequência dos números múltiplos de 4: (0, 4, 8, 12, 16, 20, 24, 28, ...).

 Observação

Veja que, na sequência dos números múltiplos de 4, a lei que determina sua formação é: $a_n = 4n$, em que "n" são os números naturais.

Lei de Formação de uma Sequência Qualquer

Para formar uma sequência numérica, é necessária uma lei de formação.

 Observação

- A lei de formação que define uma sequência pode ser a mais variada possível.

Exemplo:

A sequência definida pela lei $a_n = 3n - 1$, com "n" $\in$ N, cujo a_n é o termo que ocupa a n-ésima posição na sequência, é:

Para $n = 0$: -1,

Para $n = 1$: 2,

Para $n = 2$: 5,

Para $n = 3$: 8,

Para $n = 4$: 11,

Para $n = 5$: 14, e assim sucessivamente

Veja a sequência: $-1, 2, 5, 8, 11, 14, ...$

- a_n é conhecido como o termo geral da sequência.

Progressão Aritmética (PA)

Toda sequência numérica em que de um termo para outro ocorre uma soma – ou uma subtração – por uma parcela fixa ou constante é chamada de progressão aritmética (PA).

Essa parcela fixa ou constante é chamada de razão da PA e representada pela letra "r" minúscula.

Exemplo:

4, 11, 18, 25, 32, ... ($r = 7$)

13, 9, 5, 1, –3, –7, ... ($r = -4$)

8, 8, 8, 8, 8, ... ($r = 0$)

Veja que, nos três exemplos, ao ir de um termo para o outro ocorreu uma soma – ou uma subtração – por um valor fixo ou constante.

Note também que, em um dos exemplos, os valores da sequência crescem (PA crescente = $r > 0$), em outro exemplo os valores decrescem (PA decrescente = $r < 0$) e, no último exemplo, os valores são constantes (PA constante = $r = 0$).

Uma forma genérica de representar uma PA de 3, 4 ou 5 termos consiste em:

Com 3 termos:

$$a - r;\ a;\ a + r$$

Com 4 termos:

$$a - 3r;\ a - r;\ a + r;\ a + 3r$$

Com 5 termos:

$$a - 2r;\ a - r;\ a;\ a + r;\ a + 2r$$

> **Observação**
>
> Essas formas genéricas de representação das PA ajudam a resolver questões e melhor visualizar algumas sequências.

Termo geral

Conhecendo algum termo da PA e sua razão, podemos determinar qualquer outro termo dessa PA, bastando para isso utilizar a fórmula do termo geral da PA:

$$a_n = a_1 + (n - 1) \cdot r$$

em que:

a_n = termo que se quer determinar (ou termo dado na questão);

a_1 = 1º termo da PA;

n = posição do termo a ser determinado (ou dado na questão);

r = razão da PA.

Exemplo:

Considerando que 17 é o 3º termo de uma PA de razão 5, determine o 8º termo dessa PA.

$a_3 = 17$
$r = 5$

Com isso:
$a_n = a_1 + (n - 1) \cdot r$
$a_3 = a_1 + (3 - 1) \cdot 5$
$17 = a_1 + (2) \cdot 5$
$17 = a_1 + 10$
$a_1 = 17 - 10$
$a_1 = 7$
$a_n = a_1 + (n - 1) \cdot r$
$a_8 = a_1 + (8 - 1) \cdot 5$
$a_8 = 7 + (7) \cdot 5$
$a_8 = 7 + 35$
$a_8 = 42$

Portanto, o 8º termo da PA é 42.

Soma dos termos

Para somar os termos de uma PA, basta conhecer ou determinar o 1º termo, o último termo e saber a quantidade de termos. Com essas informações, use a fórmula:

$$S_n = \left(a_1 + a_n\right) \cdot \frac{n}{2}$$

em que:
S_n = soma dos "n" termos de uma PA;
a_n = último termo da PA;
a_1 = 1º termo da PA;
n = quantidade de termos da PA.

Exemplo:
Na sequência do exemplo anterior, qual é a soma dos oito primeiros termos?

Como já se sabe qual é o 1º ($a_1 = 7$) e o 8º termo ($a_8 = 42$), e também que se quer a soma dos oito primeiros termos, usando a fórmula têm-se:

$$S_n = \left(a_1 + a_n\right) \cdot \frac{n}{2}$$

$$S_8 = \left(a_1 + a_8\right) \cdot \frac{8}{2}$$

$$S_8 = \left(7 + 42\right) \cdot \frac{8}{2}$$

$$S_8 = (49) \cdot 4$$

$$S_8 = 196$$

Logo, a soma dos oito primeiros termos da PA é igual a 196.

Termos equidistantes

A soma de termos equidistantes (a uma mesma distância de determinado referencial) será sempre igual.

Exemplo:

PA: 7, 12, 17, 22, 27, 32, 37, 42

Somas de termos equidistantes:

7 + 42 = 12 + 37 = 17 + 32 = 22 + 27 = 49

12 + 17 = 7 + 22 = 29

17 + 22 = 12 + 27 = 7 + 32 = 39

 Observação

Qualquer termo de uma PA, a partir do 2º termo, é a média aritmética do seu antecessor e do seu sucessor.

$$12 = \frac{(7+17)}{2}$$

$$27 = \frac{(22+32)}{2}$$

Interpolação aritmética

Interpolar significa "colocar entre".

Interpolação aritmética é colocar números entre números já conhecidos, de modo que a sequência formada pelos números seja uma PA.

Para fazer a interpolação é necessário o uso da fórmula do termo geral da PA.

Exemplo:

Interpolar quatro termos entre o 3 e o 18 de modo que a sequência formada por esses números seja uma PA.

O 3 será o primeiro termo da PA e o 18 será o último termo (6º termo).

A sequência terá seis termos, pois já tem o 3 e o 18 e serão colocados quatro termos entre eles:

3, _, _, _, _, 18.

Usando a fórmula do termo geral para descobrir a razão da PA e fazer a interpolação, têm-se:

$a_n = a_1 + (n-1) \cdot r$

$a_6 = a_1 + (6-1) \cdot r$

$18 = 3 + 5r$

$5r = 18 - 3$

$r = \dfrac{15}{5}$

$r = 3$

3, **6, 9, 12, 15**, 18.

Progressão Geométrica (PG)

Toda sequência numérica na qual de um termo para outro ocorre uma multiplicação – ou uma divisão – por uma parcela fixa ou constante é chamada de progressão geométrica (PG).

Essa parcela fixa ou constante é chamada de razão da PG e representada pela letra "q" minúscula.

Exemplo:

4, 12, 36, 108, ... $(q = 3)$

768, 192, 48, 12, 3, ... $\left(q = \dfrac{1}{4}\right)$

8, 8, 8, 8, 8, ... $(q = 1)$

5, –10, 20, –40, 80, ... $(q = -2)$

Veja que, nos quatro exemplos, ao ir de um termo para o outro ocorreu uma multiplicação – ou uma divisão – por um valor fixo ou constante.

Note também que, em um dos exemplos, os valores da sequência crescem (PG crescente = $q > 0$), em outro exemplo os valores decrescem (PG decrescente = $0 < q < 1$), em outro exemplo os valores são constantes (PG constante = $q = 1$) e, no último exemplo, os valores são alternados entre um valor positivo e um valor negativo (PG oscilante = q é número negativo).

Uma forma genérica de representar uma PG de três termos é:

$$\frac{a}{q}; \ a; \ a \cdot q$$

Observação

Essa forma genérica de representação da PG ajuda a resolver questões e melhor visualizar algumas sequências.

Termo geral

Conhecendo algum termo da PG e sua razão, podemos determinar qualquer outro termo dessa PG, bastando para isso utilizar a fórmula do termo geral da PG:

$$a_n = a_1 \cdot q^{(n-1)}$$

em que:

a_n = termo que se quer determinar (ou termo dado na questão);

a_1 = 1º termo da PG;

n = posição do termo a ser determinado (ou dado na questão);

q = razão da PG.

Exemplo:

Considerando que 18 é o 2º termo de uma PG de razão 3, determine o 7º termo dessa PG.

$a_2 = 18$

$q = 3$

Com isso:

$a_n = a_1 \cdot q^{(n-1)}$

$a_2 = a_1 \cdot 3^{(2-1)}$

$18 = a_1 \cdot 3^1$

$a_1 = \dfrac{18}{3}$

$a_1 = 6$

$a_7 = a_1 \cdot q^{(7-1)}$

$a_7 = 6 \cdot 3^{(6)}$

$a_7 = 6 \cdot 729$

$a_7 = 4.374$

Portanto, o 7º termo da PG é 4.374.

Soma dos termos de uma PG finita

Para somar os termos de uma PG finita, basta conhecer ou determinar o primeiro termo e saber a quantidade de termos e a razão. Com essas informações, use a fórmula:

$$S_n = a_1 \cdot \frac{\left(q^n - 1\right)}{\left(q - 1\right)}$$

em que:

S_n = soma dos "n" termos de uma PG;

a_1 = 1º termo da PG;

n = quantidade de termos da PG;

q = razão da PG.

Se for conhecido ou determinado o último termo da PG, pode-se usar a seguinte fórmula também:

$$S_n = \frac{\left(a_n \cdot q - a_1\right)}{\left(q - 1\right)}$$

em que a_n é o último termo da PG.

Exemplo:

Na sequência do exemplo anterior, qual é a soma dos seis primeiros termos?

Como já se sabe qual é o 1º (a_1 = 6), se sabe a razão (q = 3) e a quantidade de termos (seis termos), usando a fórmula têm-se:

$$S_n = a_1 \cdot \frac{\left(q^n - 1\right)}{\left(q - 1\right)}$$

$$S_n = 6 \cdot \frac{\left(3^6 - 1\right)}{\left(3 - 1\right)}$$

$$S_6 = 6 \cdot \frac{(729-1)}{2}$$

$$S_6 = 6 \cdot \frac{(728)}{2}$$

$$S_6 = \frac{4.368}{2}$$

$$S_6 = 2.184$$

Logo, a soma dos seis primeiros termos da PG é igual a 2.184.

Usando a outra fórmula, a soma dos seis primeiros termos fica:

$$a_n = a_1 \cdot q^{(n-1)}$$
$$a_6 = 6 \cdot 3^{(6-1)}$$
$$a_6 = 6 \cdot 3^5$$
$$a_6 = 6 \cdot 243$$
$$a_6 = 1.458$$

$$S_n = \frac{(a_n \cdot q - a_1)}{(q-1)}$$

$$S_6 = \frac{(1.458 \cdot 3 - 6)}{(3-1)}$$

$$S_6 = \frac{(4.374 - 6)}{2}$$

$$S_6 = \frac{4.368}{2}$$

$$S_6 = 2.184$$

Soma dos termos de uma PG infinita

A condição de existência de uma PG infinita é sua razão estar entre 0 e 1 $(0 < q < 1)$.

Para somar os termos de uma PG infinita, basta conhecer ou determinar o 1° termo e a razão da PG. Com essas informações, use a fórmula:

$$S_n = \frac{a_1}{(1-q)}$$

em que:

S_n = soma dos termos da PG;

a_1 = 1° termo da PG;

q = razão da PG.

Exemplo:

Qual é a soma dos termos da PG: 6, 2, $\frac{2}{3}$, $\frac{2}{9}$, $\frac{2}{27}$, ...?

Sendo $a_1 = 6$ e $q = \dfrac{1}{3}$, usando a fórmula têm-se:

$$S_n = \frac{a_1}{(1-q)}$$

$$S_n = \frac{6}{\left(1-\dfrac{1}{3}\right)}$$

$$S_n = \frac{6}{\left(\dfrac{2}{3}\right)}$$

$$S_n = 6 \cdot \frac{3}{2}$$

$$S_n = \frac{18}{2} = 9$$

Logo, a soma dos termos da PG é igual a 9.

Termos equidistantes

O produto de termos equidistantes (a uma mesma distância de determinado referencial) será sempre igual.

Exemplo:

PG: 6, 18, 54, 162, 486, 1.458, 4.374

Produto de termos equidistantes:

$6 \cdot 4.374 = 18 \cdot 1.458 = 54 \cdot 486 = 162^2 = 26.244$

$6 \cdot 486 = 18 \cdot 162 = 54^2 = 2.916$

Observação

Qualquer termo de uma PG, a partir do 2° termo, é a média geométrica do seu antecessor e do seu sucessor.

$$18 = \sqrt{(6 \cdot 54)}$$

$$18 = \sqrt{324}$$

$$162 = \sqrt{(54 \cdot 486)}$$

$$162 = \sqrt{26.244}$$

Interpolação geométrica

Interpolar significa "colocar entre".

Interpolação geométrica é colocar números entre números já conhecidos, de modo que a sequência formada pelos números seja uma PG.

Para fazer a interpolação é necessário o uso da fórmula do termo geral da PG.

Exemplo:

Interpolar três termos entre o 3 e o 48 de modo que a sequência formada por esses números seja uma PG.

O 3 será o primeiro termo da PG e o 48 será o último termo (5° termo).

A sequência terá cinco termos, pois já tem o 3 e o 48 e serão colocados três termos entre eles:

3, _, _, _, 48.

Usando a fórmula do termo geral para descobrir a razão da PG e fazer a interpolação, têm-se:

$a_n = a_1 \cdot q^{(n-1)}$

$a_5 = 3 \cdot q^{(5-1)}$

$48 = 3 \cdot q^4$

$q^4 = \dfrac{48}{3}$

$q^4 = 16$

$q^4 = 2^4$

$q = 2$

3, **6, 12, 24**, 48.

Produto dos termos

O produto dos termos de uma PG será dado por:

$$P_n = \pm\sqrt{\left(a_1 \cdot a_n\right)^n}$$

em que:

P_n = produto dos "n" termos de uma PG;

a_1 = 1° termo da PG;

a_n = último termo da PG;

n = quantidade de termos da PG.

Exemplo:

Qual é o produto dos termos da PG: 2, 6, 18, 54?

Sendo $a_1 = 2$, $a_n = 54$ e $n = 4$, usando a fórmula têm-se:

$P_n = \pm\sqrt{\left(a_1 \cdot a_n\right)^n}$

$P_4 = \pm\sqrt{\left(2 \cdot 54\right)^4}$

$P_4 = \pm\sqrt{\left(108\right)^4}$

$P_4 = (108)^2$

$P_4 = 11.664$

Portanto, o produto dos termos da PG é igual a 11.664.

Calculando e multiplicando todos os termos:

$P_4 = 2 \cdot 6 \cdot 18 \cdot 54$

$P_4 = 12 \cdot 18 \cdot 54$

$P_4 = 216 \cdot 54$

$P_4 = 11.664.$

Sequência de Fibonacci

Sequência de Fibonacci é a sequência em que a partir do 3º termo cada termo será a soma dos dois termos que o antecedem.

Em outras palavras – por lei de formação:

$$a_n = a_{n-2} + a_{n-1}$$
$$(\text{com } n \geq 3)$$

Exemplo:

A sequência 2, 3, 5, 8, 13, 21, 34, 55, 89, 144, 233, 377, é uma sequência de Fibonacci, pois a partir do 5 todos os termos são a soma dos seus dois antecessores. Veja:

5 = 2 + 3

8 = 3 + 5

13 = 5 + 8

144 = 55 + 89

377 = 144 + 233.

Questões Comentadas de Concursos

(OBJETIVA – 2022 – Prefeitura de Alecrim/RS – Agente Comunitário de Saúde)

1) A sequência abaixo foi criada seguindo certo padrão. Assim, assinalar a alternativa que apresenta o próximo termo dessa sequência, de modo que o padrão seja mantido:

3, 9, 12, 36, 39, 117, 120, 360

A) 361.

B) 363.

C) 930.

D) 1.080.

Gabarito comentado: a lei de formação dessa sequência é: de um termo de ordem ímpar (1º, 3º, 5º, ...) para um termo de ordem par (2º, 4º, 6º, ...), multiplicar por 3; já de um termo de ordem par para um termo de ordem ímpar, somar mais 3. Continuando a sequência, o próximo termo será:

3,

$3 \cdot 3 = 9,$

$9 + 3 = 12,$

$12 \cdot 3 = 36,$

$36 + 3 = 39,$

$39 \cdot 3 = 117,$

$117 + 3 = 120,$

$120 \cdot 3 = 360,$

$360 + 3 = 363.$

Portanto, a letra B é o gabarito.

(UFPR – 2022 – Prefeitura de Almirante Tamandaré/PR – Agente Comunitário de Saúde)

2) Uma pessoa montou uma sequência de figuras, de modo que os três passos iniciais são:

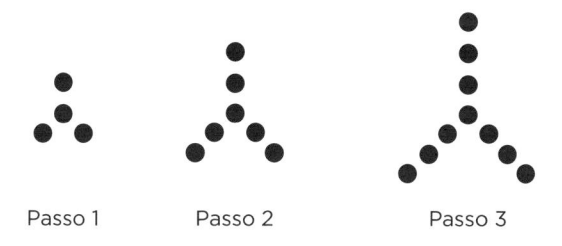

A cada passo, ela sempre acrescenta a mesma quantidade de bolinhas à figura seguinte. Então, no passo 11, a figura terá quantas bolinhas?

A) 31.

B) 33.

C) 34.

D) 36.

E) 37.

Gabarito comentado: o passo 1 tem quatro bolinhas, o passo 2 tem sete bolinhas, o passo 3 tem dez bolinhas. Com isso, pode-se perceber na questão que o número de bolinhas cresce de um passo para outro em PA de razão 3. No passo 11, teremos então:

$a_n = a_1 + (n - 1) \cdot r$

$a_{11} = 4 + (11 - 1) \cdot 3$

$a_{11} = 4 + (10) \cdot 3$

$a_{11} = 4 + 30$

$a_{11} = 34$

Logo, no passo 11 têm-se 34 bolinhas, e a letra C é o gabarito.

(MetroCapital Soluções – 2022 – Prefeitura de Nova Odessa/SP – Contador)

3) Considere a sequência numérica presente na seguinte figura:

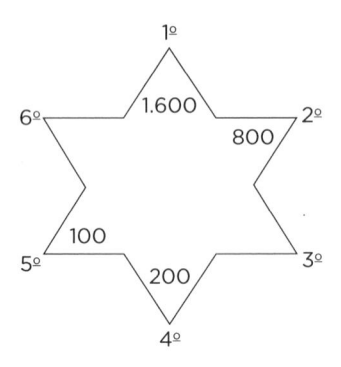

É correto afirmar que os valores numéricos que preencheram a 3^a e a 6ª posição, respectivamente, são:

A) 120 e 600.

B) 400 e 50.

C) 600 e 50.

D) 120 e 400.

E) 400 e 600.

Gabarito comentado: da 1ª para a 2ª posição, o valor da 2ª posição é a metade do valor da 1ª posição. Da 4ª para a 5ª posição, o valor também foi a metade. Então, estamos diante de uma PG de razão $\dfrac{1}{2}$. Calculando os valores da 3^a e 6ª posição:

$a_3 = a_2 \cdot q$

$a_3 = 800 \cdot \dfrac{1}{2}$

$a_3 = 400$

$a_6 = a_5 \cdot q$

$a_3 = 100 \cdot \dfrac{1}{2}$

$a_3 = 50$

Logo, os valores da 3^a e 6ª posição são, respectivamente, 400 e 50.

Portanto, a letra B é o gabarito.

(AGIRH – 2022 – Prefeitura de Cunha/SP – Arquiteto)

4) Os primeiros termos de uma progressão geométrica e de uma progressão aritmética são iguais e valem, respectivamente, 2. Os seus terceiros termos são positivos e iguais. O segundo termo da progressão aritmética excede o segundo termo da progressão geométrica em 4. Assim, o terceiro termo de ambas as progressões vale:

A) 9.

B) 24.

C) 18.

D) 21.

Gabarito comentado: expressando as sequências fica:

PA: 2, $x + 4$, y

PG: 2, x, y

Fazendo as razões de cada sequência, têm-se:

PA:

$(x + 4) - 2 = y - (x + 4)$

$x + 2 = y - x - 4$

$x + x = y - 4 - 2$

$2x = y - 6$

$x = \dfrac{(y - 6)}{2}$ (I)

PG:

$\dfrac{x}{2} = \dfrac{y}{x}$

$x^2 = 2y$ (II)

Fazendo (I) em (II):

$\left[\dfrac{(y - 6)}{2}\right]^2 = 2y$

$\dfrac{(y^2 - 12y + 36)}{4} = 2y$

$y^2 - 12y + 36 - 8y$

$y^2 - 12y - 8y + 36 = 0$

$y^2 - 20y + 36 = 0$

Calculando o valor de y por Bhaskara:

$\Delta = b^2 - 4ac$

$\Delta = (-20)^2 - 4 \cdot (1) \cdot (36)$

$\Delta = 400 - 144$

$\Delta = 256$

$\sqrt{\Delta} = \pm 16$

$y = \dfrac{-b \pm \sqrt{\Delta}}{2a}$

$y = \dfrac{-(-20) \pm 16}{2}$

$y' = \dfrac{20 + 16}{2}$

$$y' = \frac{36}{2}$$

$y' = 18$ (valor possível e certo)

$$y'' = \frac{20-16}{2}$$

$$y'' = \frac{4}{2}$$

$y'' = 2$ (esse valor não é possível, já que com esse valor teríamos uma PG constante – e uma PA também).

Calculando x em (I):

$$x = \frac{(18-6)}{2}$$

$$x = \frac{12}{2}$$

$x = 6$

Assim, o valor de y é 18, o de x é 6, e a PA e PG são:

PA: 2, 10, 18

PG: 2, 6, 18

Portanto, a letra C é o gabarito.

(OBJETIVA – 2022 – Câmara de Ipiranga do Norte/MT – Assistente Administrativo)

5) Considerando-se que a razão de certa progressão aritmética é igual a 12, e que o seu primeiro termo é igual a 9, assinalar a alternativa que apresenta o valor da soma dos 8 primeiros termos dessa progressão:

A) 396.

B) 400.

C) 404.

D) 408.

Gabarito comentado: para calcular a soma dos oito primeiros termos é necessário achar, inicialmente, o 8º termo, e após isso, calcular a soma dos oito primeiros termos. Calculando:

$$a_n = a_1 + (n-1) \cdot r$$

$$a_8 = 9 + (8-1) \cdot 12$$

$$a_8 = 9 + 7 \cdot 12$$

$$a_8 = 9 + 84$$

$$a_8 = 93$$

Fazendo a soma dos termos (oito primeiros):

$$S_n = \left(a_1 + a_n\right) \cdot \frac{n}{2}$$

$$S_8 = (a_1 + a_8) \cdot \frac{8}{2}$$

$S_8 = (9 + 93) \cdot 4$

$S_8 = (102) \cdot 4$

$S_8 = 408$

Logo, a soma dos oito primeiros termos da PA é igual a 408.

Portanto, a letra D é o gabarito.

(Aeronáutica – 2021 – EEAR – Sargento da Aeronáutica)

6) Se em uma PG crescente o 5° termo e o 7° termo são, respectivamente, 24 e 216, então o 3° termo é

A) 6.

B) 8.

C) $\dfrac{8}{3}$.

D) $\dfrac{2}{5}$.

Gabarito comentado: se já temos o 5° e 7° termos, então para calcular o 3° termo dessa PG, basta considerar uma nova sequência, em PG, em que o 3° será o 1°, o 5° será o 2° e o 7° será o 3°. Agora, basta calcular o valor do 3° termo usando a razão da PG. Calculando fica:

3° termo = x (1° termo)

5° termo = 24 (2° termo)

7° termo = 216 (3° termo)

$$q = \frac{2^{\circ}}{1^{\circ}} = \frac{3^{\circ}}{2^{\circ}}$$

$$\frac{24}{x} = \frac{216}{24}$$

$216x = 24 \cdot 24$

$216x = 576$

$$x = \frac{576}{216} \text{ (simplificando)}$$

$$x = \frac{96}{36}$$

$$x = \frac{16}{6}$$

$$x = \frac{8}{3}$$

Então, o 3° termo da PG é igual a $\dfrac{8}{3}$.

Portanto, a letra C é o gabarito.

(Instituto Consulplan – 2021 – Prefeitura de Colômbia/SP – Professor)

7) Determinada progressão geométrica de razão 2 possui 10 termos e o último termo é igual a 1.536. Dessa forma, é correto afirmar que a soma dos oito primeiros termos desta progressão é:

A) 384.

B) 765.

C) 1.533.

D) 3.069.

Gabarito comentado: para achar a soma dos termos da PG precisamos, inicialmente, determinar o 1° termo, e após isso, calcular a soma. Calculando o 1° termo:

$$a_n = a_1 \cdot q^{(n-1)}$$
$$a_{10} = a_1 \cdot q^{(10-1)}$$
$$1.536 = a_1 \cdot 2^9$$
$$1.536 = a_1 \cdot 512$$
$$a_1 = \frac{1.536}{512}$$
$$a_1 = 3$$

Agora, fazendo a soma dos oito primeiros termos:

$$S_n = a_1 \cdot \frac{\left(q^n - 1\right)}{\left(q - 1\right)}$$

$$S_8 = a_1 \cdot \frac{\left(q^8 - 1\right)}{\left(q - 1\right)}$$

$$S_8 = 3 \cdot \frac{\left(2^8 - 1\right)}{\left(2 - 1\right)}$$

$$S_8 = 3 \cdot (256 - 1)$$
$$S_8 = 3 \cdot (255)$$
$$S_8 = 765.$$

Portanto, a letra B é o gabarito.

(CESGRANRIO – 2021 – Banco do Brasil – Escriturário)

8) A sequência de Fibonacci é bastante utilizada para exemplificar sequências definidas por recorrência, ou seja, sequências em que se pode determinar um termo a partir do conhecimento de termos anteriores. No caso da sequência de Fibonacci, escreve-se que $T_{n+2} = T_{n+1} + T_n$ e, desse modo, pode-se obter um termo qualquer se conhecendo os dois termos anteriores.

Considerando o exposto, determine o termo T_{2021} da sequência de Fibonacci, sabendo que $T_{2018} = m$ e $T_{2020} = p$.

A) $\dfrac{p+m}{2}$.

B) $\dfrac{p - m}{2}$.

C) $p + 2m$.

D) $2p - m$.

E) $2m - 2p$.

Gabarito comentado: o termo T_{2021} é a soma do T_{2020} com o T_{2019}. Já o T_{2020} é a soma do T_{2019} com o T_{2018}. Calculando o T_{2019} para depois encontrar o T_{2021}, fica:

$T_{2020} = T_{2019} + T_{2018}$

$p = T_{2019} + m$

$T_{2019} = p - m$

$T_{2021} = T_{2020} + T_{2019}$

$T_{2021} = p + p - m$

$T_{2021} = 2p - m$

Portanto, a letra D é o gabarito.

Acesse a Plataforma Digital com questões de concursos interativas com gabarito selecionadas para você praticar. Para acessá-la, veja o passo a passo na orelha desta obra.

CAPÍTULO 4

GEOMETRIA PLANA

Este capítulo irá tratar das figuras planas, passando por conceitos de básicos como ponto, reta e plano até chegar no cálculo de perímetro e na área das principais figuras planas.

Ponto, Reta e Plano

São elementos básicos da geometria, servem de base para tudo o que trata a geometria.

Ponto é uma posição no espaço, que não possui comprimento, área ou volume.

Reta é a união de vários pontos que formam uma linha infinita.

Plano é a união de infinitas retas, sem espaço entre elas, formando uma superfície plana sem curvas.

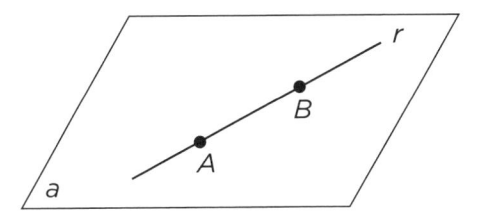

Veja que A e B são pontos, r é reta e a é o plano.

Paralelismo e Perpendicularidade

Paralelismo e perpendicularidade são posições relativas entre retas.

Duas ou mais retas são paralelas quando estão no mesmo plano e não possuem pontos em comum. Além disso, todos os pontos de cada reta mantêm a mesma distância para os pontos das outras retas.

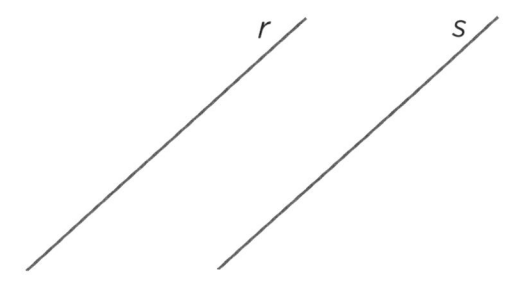

Duas retas são perpendiculares quando no ponto em que elas se cruzam o ângulo formado entre as retas é de 90°.

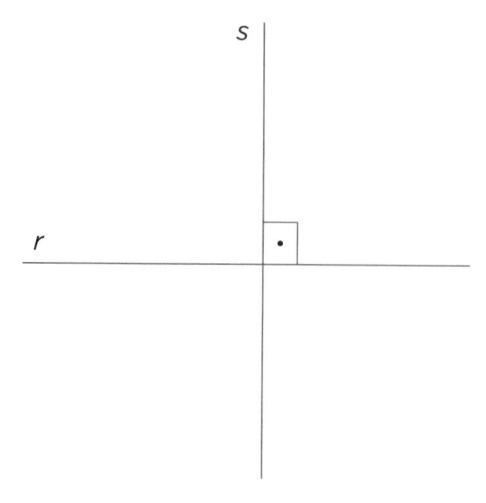

Duas retas quando se cruzam em um ponto, mas o ângulo formado entre as retas não é de 90°, são chamadas de transversais ou concorrentes.

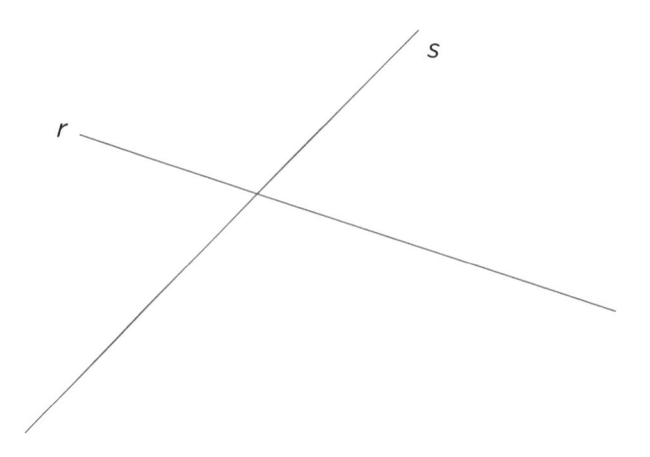

Ângulos

Ângulo é a área entre duas semirretas com a mesma origem – vértice.

Os ângulos são medidos em graus (°) ou radianos (rad).

A relação entre grau e radiano é:

$360° = 2\pi$ radianos

$180° = \pi$ radianos

$90° = \dfrac{\pi}{2}$ radianos

$60° = \dfrac{\pi}{3}$ radianos

$45° = \dfrac{\pi}{4}$ radianos

$30° = \dfrac{\pi}{6}$ radianos

Os ângulos podem ser classificados em:

Nulos (iguais a 0°)

Agudos (menores que 90°)

Retos (iguais a 90°)

Obtusos (maiores que 90°)

Rasos (iguais a 180°)

Côncavos (maiores que 180° e menores que 360°)

Inteiro ou completo (iguais a 360°).

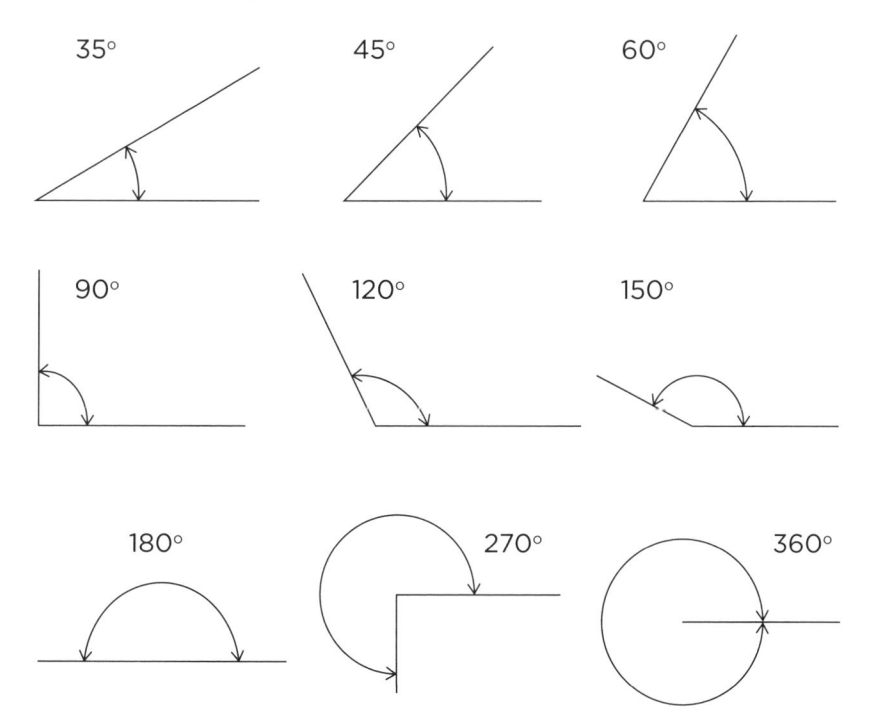

Quando a soma de dois ângulos dá 90°, diz-se que esses ângulos são complementares.

Quando a soma de dois ângulos dá 180°, diz-se que esses ângulos são suplementares.

Quando a soma de dois ângulos dá 360°, diz-se que esses ângulos são replementares.

Exemplo:

40° e 50° são ângulos complementares.

70° e 110° são ângulos suplementares.

140° e 220° são ângulos replementares.

Quando temos duas retas paralelas e uma transversal, temos alguns ângulos formados por essas retas e que têm relação entre si. Veja:

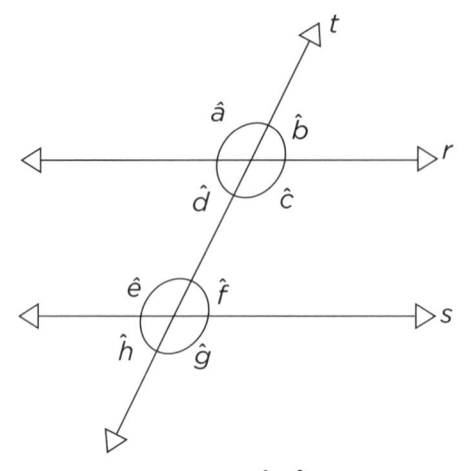

$\hat{a}$ e $\hat{c}$ são iguais, assim como $\hat{b}$ e $\hat{d}$, $\hat{e}$ e $\hat{g}$, $\hat{f}$ e $\hat{h}$ (são conhecidos como os ângulos opostos pelo vértice – AOPV).

$\hat{a}$ e $\hat{e}$ são iguais, assim como $\hat{b}$ e $\hat{f}$, $\hat{c}$ e $\hat{g}$, $\hat{d}$ e $\hat{h}$ (são conhecidos como ângulos correspondentes).

$\hat{d}$ e $\hat{f}$ são iguais, assim como $\hat{e}$ e $\hat{c}$ (são conhecidos como os ângulos alternos internos).

$\hat{a}$ e $\hat{g}$ são iguais, assim como $\hat{b}$ e $\hat{h}$ (são conhecidos como os ângulos alternos externos).

$\hat{d}$ e $\hat{e}$ são suplementares, assim como $\hat{c}$ e $\hat{f}$ (são conhecidos como os ângulos colaterais internos).

$\hat{a}$ e $\hat{h}$ são suplementares, assim como $\hat{b}$ e $\hat{g}$ (são conhecidos como os ângulos colaterais externos).

Teorema de Tales

O Teorema de Tales, aplicado na geometria, diz que o cruzamento de retas paralelas com retas transversais forma segmentos proporcionais.

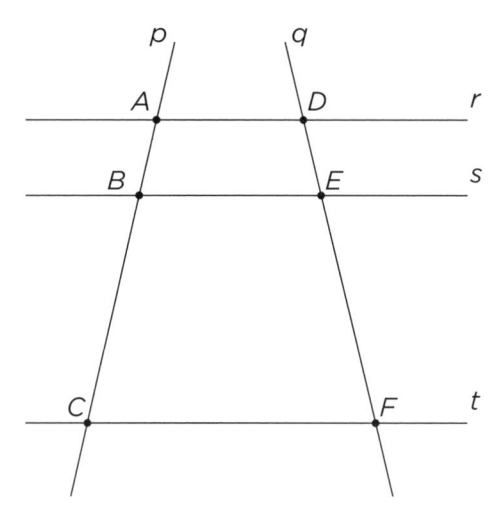

AB/DE = BC/EF

Esse teorema é muito importante, pois com ele pode-se calcular (ou determinar) as semelhanças de figuras geométricas.

Exemplo:

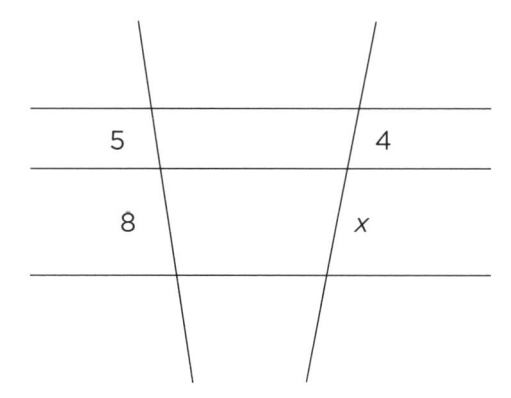

Determine o valor de x.

$$\frac{5}{8} = \frac{4}{x}$$

Fazendo "meios pelos extremos":

$5 \cdot x = 4 \cdot 8$

$5x = 32$

$$x = \frac{32}{5}$$

$x = 6,4$

Triângulos

Conceito, elementos e classificação (equilátero, equiângulo, isósceles, acutângulo, retângulo, obtusângulo)

Triângulo é a figura geométrica – polígono – com 3 lados e 3 ângulos (e 3 vértices). O triângulo tem, além dos 3 lados e dos 3 ângulos, uma base e uma altura.

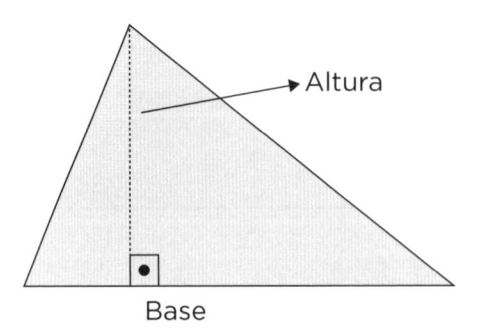

De acordo com os lados, o triângulo pode ser classificado em escaleno (todos os lados diferentes), isósceles (2 lados iguais) ou equilátero (os 3 lados iguais).

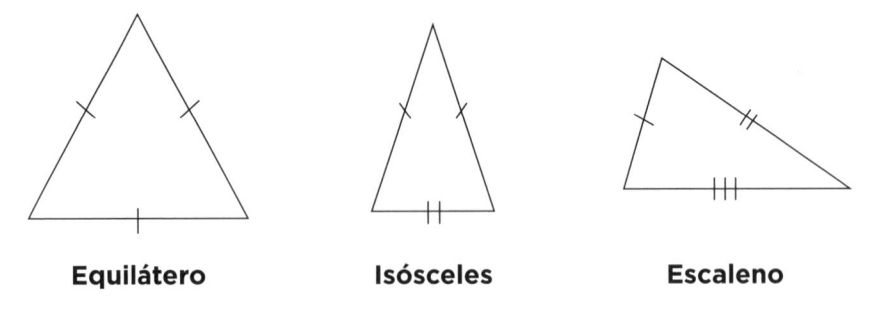

De acordo com os ângulos, o triângulo pode ser classificado em acutângulo (os 3 ângulos agudos – menores que 90°), retângulo (um ângulo de 90°) ou obtusângulo (um ângulo maior que 90°).

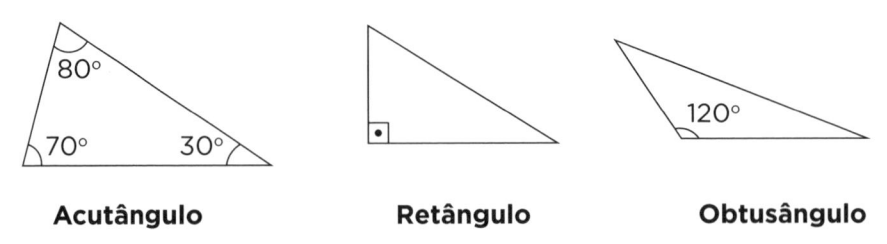

Soma dos ângulos internos do triângulo

A soma dos ângulos do triângulo é 180°.

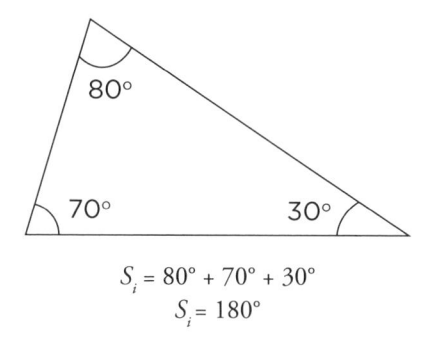

$$S_i = 80° + 70° + 30°$$
$$S_i = 180°$$

Relações métricas no triângulo retângulo e Teorema de Pitágoras

O triângulo retângulo tem algumas características bem específicas.

É um triângulo com um ângulo de 90° e outros dois ângulos menores que 90°.

O lado oposto ao ângulo de 90° é chamado de hipotenusa, enquanto os outros dois lados são chamados de catetos.

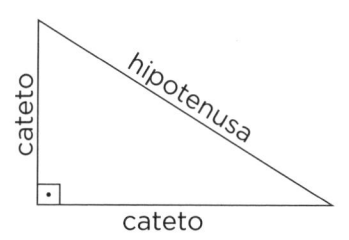

No triângulo retângulo existem algumas relações bem conhecidas e que ajudam a resolver as questões que abordam esse assunto.

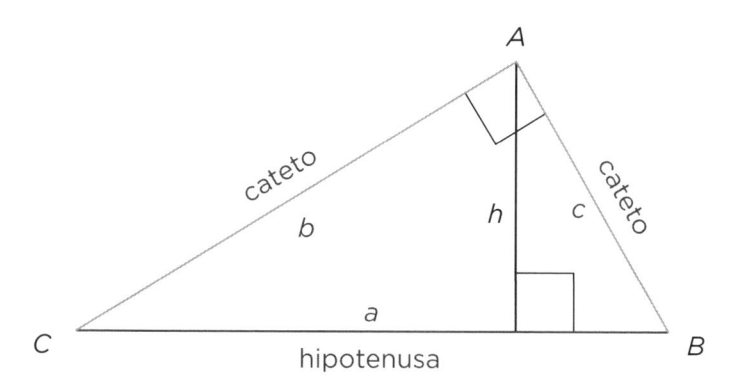

A principal relação no triângulo retângulo é o famoso Teorema de Pitágoras que diz:

Teorema de Pitágoras: a hipotenusa (*a*) ao quadrado é igual à soma dos quadrados dos catetos (*b* e *c*).

$$a^2 = b^2 + c^2$$

Observação

- Existem alguns triângulos pitagóricos bem famosos, quais sejam:

cateto, cateto, hipotenusa

3, 4, 5 (e seus múltiplos)

5, 12, 13 (e seus múltiplos)

8, 15, 17 (e seus múltiplos)

20, 21, 29 (e seus múltiplos)

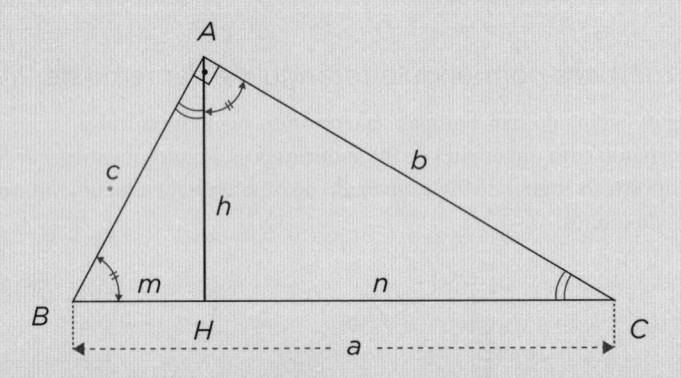

- Ao traçar a altura do triângulo retângulo pelo ângulo reto com relação à hipotenusa, determina-se as projeções dos catetos na hipotenusa.

As outras relações no triângulo retângulo são:

Altura "vezes" hipotenusa = produto dos catetos

$$a \cdot h = b \cdot c$$

Altura ao quadrado = produto das projeções dos catetos

$$h^2 = m \cdot n$$

Cateto ao quadrado = hipotenusa "vezes" a projeção desse cateto

$$b^2 = a \cdot m$$

$$c^2 = a \cdot n$$

Área e perímetro do triângulo

Perímetro é a soma dos lados de um polígono; então, no triângulo, é a soma dos 3 lados:

$$2p = a + b + c$$

em que:

$2p$ = perímetro;

a, b e c = lados do triângulo.

A área é o espaço ocupado pelo polígono no plano.

A área do triângulo será calculada multiplicando a base do triângulo pela altura do triângulo e o resultado dessa multiplicação dividido por 2.

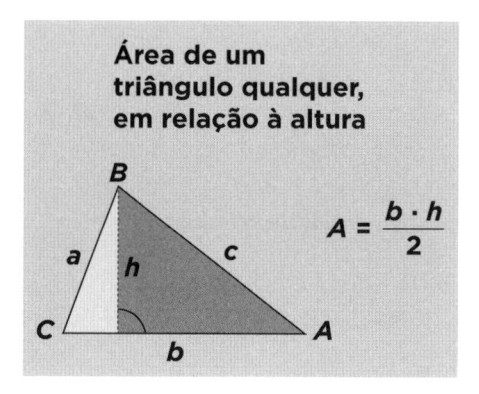

No triângulo retângulo, a área pode ser calculada multiplicando um cateto pelo outro e dividindo o resultado da multiplicação por 2.

No triângulo equilátero, a área do triângulo será determinada por:

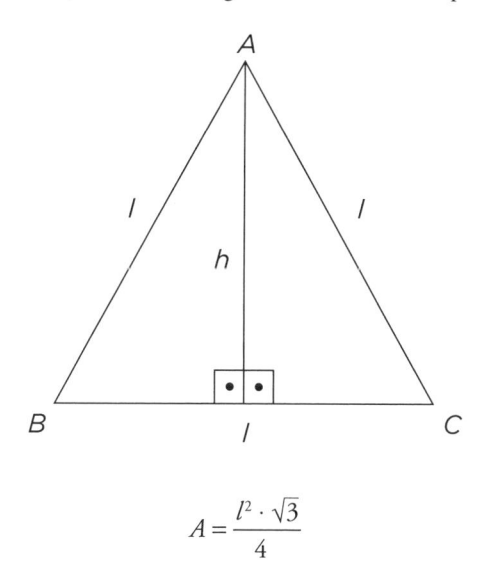

$$A = \frac{l^2 \cdot \sqrt{3}}{4}$$

A altura do triângulo equilátero também pode ser determinada por:

$$h = \frac{l \cdot \sqrt{3}}{2}$$

Observação

Outras duas formas de determinar a área de qualquer triângulo é pela fórmula de Heron e pela fórmula do seno de um dos ângulos do triângulo:

Fórmula de Heron:

$$A = \sqrt{p \cdot (p-a) \cdot (p-b) \cdot (p-c)}$$

em que p = semiperímetro (metade do perímetro).

Fórmula do seno:

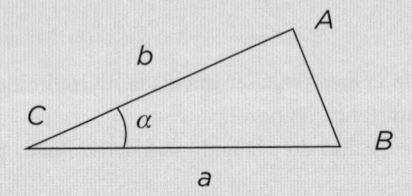

$$A_{\text{triângulo}} = \frac{a \cdot b}{2} \cdot \text{sen}\, \alpha$$

Congruência e semelhança de triângulos

Dois ou mais triângulos são congruentes quando são iguais, tanto os lados como os ângulos.

Dois ou mais triângulos são semelhantes quando seus lados são proporcionais.

Os casos de semelhanças de triângulos são:

LLL = lado, lado, lado: quando os três lados dos triângulos são proporcionais.

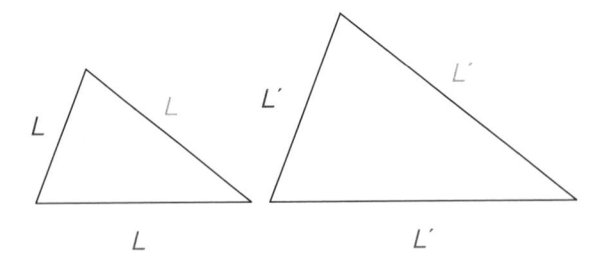

LAL = lado, ângulo, lado: quando dois lados dos triângulos são proporcionais e o ângulo entre esses lados é igual em todos os triângulos.

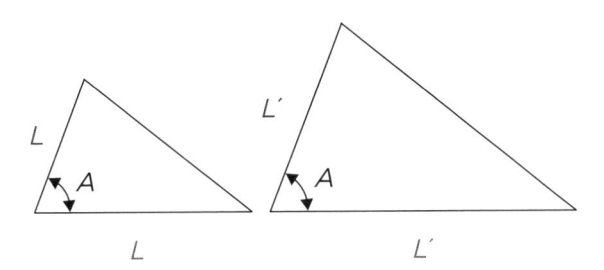

ALA = ângulo, lado, ângulo: quando dois ângulos dos triângulos são iguais e os lados entre esses ângulos são proporcionais.

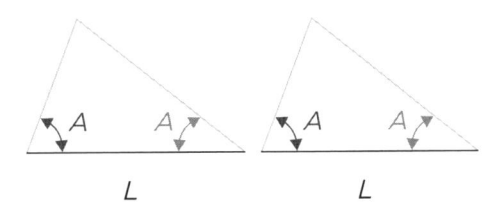

LAA_o = lado, ângulo, ângulo oposto: quando dois ângulos dos triângulos são iguais e o lado oposto a um desses ângulos é proporcional.

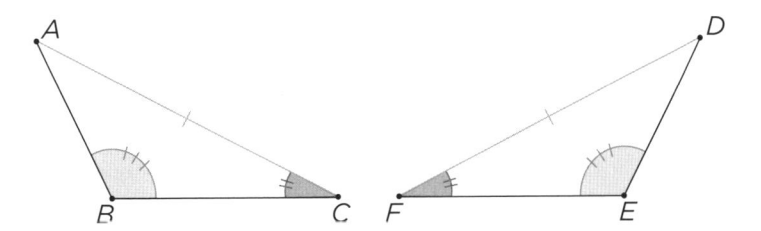

Quadriláteros

Quadriláteros são as figuras geométricas – polígonos – com quatro lados, quatro ângulos e duas diagonais (e quatro vértices).

Classificação e propriedades

Os quadriláteros podem ser classificados como paralelogramos quando os lados opostos são paralelos, ou como trapézios, quando apenas dois dos lados são paralelos e os outros dois lados não são.

Quando nenhum dos lados for paralelo, os quadriláteros podem ser classificados como trapezoides.

Os paralelogramos se dividem em quadrados, retângulos, losangos e os paralelogramos propriamente ditos.

Os trapézios podem ser isósceles – quando os dois lados não paralelos são iguais, retângulos – quando os ângulos de um dos lados não paralelos com os lados paralelos são retos (90°), ou escalenos – quando os lados e ângulos são todos diferentes.

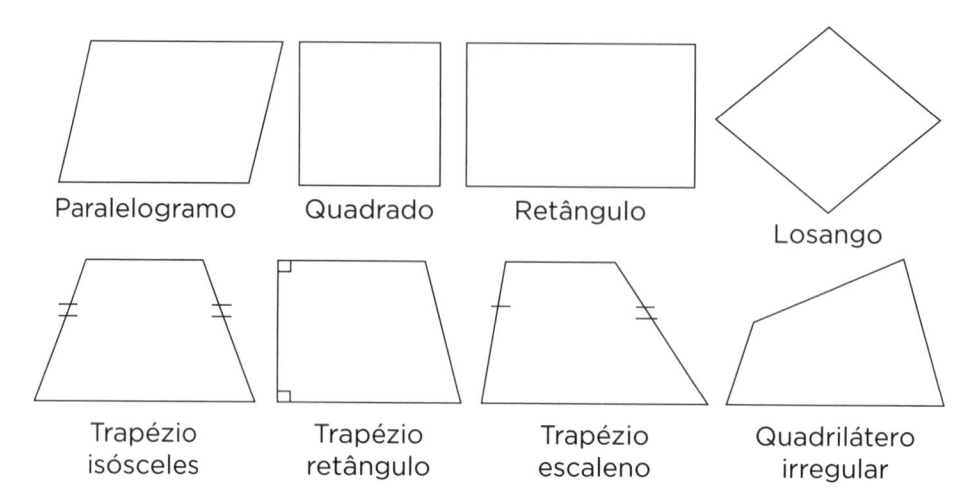

| Paralelogramo | Quadrado | Retângulo | Losango |

| Trapézio isósceles | Trapézio retângulo | Trapézio escaleno | Quadrilátero irregular |

As propriedades dos paralelogramos são que suas diagonais se cruzam no ponto médio delas (se dividem ao meio) e essas diagonais dividem o paralelogramo em dois triângulos iguais; além disso, os seus ângulos opostos são iguais.

As propriedades dos retângulos são – além das do paralelogramo – que suas diagonais são iguais.

As propriedades losangos são – além das do paralelogramo – que suas diagonais são perpendiculares e dividem os ângulos internos do losango ao meio.

As propriedades dos quadrados são – além das do paralelogramo – que suas diagonais são iguais, perpendiculares e dividem os ângulos internos do quadrado ao meio, ou seja, as mesmas propriedades dos retângulos e losangos juntas.

As propriedades dos trapézios são que os ângulos adjacentes aos lados não paralelos têm soma igual a 180°.

Soma dos ângulos

A soma dos ângulos do triângulo é 360°.

$$S_i = 90° + 90° + 90° + 90°$$
$$S_i = 360°.$$

Quadriláteros notáveis

Os quadriláteros notáveis são o quadrado (quadrilátero perfeito), o retângulo, o losango, o paralelogramo e o trapézio.

O quadrado tem quatro lados iguais, quatro ângulos iguais e duas diagonais iguais. Suas diagonais são perpendiculares, se dividem ao meio e dividem os ângulos internos ao meio.

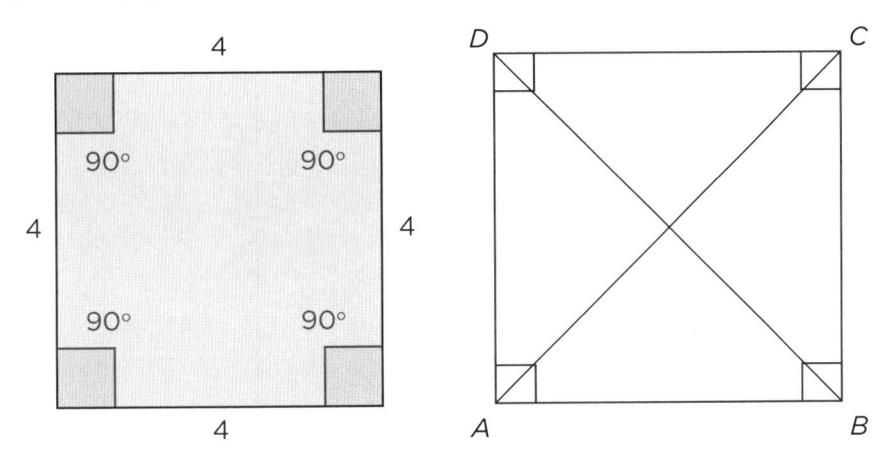

O retângulo tem os lados opostos iguais, quatro ângulos iguais e duas diagonais iguais, que se dividem ao meio.

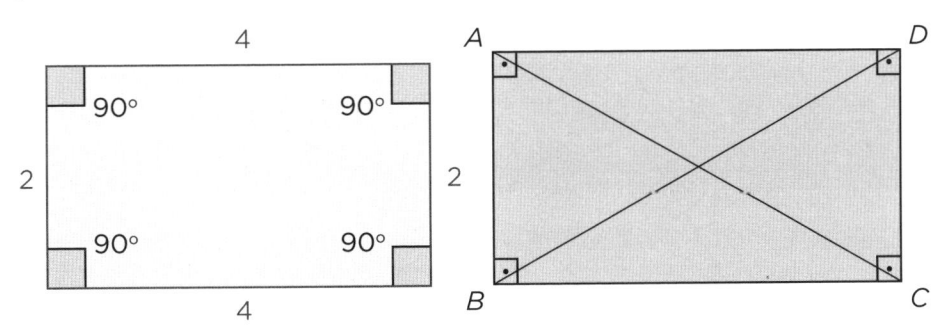

O losango tem quatro lados iguais, ângulos opostos iguais e duas diagonais perpendiculares, que se dividem ao meio e dividem os ângulos internos ao meio.

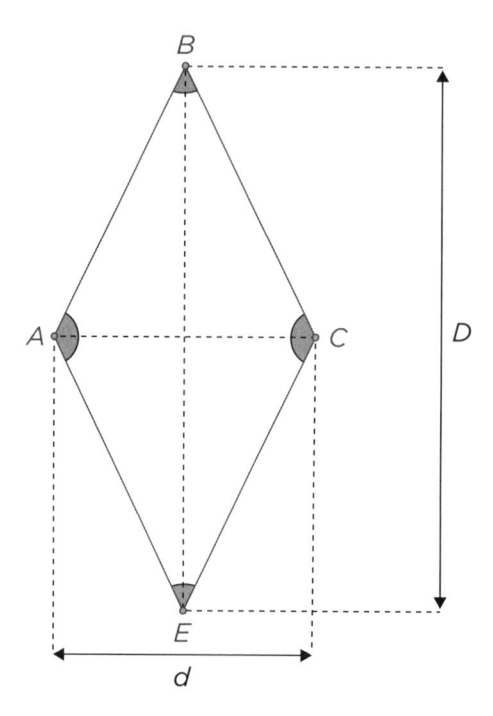

O paralelogramo tem os lados opostos iguais, suas diagonais se dividem ao meio e seus ângulos opostos são iguais.

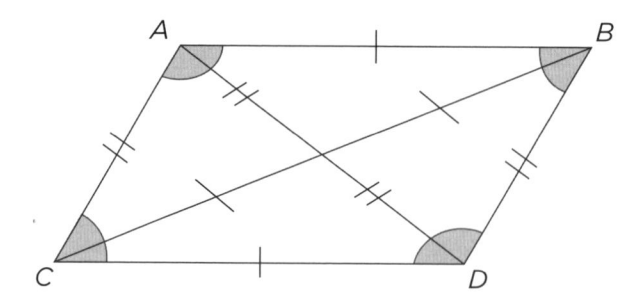

O trapézio tem os ângulos adjacentes aos lados não paralelos, com soma igual a 180°.

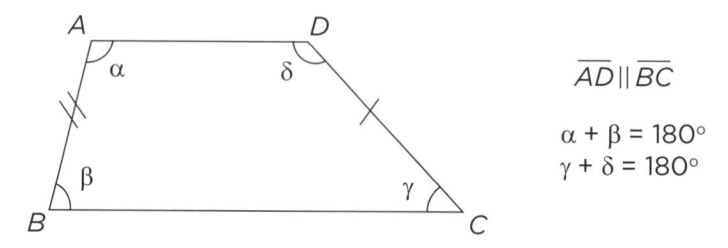

$\overline{AD} \| \overline{BC}$

$\alpha + \beta = 180°$
$\gamma + \delta = 180°$

Perímetro e área

Perímetro é a soma dos lados de um polígono, então no quadrilátero é a soma dos quatro lados.

Se quadrado e losango:

$$2p = 4 \cdot l$$

em que l = lado.

Se retângulo e paralelogramo:

$$2p = 2a + 2b$$

em que a e b são a base e a largura ou a altura.

Se trapézio:

$$2p = B + b + a + c$$

em que B = base maior; b = base menor; a e c = lados não paralelos.

As áreas dos quadriláteros são:
Se quadrado:

$$L \quad A = L^2$$

 Observação

A diagonal do quadrado é dada por:

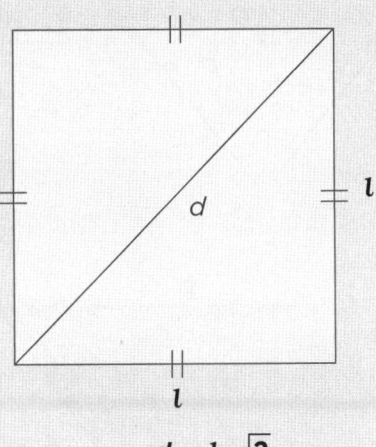

$$d = l \cdot \sqrt{2}$$

Se retângulo:

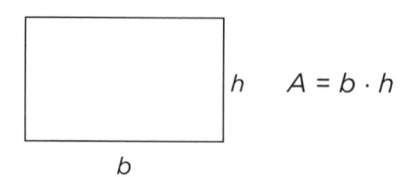

$$A = b \cdot h$$

Observação

A diagonal do retângulo é dada por:

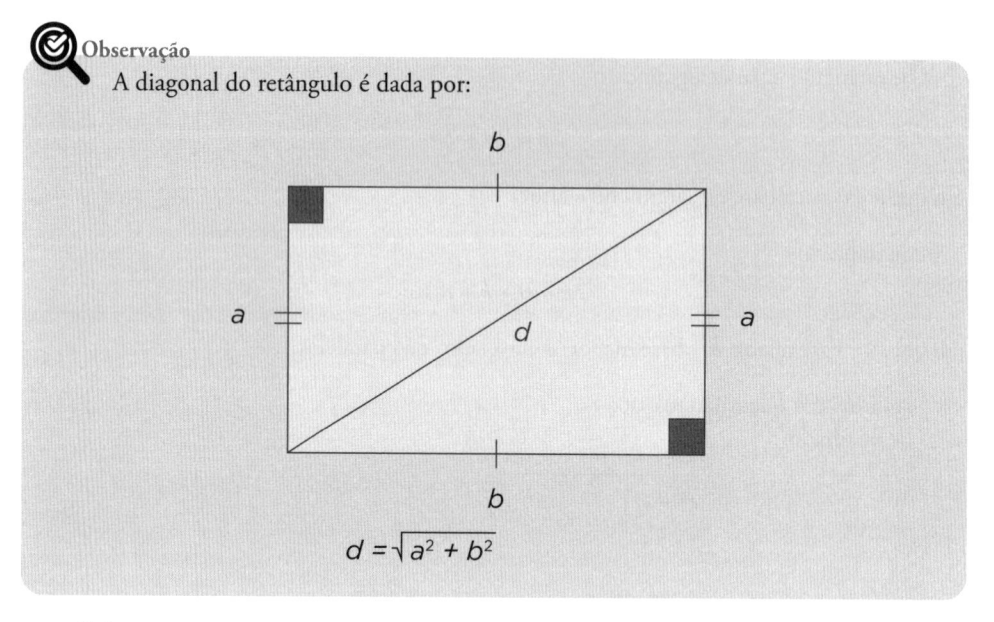

$$d = \sqrt{a^2 + b^2}$$

Se losango:

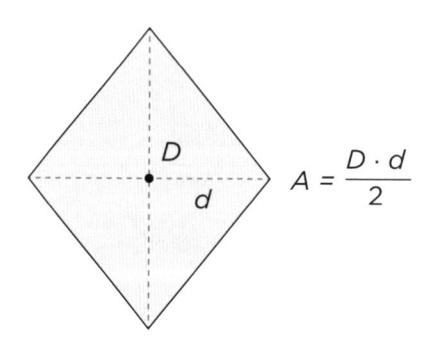

$$A = \frac{D \cdot d}{2}$$

Se paralelogramo:

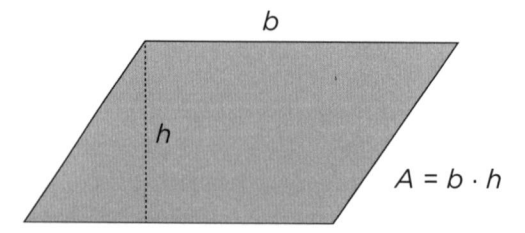

$$A = b \cdot h$$

Se trapézio:

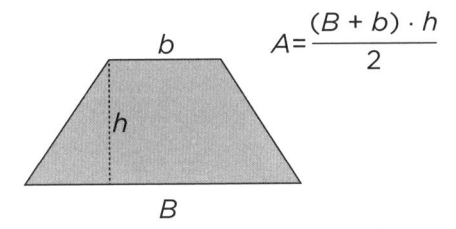

$$A = \frac{(B + b) \cdot h}{2}$$

Polígonos

Definição e classificação

Polígono vem do grego poli (muitos) + gonos (ângulos), que significa ter muitos lados ou ângulos.

Em geometria, portanto, polígono é uma figura fechada, com lados.

Os polígonos podem ser côncavos ou convexos. Polígono convexo é aquele que não possui "entradas", já os polígonos côncavos têm "entradas".

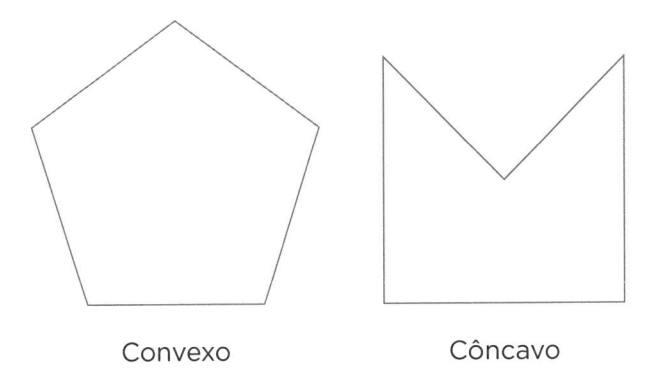

Convexo　　　　Côncavo

Número de diagonais de um polígono qualquer

Diagonal de um polígono é o segmento de reta que une um vértice ao outro (vértices não adjacentes).

O número de diagonais de um polígono depende do número de lados do polígono.

É definido pela fórmula:

$$d = \frac{n \cdot (n-3)}{2}$$

em que d = diagonal e n = número de lados do polígono.

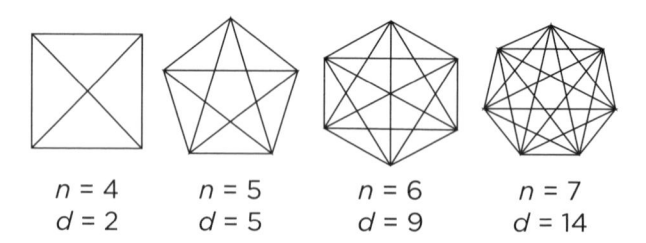

$$n = 4 \qquad n = 5 \qquad n = 6 \qquad n = 7$$
$$d = 2 \qquad d = 5 \qquad d = 9 \qquad d = 14$$

Soma dos ângulos internos e externos de um polígono qualquer

Ângulo interno é definido pelo espaço entre dois lados do polígono.

A soma dos ângulos internos de um polígono também depende do número de lados do polígono.

É definido pela fórmula:

$$S_i = (n - 2) \cdot 180°$$

em que S_i = soma dos ângulos internos e n = número de lados do polígono.

A soma dos ângulos externos de um polígono não depende do número de lados do polígono. É sempre igual a 360°:

$$S_e = 360°$$

em que S_e = soma dos ângulos externos.

Polígonos regulares (apótema, área e ângulo interno)

Polígonos regulares são os que têm todos os lados iguais e todos os ângulos iguais.

Os principais polígonos regulares são: triângulo equilátero, quadrado, hexágono regular.

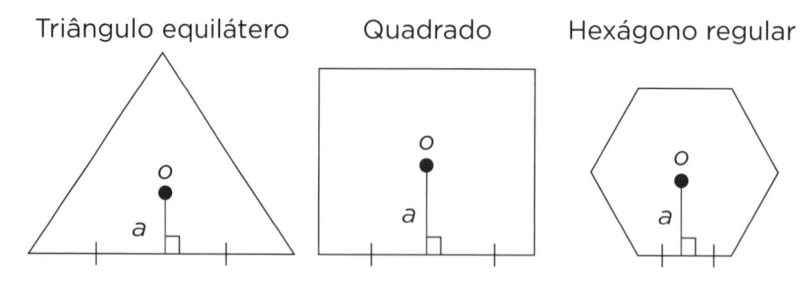

Para calcular a área de um polígono regular, basta multiplicar o semiperímetro (p) pelo apótema (a).

$$A = p \cdot a$$

 **Observação 1**

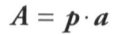 p = semiperímetro = metade do perímetro ($2p$ = perímetro = soma dos lados).

 Observação 2

Apótema do polígono é a distância do centro do polígono a qualquer dos seus lados (formando um ângulo de 90° com o lado).

Para determinar o ângulo interno de um polígono regular, basta dividir a soma dos ângulos pela quantidade de lados:

$$A_i = \frac{S_i}{n}$$

em que A_i = ângulo interno.

Circunferência e Círculo

Definição, elementos e propriedades

Circunferência é a figura geométrica que reúne todos os pontos que estão a uma mesma distância de "outro" ponto. Esse "outro" ponto é chamado de centro da circunferência e a distância aos outros pontos denominada raio (r).

Círculo é a área dentro da circunferência.

Quando dois pontos da circunferência são ligados por um segmento de reta, esse segmento é chamado de corda.

Observação

Uma corda que passa pelo centro da circunferência é chamada de diâmetro. A medida do diâmetro é o dobro do raio:

$$d = 2r$$

em que d = diâmetro da circunferência e r = raio.

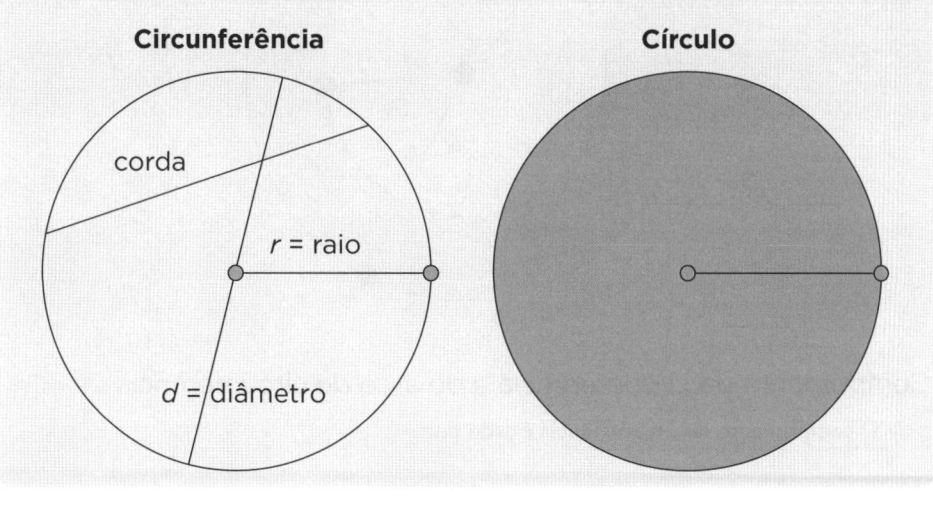

Setor, segmento circular e coroa circular

Setor circular é a área delimitada entre dois raios da circunferência.
Segmento circular é a área delimitada entre uma corda e a circunferência.

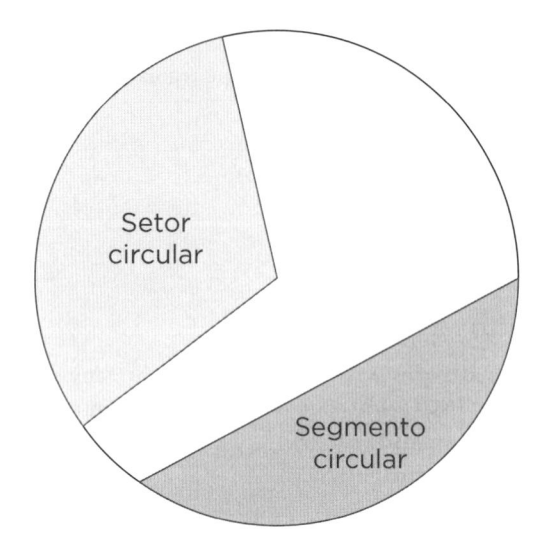

Coroa circular é a área determinada entre duas circunferências de mesmo centro e raios de tamanhos diferentes.

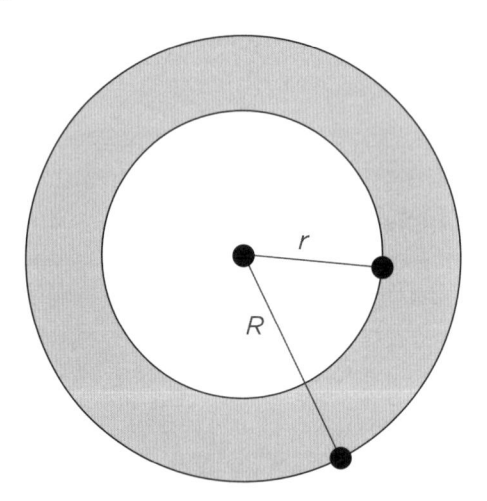

Comprimento da circunferência e do arco de circunferência

O comprimento da circunferência é dado por:

$$C = 2 \cdot \pi \cdot r$$

em que C = comprimento da circunferência, π = 3,14 e r = raio.

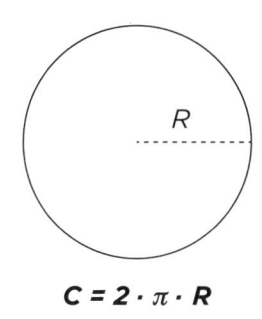

$$C = 2 \cdot \pi \cdot R$$

O comprimento do arco da circunferência é proporcional ao ângulo determinado pelos raios que limitam o arco.

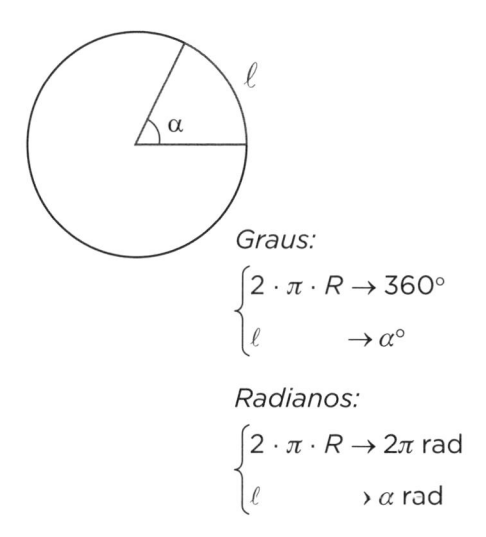

Graus:

$$\begin{cases} 2 \cdot \pi \cdot R \to 360° \\ \ell \qquad\quad \to \alpha° \end{cases}$$

Radianos:

$$\begin{cases} 2 \cdot \pi \cdot R \to 2\pi \text{ rad} \\ \ell \qquad\quad \rangle\, \alpha \text{ rad} \end{cases}$$

Área do círculo, do setor circular e do segmento circular

A área do **círculo** é dada por:

$$A = \pi \cdot r^2$$

em que A = comprimento da circunferência, π = 3,14 e r = raio.

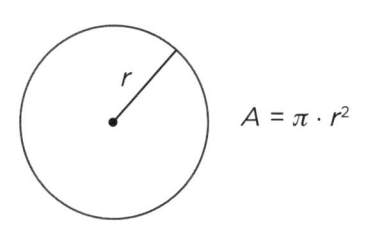

$$A = \pi \cdot r^2$$

A área do **setor circular** é proporcional ao ângulo – central – formado pelos raios que determinam o setor.

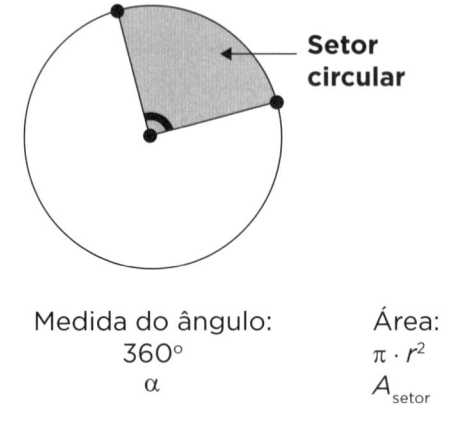

Medida do ângulo:
360°
α

Área:
$\pi \cdot r^2$
A_{setor}

A área do **segmento circular** é calculada fazendo uma subtração da área do setor circular "menos" a área do triângulo determinado pelos raios e a corda que une esses raios.

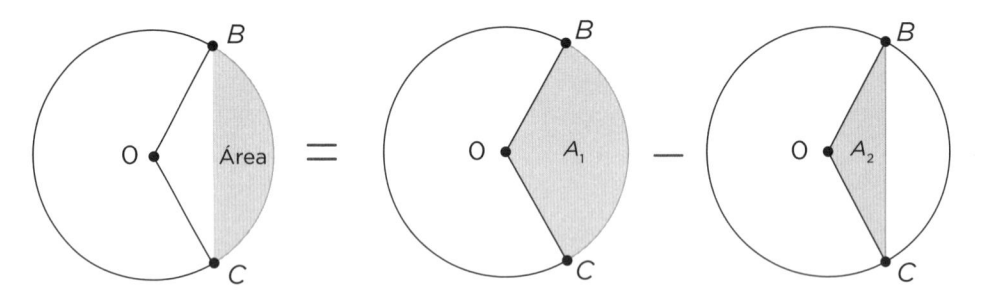

A área da **coroa circular** é calculada pela diferença entre o círculo de raio maior e o círculo de raio menor.

Coroa circular

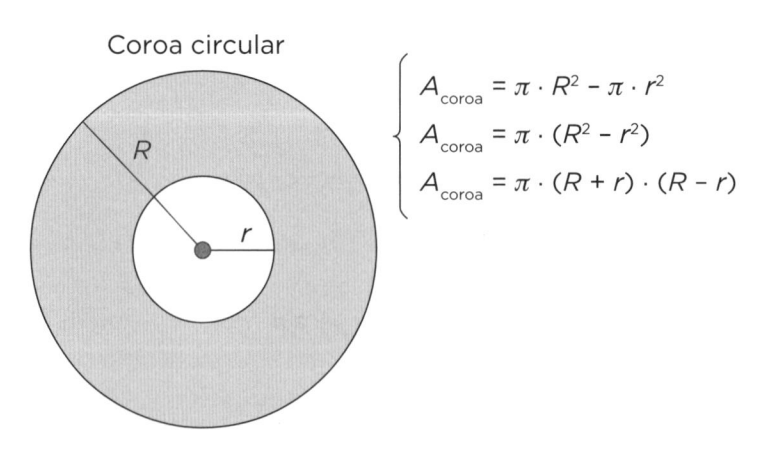

$$A_{coroa} = \pi \cdot R^2 - \pi \cdot r^2$$
$$A_{coroa} = \pi \cdot (R^2 - r^2)$$
$$A_{coroa} = \pi \cdot (R + r) \cdot (R - r)$$

Ângulos central e inscrito

Um ângulo é central quando seu vértice (sua origem) está no centro da circunferência. Um ângulo é inscrito quando seu vértice está na circunferência.

Quando dois ângulos, um central e um inscrito, têm o mesmo arco, pode-se afirmar que a medida do ângulo inscrito é metade da medida do ângulo central (ou que o ângulo central é o dobro do ângulo inscrito).

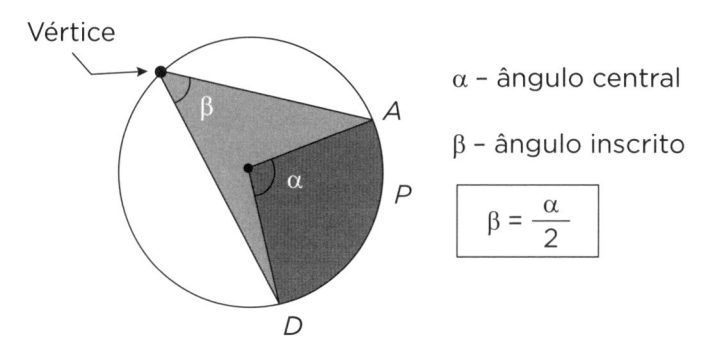

α – ângulo central

β – ângulo inscrito

$$\beta = \frac{\alpha}{2}$$

Exemplo:

Se o ângulo inscrito em uma circunferência é 48°, então quanto vale o ângulo central relacionado com o arco desse ângulo inscrito?

Como o ângulo central é o dobro do ângulo inscrito para um mesmo arco, então o ângulo central será:

$\alpha = 2\beta$

$\alpha = 2 \cdot (48°)$

$\alpha = 96°$.

Polígonos inscritos e circunscritos à circunferência

Polígonos estão inscritos na circunferência quando seus vértices estão na circunferência (a circunferência está circunscrita no polígono).

Polígonos estão circunscritos à circunferência quando seus lados são tangentes (estão ao lado) à circunferência (a circunferência está inscrita no polígono).

Os polígonos regulares são tanto inscritíveis como circunscritíveis à circunferência.

As principais relações entre os polígonos e as circunferências são as relações entre o lado do polígono e o raio das circunferências ou entre o apótema e o raio.

No triângulo equilátero:

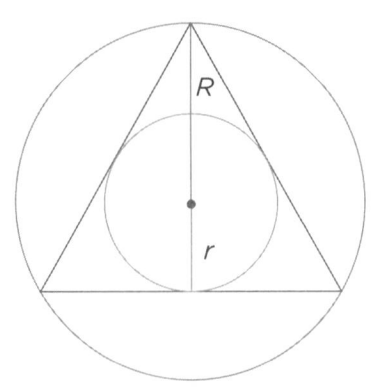

Apótema = $\dfrac{R}{2}$ (triângulo inscrito)

Lado = $R\sqrt{3}$ (triângulo inscrito)

Apótema = r (triângulo circunscrito)

Lado = $2r\sqrt{3}$ (triângulo circunscrito)

No quadrado:

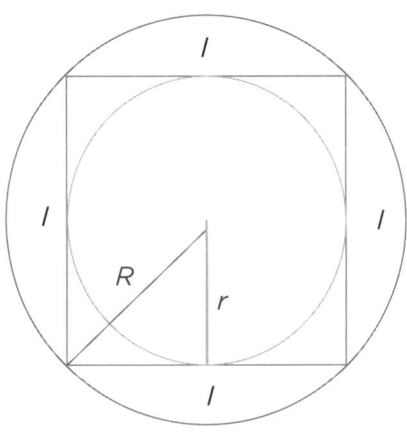

Apótema = $R\dfrac{\sqrt{2}}{2}$ (quadrado inscrito)

Lado = $R\sqrt{2}$ (quadrado inscrito)

Apótema = r (quadrado circunscrito)

Lado = $2r$ (quadrado circunscrito)

No hexágono:

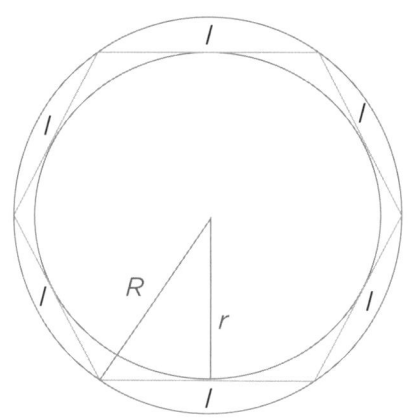

Apótema = $R\dfrac{\sqrt{3}}{2}$ (hexágono inscrito)

Lado = R (hexágono inscrito)

Apótema = r (hexágono circunscrito)

Lado = $2r\dfrac{\sqrt{3}}{3}$ (hexágono circunscrito)

Questões Comentadas de Concursos

(OBJETIVA – 2022 – Prefeitura de Alecrim/RS – Agente Comunitário de Saúde)

1) No triângulo isósceles da figura a seguir, o valor da medida dos lados congruentes é igual a 20 cm. Já o valor da medida do terceiro lado corresponde a 60% do valor da medida dos lados congruentes.

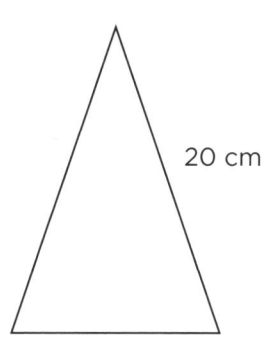

20 cm

Nessas condições, o perímetro desse triângulo, em cm, é igual a:

A) 12.

B) 32.

C) 42.

D) 52.

Gabarito comentado: 60% de 20 =

$$\frac{60}{100} \cdot 20 = \frac{1.200}{100} = 12$$

Perímetro ($2p$) é a soma dos lados, então:

$2p = 20 + 20 + 12$

$2p = 52$.

Portanto, a letra D é o gabarito.

(OBJETIVA – 2022 – Prefeitura de Alecrim/RS – Agente Comunitário de Saúde)

2) Sabendo-se que certo quadrado tem 169 cm², assinalar a alternativa que apresenta a medida do lado desse quadrado:

A) 10 cm.

B) 11 cm.

C) 12 cm.

D) 13 cm.

Gabarito comentado: a área do quadrado é dada por:

$A = l^2$

$169 = l^2$

$l = \sqrt{169}$

$l = 13$ cm.

Logo, o lado do quadrado é 13 cm.

Portanto, a letra D é o gabarito.

(OBJETIVA – 2022 – Prefeitura de Arroio do Padre/RS – Agente Administrativo)

3) A diagonal de um quadrado tem medida igual a $10\sqrt{2}$ cm. Qual é a área desse quadrado, em cm²?

A) 400.

B) 200.

C) 100.

D) 50.

Gabarito comentado: a diagonal do quadrado é dada por:

$d = l \cdot \sqrt{2}$

$10\sqrt{2} = l \cdot \sqrt{2}$

$l = 10$.

Como a área do quadrado é dado l^2, então a área do quadrado fica:

$A = l^2$

$A = 10^2$

$A = 100 \text{ cm}^2$.

Portanto, a letra C é o gabarito.

(Unilavras – 2022 – Câmara de Ipuiuna/MG – Secretário Legislativo)

4) A união dos infinitos pontos no plano equidistantes de um ponto referencial (origem) gera um(a):

A) Reta.

B) Semirreta.

C) Plano.

D) Circunferência.

Gabarito comentado: a definição presente no enunciado da questão é a definição da circunferência. A questão é bem conceitual, e sem maiores dúvidas.

Portanto, a letra D é o gabarito.

(Quadrix – 2022 – CAU/SC – Assistente Administrativo)

5) A razão entre as medidas da altura e do comprimento de uma bandeira é igual a 0,6. Se o perímetro dessa bandeira é 4,8 metros, então a sua altura é igual a

A) 9 decímetros.

B) 12 decímetros.

C) 15 decímetros.

D) 18 decímetros.

E) 21 decímetros.

Gabarito comentado: fazendo a razão entre a altura e o comprimento:

A = altura

B = comprimento

$$\frac{A}{B} = 0,6$$

$$\frac{A}{B} = \frac{6}{10}$$

$$\frac{A}{B} = \frac{3}{5}$$

Então, vamos considerar a altura por $3x$ e o comprimento por $5x$. Como perímetro é a soma dos lados, têm-se:

$3x + 5x + 3x + 5x = 4,8$

$16x = 4,8$

$$x = \frac{4,8}{16}$$

$x = 0,3$.

Logo, a altura é:

$A = 3x$

$A = 3(0,3)$

$A = 0,9$ metro = 9 decímetros.

Portanto, a letra A é o gabarito.

(MetroCapital Soluções – 2022 – Prefeitura de Nova Odessa/SP – Guarda Municipal)

6) Dado um triângulo retângulo, onde a hipotenusa mede 13 metros e um dos catetos mede 12 m, então, a medida do outro cateto é de:

A) 20 m.

B) 18 m.

C) 15 m.

D) 7 m.

E) 5 m.

Gabarito comentado: um dos triângulos pitagóricos que existe é o:

cateto, cateto, hipotenusa

5, 12, 13 (e seus múltiplos)

Como a hipotenusa é 13 metros e um dos catetos é 12, o outro cateto, com certeza, será 5 metros.

Portanto, a letra E é o gabarito.

(OBJETIVA – 2022 – Prefeitura de Nova Hartz/RS – Técnico de Enfermagem)

7) Assinalar a alternativa que apresenta o valor da área de um losango, cuja diagonal maior mede 25 cm e a diagonal menor mede 15 cm:

A) 187,5 cm².

B) 190 cm².

C) 192,5 cm².

D) 195 cm².

Gabarito comentado: a área do losango é dada por:

$$A = \frac{D \cdot d}{2}$$

$$A = 25 \cdot \frac{15}{2}$$

$$A = \frac{375}{2}$$

$A = 187,5$ cm².

Portanto, a letra A é o gabarito.

(FUNDATEC – 2022 – Prefeitura de Viamão/RS – Contador)

8) Considere que o quadrado ABCD da imagem a seguir tenha um perímetro de 36 unidades de medida. Observação: Use $\pi = 3,14$.

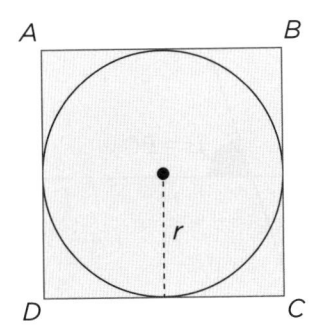

Então, a área da circunferência inscrita nesse quadrado é igual a:

A) 50,24 unidades de área.

B) 63,585 unidades de área.

C) 78,5 unidades de área.

D) 113,04 unidades de área.

E) 254,34 unidades de área.

Gabarito comentado: se o perímetro do quadrado é 36, então seu lado é:

$2p = 4 \cdot l$

$36 = 4 \cdot l$

$l = \dfrac{36}{4}$

$l = 9$.

Dessa forma, o diâmetro da circunferência – que é correspondente ao lado do quadrado – é 9 e seu raio fica 4,5.

Agora, calculando a área da circunferência:

$A = \pi \cdot r^2$

$A = 3,14 \cdot (4,5)^2$

$A = 3,14 \cdot 20,25$

$A = 63,585$.

Portanto, a letra B é o gabarito.

(MetroCapital Soluções – 2022 – Prefeitura de Nova Odessa/SP – Agente Comunitário de Saúde)

9) A reta t é uma reta transversal que corta as retas paralelas r e s.

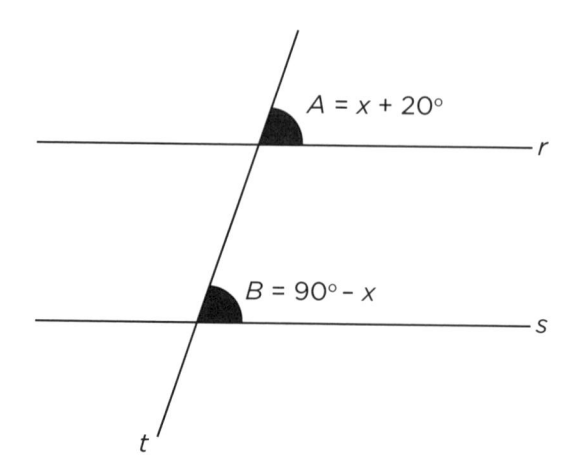

Considerando os valores apresentados na figura, é correto afirmar que os ângulos A e B medem:

A) 20°.

B) 35°.

C) 55°.

D) 70°.

E) 110°.

Gabarito comentado: os ângulos A e B são correspondentes, logo, iguais. Calculando o valor de A (e B):

$A = B$

$x + 20° = 90° - x$

$x + x = 90° - 20°$

$2x = 70°$

$x = \dfrac{70}{2}$

$x = 35°$.

Então, $A = x + 20°$

$A = 35° + 20°$

$A = 55°$.

Portanto, a letra C é o gabarito.

(CESPE/CEBRASPE – 2022 – FUB – Assistente em Administração)

Julgue o item que se segue relacionado com a geometria plana e espacial.

10) Considere que um triângulo ABC tenha lados com as seguintes medidas: 3 cm, 5 cm e 7 cm. Se o triângulo DEF é semelhante ao triângulo ABC e tem perímetro 25 cm, então o menor lado do triângulo DEF é 5 cm.

Gabarito comentado: fazendo a proporção pela semelhança dos triângulos fica:

Perímetro $ABC = 3 + 5 + 7 = 15$

Perímetro $DEF = 25$

$$\frac{\text{Perímetro } ABC}{\text{Perímetro } DEF} = \frac{3}{\text{menor lado } DEF}$$

$$\frac{15}{25} = \frac{3}{x}$$

Fazendo "meios por extremos":

$15x = 3 \cdot 25$

$15x = 75$

$x = \dfrac{75}{15}$

$x = 5$.

Logo, o menor lado do triângulo DEF é 5 cm, e a assertiva do enunciado está correta.

Acesse a Plataforma Digital com questões de concursos interativas com gabarito selecionadas para você praticar. Para acessá-la, veja o passo a passo na orelha desta obra.

CAPÍTULO 5

TRIGONOMETRIA

Falar de trigonometria é falar de triângulos e ângulos.

Triângulos são figuras geométricas com três lados e três ângulos. A soma dos ângulos de um triângulo é igual a 180° (ou π radianos).

Quanto aos lados, o triângulo pode ser escaleno (todos os lados diferentes), isósceles (dois lados iguais) ou equilátero (três lados iguais). Quanto aos ângulos, o triângulo pode ser acutângulo (os três ângulos agudos – menores que 90°), retângulo (um ângulo de 90°) ou obtusângulo (um ângulo maior que 90°).

Ciclo Trigonométrico e Unidades de Medidas de Arcos e Ângulos: o Grau e o Radiano

Os ângulos e arcos de circunferência são medidos pelo Sistema Internacional (SI) de Medidas em radianos e usualmente pelo grau.

A relação entre grau e radiano é:

$360° = 2\pi$ radianos

$180° = \pi$ radianos

$90° = \dfrac{\pi}{2}$ radianos

$60° = \dfrac{\pi}{3}$ radianos

$45° = \dfrac{\pi}{4}$ radianos

$30° = \dfrac{\pi}{6}$ radianos

O ciclo – ou círculo – trigonométrico é a circunferência usada e associada ao plano cartesiano para representar os ângulos, ajudar nos cálculos das razões trigonométricas (seno, cosseno e tangente) e estudar a trigonometria.

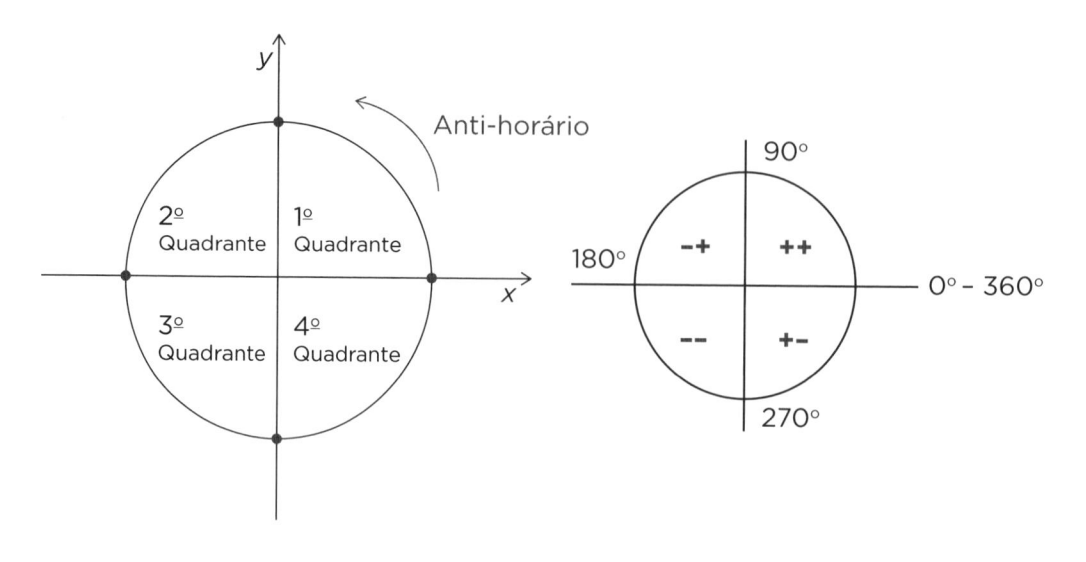

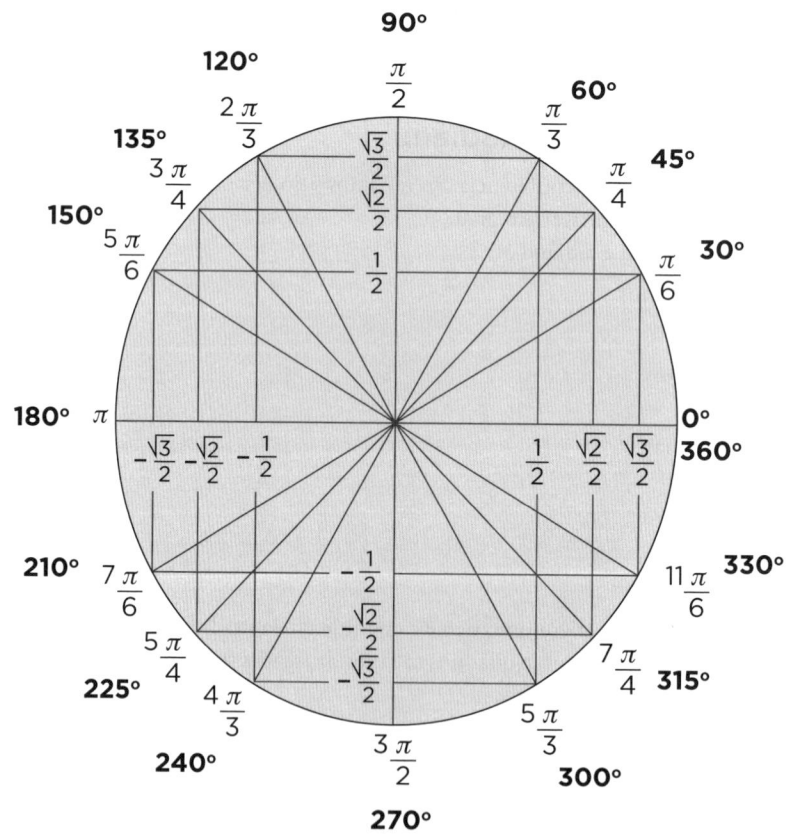

Veja ao longo das três figuras que os ângulos são vistos em sentido anti-horário, começando do 0° e dando a volta até retornar ao 360°.

Observação

- Caso os ângulos sejam negativos, o sentido do giro é o sentido horário.
- O ciclo trigonométrico é dividido em quatro quadrantes. Do 0° ao 90° tem-se o 1º quadrante, do 90° ao 180° tem-se o 2º quadrante, do 180° ao 270° tem-se o 3º quadrante, e do 270° ao 360° tem-se o 4º quadrante.
- No eixo X encontram-se os valores do cosseno dos ângulos, já no eixo Y encontram--se os valores do seno dos ângulos.
- No 1º quadrante, tanto o seno como o cosseno são positivos, no 2º quadrante o seno é positivo e o cosseno é negativo, no 3º quadrante tanto o seno como o cosseno são negativos, e no 4º quadrante o seno é negativo e o cosseno é positivo.
- O número de voltas no ciclo trigonométrico pode ser infinito. Para tanto, é importante apenas atentar para ir somando as voltas (360° ou $2\neq$ rad) à medida que essas voltas forem completadas.

Arcos Notáveis (Seno, Cosseno e Tangente)

Os arcos (ou ângulos) notáveis são assim denominados pois são muito utilizados na trigonometria e na geometria e, portanto, é importante saber os seus valores de seno, cosseno e tangente.

Os arcos notáveis são de 30°, 45° e 60°, e os senos, cossenos e tangentes são:

Ângulo	30°	45°	60°
Seno	$\dfrac{1}{2}$	$\dfrac{\sqrt{2}}{2}$	$\dfrac{\sqrt{3}}{2}$
Cosseno	$\dfrac{\sqrt{3}}{2}$	$\dfrac{\sqrt{2}}{2}$	$\dfrac{1}{2}$
Tangente	$\dfrac{\sqrt{3}}{3}$	1	$\sqrt{3}$

Redução ao 1º quadrante

$\text{sen}(90° - \alpha) = \cos \alpha$
$\cos(90° - \alpha) = \text{sen } \alpha$

$\text{sen}(90° + \alpha) = \cos \alpha$
$\cos(90° + \alpha) = -\text{sen } \alpha$

$\text{sen}(180° - \alpha) = \text{sen } \alpha$
$\cos(180° - \alpha) = -\cos \alpha$

$tg(180° - \alpha) = -tg\ \alpha$

$sen(180° + \alpha) = -sen\ \alpha$
$cos(180° + \alpha) = -cos\ \alpha$

$sen(270° - \alpha) = -cos\ \alpha$
$cos(270° - \alpha) = -sen\ \alpha$

$sen(270° + \alpha) = -cos\ \alpha$
$cos(270° + \alpha) = sen\ \alpha$

$sen(-\alpha) = -sen\ \alpha$
$cos(-\alpha) = cos\ \alpha$
$tg(-\alpha) = -tg\ \alpha$

Observação

Quando dois ângulos são complementares, o seno de um é igual ao cosseno do outro e vice-versa. Quando dois ângulos são suplementares, os senos são iguais e os cossenos são opostos. Quando dois ângulos são replementares, os senos são opostos e os cossenos são iguais.

Exemplo:

$cos(90° - \alpha) = sen\ \alpha$

$cos(90° - 30°) = sen\ 30°$

$cos\ 60° = sen\ 30° = \dfrac{1}{2}$

$sen(90° + \alpha) = cos\ \alpha$

$sen(90° + 60°) = cos\ 60°$

$sen\ 150° = cos\ 60°\ (I)$

$sen(180° - \alpha) = sen\ \alpha$

$sen(180° - 30°) = sen\ 30°$

$sen\ 150° = sen\ 30°\ (II)$

Aplicando (II) e (I):

$sen\ 30° = cos\ 60° = \dfrac{1}{2}.$

Trigonometria no Triângulo (Triângulo Qualquer)

A trigonometria no triângulo é a relação entre os lados e os ângulos desse triângulo.

Seno, cosseno e tangente (trigonometria no triângulo retângulo)

No triângulo retângulo (triângulo um ângulo de 90°) as relações (razões) são:

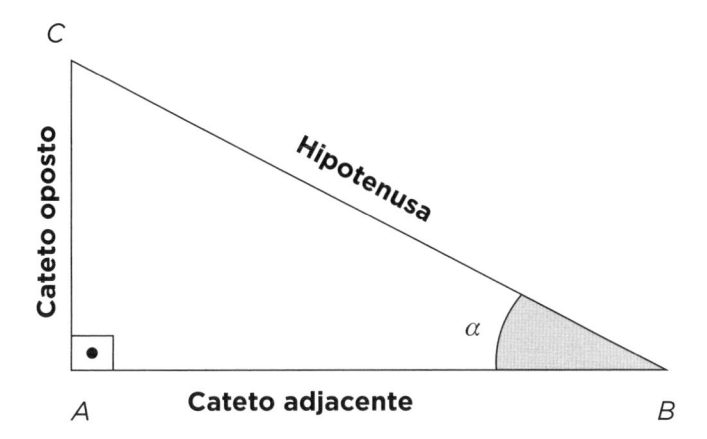

Hipotenusa = lado oposto ao ângulo de 90°

Cateto oposto = lado oposto ao ângulo destacado

Cateto adjacente = lado "ao lado" do ângulo destacado

Teorema de Pitágoras: hipotenusa (*a*) ao quadrado é igual à soma dos quadrados dos catetos (*b* e *c*)

$$a^2 = b^2 + c^2$$

$$\textbf{Seno de } \alpha \, (\textbf{sen } \alpha) = \frac{\text{cateto oposto}}{\text{hipotenusa}}$$

$$\textbf{Cosseno de } \alpha \, (\textbf{cos } \alpha) = \frac{\text{cateto adjacente}}{\text{hipotenusa}}$$

$$\textbf{Tangente de } \alpha \, (\textbf{tg } \alpha) = \frac{\text{cateto oposto}}{\text{cateto adjacente}} = \frac{\text{sen } \alpha}{\text{cos } \alpha}$$

Exemplo:

Calcule o outro cateto do triângulo retângulo de hipotenusa 13 e um dos catetos igual a 5 e, em seguida, calcule o seno, cosseno e tangente formados pelo ângulo entre o cateto de 5 e a hipotenusa.

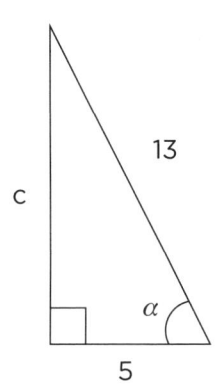

Para achar o outro cateto, basta aplicar o teorema de Pitágoras. Veja:

$a^2 = b^2 + c^2$

$13^2 = 5^2 + c^2$

$169 = 25 + c^2$

$c^2 = 169 - 25$

$c^2 = 144$

$c = \sqrt{144}$

$c = 12$.

Agora, calculando o seno, cosseno e tangente do ângulo entre o cateto de 5 e a hipotenusa:

$\text{sen } \alpha = \dfrac{12}{13}$

$\cos \alpha = \dfrac{5}{13}$

$\text{tg } \alpha = \dfrac{12}{5}$.

Lei dos senos e lei dos cossenos (trigonometria em um triângulo qualquer)

Em um triângulo qualquer (triângulo que não é retângulo), as relações trigonométricas são a lei dos senos e a lei dos cossenos.

Lei dos senos:

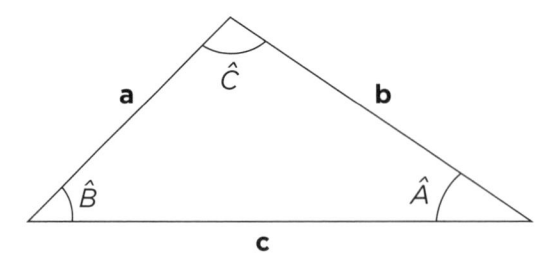

Cada lado dividido pelo seno do seu ângulo oposto é proporcional aos outros lados divididos pelos senos dos seus respectivos ângulos opostos.

$$\frac{a}{\text{sen } A} = \frac{b}{\text{sen } B} = \frac{c}{\text{sen } C}$$

Exemplo:

Qual o valor de b sabendo que $a = 5$, $c = 8$, $\hat{A} = 15°$ e $\hat{C} = 135°$?

Se $\hat{A} = 15°$ e $\hat{C} = 135°$, então $\hat{B} = 30°$

$15° + 135° = 150°$

$180° - 150° = 30°$.

Calculando b:

$$\frac{b}{\operatorname{sen} B} = \frac{c}{\operatorname{sen} C}$$

$$\frac{b}{\operatorname{sen} 30°} = \frac{8}{\operatorname{sen} 120°}$$

$$\left(\operatorname{sen} 120° = \operatorname{sen} 60° = \frac{\sqrt{3}}{2}\right)$$

$$\frac{b}{\frac{1}{2}} = \frac{8}{\frac{\sqrt{3}}{2}}$$

Fazendo "meios por extremos":

$$\frac{b}{8} = \frac{\frac{1}{2}}{\frac{\sqrt{3}}{2}}$$

$$\frac{b}{8} = \frac{1}{\sqrt{3}} \cdot$$

Racionalizando:

$$\frac{b}{8} = \frac{1}{\sqrt{3}} \cdot \frac{\sqrt{3}}{\sqrt{3}}$$

$$\frac{b}{8} = \frac{\sqrt{3}}{3}$$

$$b = \frac{8\sqrt{3}}{3}$$

$$\left(\sqrt{3} = 1{,}73\right)$$

$$b = 8 \cdot \frac{1{,}73}{3}$$

$$b = \frac{13{,}84}{3}$$

$$b = 4{,}61.$$

Lei dos cossenos:

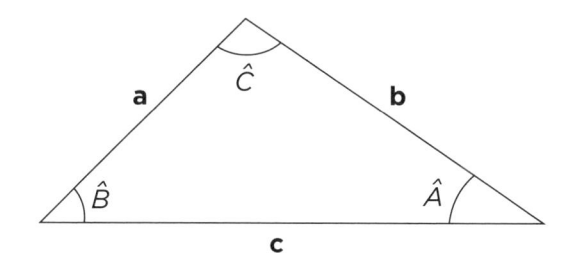

Um lado ao quadrado é igual à soma dos quadrados dos outros dois lados "menos" o dobro do produto desses outros dois lados com o cosseno do ângulo oposto ao outro lado.

$$a^2 = b^2 + c^2 - 2 \cdot b \cdot c \cdot \cos A$$
$$b^2 = a^2 + c^2 - 2 \cdot a \cdot c \cdot \cos B$$
$$c^2 = a^2 + b^2 - 2 \cdot a \cdot b \cdot \cos C$$

Exemplo:

Qual o valor de b sabendo que $a = 5$, $c = 8$, $\hat{A} = 15°$ e $\hat{C} = 120°$?

Se $\hat{A} = 15°$ e $\hat{C} = 135°$, então $\hat{B} = 30°$
$15° + 135° = 150°$
$180° - 150° = 30°$.

Calculando b:
$$b^2 = a^2 + c^2 - 2 \cdot a \cdot c \cdot \cos B$$
$$b^2 = 5^2 + 8^2 - 2 \cdot 5 \cdot 8 \cdot \frac{\sqrt{3}}{2}$$
$$b^2 = 25 + 64 - 40\sqrt{3}$$
$$b^2 = 89 - 40\sqrt{3}$$
$$\left(\sqrt{3} = 1{,}73\right)$$
$$b^2 = 89 - 40 \cdot 1{,}73$$
$$b^2 = 89 - 69{,}2$$
$$b^2 = 19{,}8$$
$$b = \sqrt{19{,}8}$$
$$b = 4{,}45.$$

Observação

As diferenças entre os valores de b são decorrentes das aproximações das casas decimais da $\sqrt{3}$.

Identidades Trigonométricas Fundamentais

As principais identidades trigonométricas (resultantes das relações entre as funções e razões trigonométricas) são:

Relação fundamental da trigonometria (derivada do Teorema de Pitágoras):

sen² α + cos² α = 1

Outras relações:

Do seno, cosseno e tangente encontra-se também a cossecante, secante e cotangente, que nada mais são do que os inversos do seno, cosseno e tangente, respectivamente.

Cossecante de α (cossec α) $= \dfrac{1}{\operatorname{sen} \alpha}$

Secante de α **(sec** α**)** $= \dfrac{1}{\cos \alpha}$

Cotangente de α **(cotg** α**)** $= \dfrac{1}{\text{tg } \alpha} = \dfrac{\cos \alpha}{\text{sen } \alpha}$

$\sec^2 \alpha = \text{tg}^2\alpha + 1$

$\text{cossec}^2\alpha = 1 + \text{cotg}^2\alpha$

Exemplo:

Se o sen α = 0,6, qual o valor do cos α?

Aplicando a relação fundamental da trigonometria:

$\text{sen}^2\alpha + \cos^2\alpha = 1$

$0,6^2 + \cos^2\alpha = 1$

$0,36 + \cos^2\alpha = 1$

$\cos^2\alpha = 1 - 0,36$

$\cos^2\alpha = 0,64$

$\cos \alpha = \sqrt{0,64}$

$\cos \alpha = 0,8.$

Apêndice (Soma de Arcos e Arcos Duplos)

Soma de arcos

$\text{Sen}(\alpha + \beta) = \text{sen } \alpha \cdot \cos \beta + \text{sen } \beta \cdot \cos \alpha$

$\text{Sen}(\alpha - \beta) = \text{sen } \alpha \cdot \cos \beta - \text{sen } \beta \cdot \cos \alpha$

$\text{Cos}(\alpha + \beta) = \cos \alpha \cdot \cos \beta - \text{sen } \alpha \cdot \text{sen } \beta$

$\text{Cos}(\alpha - \beta) = \cos \alpha \cdot \cos \beta + \text{sen } \alpha \cdot \text{sen } \beta$

$\text{Tg}(\alpha + \beta) = \dfrac{\text{tg } \alpha + \text{tg } \beta}{1 - \text{tg } \alpha \cdot \text{tg } \beta}$

$\text{Tg}(\alpha - \beta) = \dfrac{\text{tg } \alpha - \text{tg } \beta}{1 + \text{tg } \alpha \cdot \text{tg } \beta}$

Arcos duplos

$\text{Sen}(2\,\alpha) = 2 \text{ sen } \alpha \cdot \cos \alpha$

$\text{Cos}(2\alpha) = \cos^2 \alpha - \text{sen}^2\alpha$

$\text{Tg}(2\,\alpha) = \dfrac{2\text{tg } \alpha}{1 - \text{tg}^2\alpha}$

Questões Comentadas de Concursos

(FAUEL – 2022 – Prefeitura de Apucarana/PR – Advogado)

1) Às 16h, o sol bate em um monumento perpendicular ao solo e projeta uma sombra de 3 m de comprimento, formando um ângulo de 60° com o solo. Qual é a altura desse monumento? Considere $\sqrt{3} = 1,7$.

A) 1,76 m.

B) 4,7 m.

C) 5,1 m.

D) 6,73 m.

E) 8,2 m.

Gabarito comentado: representando o enunciado, tem-se:

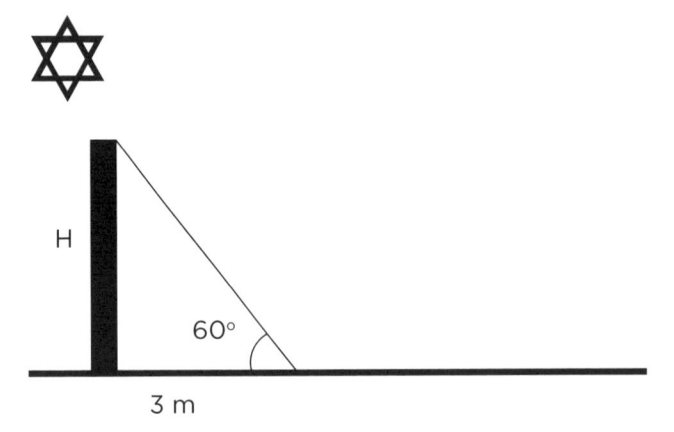

Para calcular H, usa-se a tangente de 60°:

$$\text{tg } 60° = \frac{\text{cateto oposto}}{\text{cateto adjacente}}$$

$$\sqrt{3} = \frac{H}{3}.$$

Fazendo "meios por extremos":

$$H = 3 \cdot \sqrt{3}$$

$$H = 3 \cdot 1,7$$

$$H = 5,1 \text{ m.}$$

Portanto, a letra C é o gabarito.

(Unilavras – 2022 – Câmara de Ipuiuna/MG – Secretário Legislativo)

2) Calcule o valor desta expressão:

$$\text{sen } 30° + \text{sen}^2 15° - \text{sen } 45° - \cos 60° + \cos 45° + \cos^2 15°$$

A) 0.

B) 1.

C) 2.

D) 2π.

Gabarito comentado: calculando fica:

sen 30° + sen²15° – sen 45°– cos 60° + cos 45° + cos²15° =

$\dfrac{1}{2} + \text{sen}^2 15^\circ - \dfrac{\sqrt{2}}{2} - \dfrac{1}{2} + \dfrac{\sqrt{2}}{2} + \cos^2 15^\circ =$

sen²15° + cos²15° = 1.

Portanto, a letra B é o gabarito.

(COPESE/UFPI – 2022 – Prefeitura de Oeiras/PI – Professor)

3) Na figura abaixo, a expressão trigonométrica equivalente a $\dfrac{12}{5}$ é:

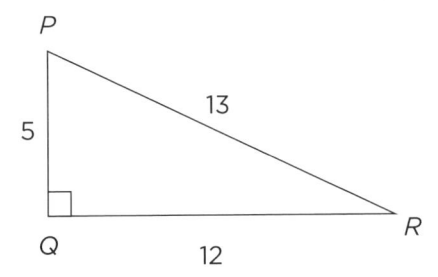

A) sen(R).

B) cos(R).

C) tg(R).

D) tg(P).

E) sen(Q).

Gabarito comentado: analisando a figura, 12 é o cateto oposto ao ângulo P e 5 é o cateto adjacente ao ângulo P. A relação entre cateto oposto e cateto adjacente é a tangente, então $\dfrac{12}{5}$ é a tangente de P. Veja:

$\text{tg } P = \dfrac{\text{cateto oposto a } P}{\text{cateto adjacente a } P}$

$\text{tg } P = \dfrac{12}{5}.$

Portanto, a letra D é o gabarito.

(Instituto Consulplan – 2021 – Prefeitura de Colômbia/SP – Técnico em Nutrição)

4) Considere um ângulo β, tal que $0^\circ \leq \beta < 360^\circ$ e suas respectivas relações no círculo trigo-nométrico. Considerando que sen $\beta < 0$ e que cos $\beta > 0$, pode-se afirmar que este ângulo pertence a qual quadrante?

A) 1º.

B) 2º.

C) 3º.

D) 4º.

Gabarito comentado: seno negativo (sen $\beta < 0$) e cosseno positivo (cos $\beta > 0$) acontece no 4º quadrante do ciclo trigonométrico.

Portanto, a letra D é o gabarito.

(OMNI – 2021 – Prefeitura de São Bento do Sul/SC – Professor)

5) A tangente de um ângulo qualquer pode ser escrita como o quociente entre seno e o cosseno desse mesmo ângulo. Por esta razão, para alguns ângulos, não podemos calcular o valor da tangente. Marque a opção, em radianos, que contém o ângulo que não pode ser calculado a tangente.

A) π, pois sen $(\pi) = 0$.

B) $\dfrac{\pi}{2}$, pois sen $\left(\dfrac{\pi}{2}\right) = 0$.

C) $\dfrac{\pi}{2}$, pois cos $\left(\dfrac{\pi}{2}\right) = 0$.

D) $\dfrac{\pi}{4}$, pois sen $\left(\dfrac{\pi}{4}\right) = \cos\left(\dfrac{\pi}{4}\right)$.

Gabarito comentado: se a tangente é uma razão entre o seno e o cosseno, e sabendo que não existe divisão por 0, então os ângulos que têm cosseno igual a zero não têm tangente. Dito isto, os ângulos são os de 90° e 270°. Analisando as alternativas, a única que tem algum desses ângulos é a alternativa C $\left(\dfrac{\pi}{2} = 90°\right)$.

Portanto, a letra C é o gabarito.

(CESPE/CEBRASPE – 2021 – CBM/TO – Soldado)

6)

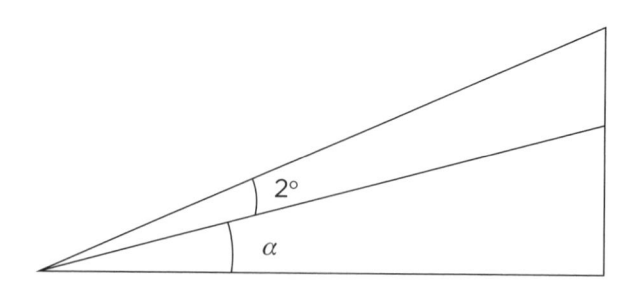

A inclinação de determinada rampa que tem ângulo de elevação α menor do que 30° foi aumentada em 2°, conforme ilustrado na figura precedente. Com base nessas informações, com relação ao valor do cosseno do novo ângulo de inclinação da rampa $\beta = \alpha + 2°$, é correto afirmar que:

A) O cosseno diminuirá.

B) O cosseno aumentará.

C) O cosseno permanecerá inalterado.

D) O cosseno de β será inferior ao seno de α.

Gabarito comentado: de acordo com o teorema de Pitágoras, ao aumentar um dos catetos, a hipotenusa também aumentará. O cosseno é uma razão entre o cateto adjacente e a hipotenusa. Na questão, o cateto adjacente não muda e a hipotenusa aumenta, então o cosseno vai diminuir.

Portanto, a letra A é o gabarito.

(EDUCA – 2020 – Prefeitura de Cabedelo/PB – Professor)

7) Em um triângulo retângulo, α é um ângulo agudo interno cujo cosseno é igual a $\dfrac{3}{5}$; logo, a tangente de α é igual a:

A) $\dfrac{4}{3}$.

B) $\dfrac{3}{4}$.

C) $\dfrac{\sqrt{3}}{4}$.

D) $\dfrac{\sqrt{3}}{2}$.

E) $\dfrac{4}{5}$.

Gabarito comentado: calculando o seno pela relação fundamental da trigonometria, têm-se:

$$\text{sen}^2\alpha + \cos^2\alpha = 1$$

$$\text{sen}^2\alpha + \left(\frac{3}{5}\right)^2 = 1$$

$$\text{sen}^2\alpha + \frac{9}{25} = 1$$

$$\text{sen}^2\alpha = 1 - \frac{9}{25}$$

$$\text{sen}^2\alpha = \frac{25}{25} - \frac{9}{25}$$

$$\text{sen}^2\alpha = \frac{16}{25}$$

$$\text{sen}\,\alpha = \frac{\sqrt{16}}{25}$$

$$\text{sen}\,\alpha = \frac{4}{5}.$$

Agora, calculando a tangente:

$$\text{tg}\,\alpha = \frac{\text{sen}\,\alpha}{\cos \alpha}$$

$$\text{tg}\,\alpha = \frac{\dfrac{4}{5}}{\dfrac{3}{5}}$$

$$\text{tg}\,\alpha = \frac{4}{3}.$$

Portanto, a letra A é o gabarito.

Acesse a Plataforma Digital com questões de concursos interativas com gabarito selecionadas para você praticar. Para acessá-la, veja o passo a passo na orelha desta obra.

CAPÍTULO 6

GEOMETRIA ESPACIAL

Este capítulo irá tratar das figuras tridimensionalmente, ou seja, da figura no espaço, levando em conta os seus elementos.

Ponto, Reta, Plano: Posições Relativas entre Dois Planos; Posições Relativas entre Reta e Plano; Perpendicularidade entre Dois Planos e entre Reta e Plano; e Projeção Ortogonal

Dois planos podem ser paralelos quando não há pontos em comum, ou dois planos podem ser concorrentes quando se interceptam em algum lugar formando uma reta nessa interseção.

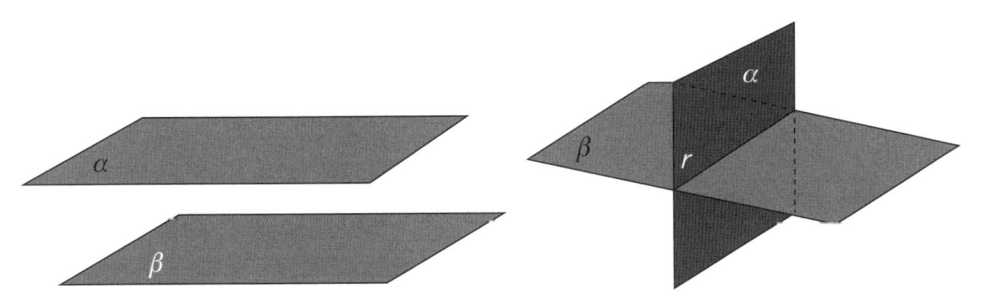

Uma reta e um plano podem ter nenhum ponto em comum – sendo, portanto, paralelos –, podem ter apenas um ponto em comum – sendo concorrentes, em que a reta "fura" o plano –, ou pode ser que a reta esteja contida no plano.

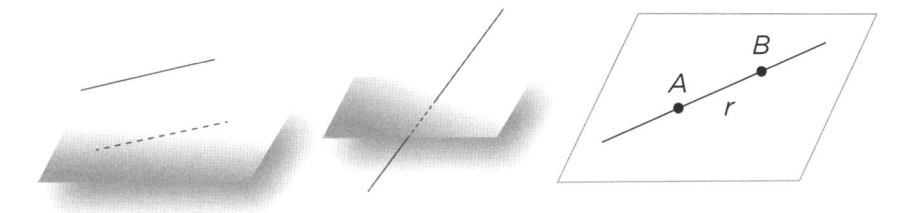

Quando o ângulo entre dois planos concorrentes (e as retas contidas nesses planos) é de 90°, diz-se que esses planos são perpendiculares entre si. Já uma reta e um plano são perpendiculares quando uma reta contida no plano é perpendicular à reta que "fura" o plano.

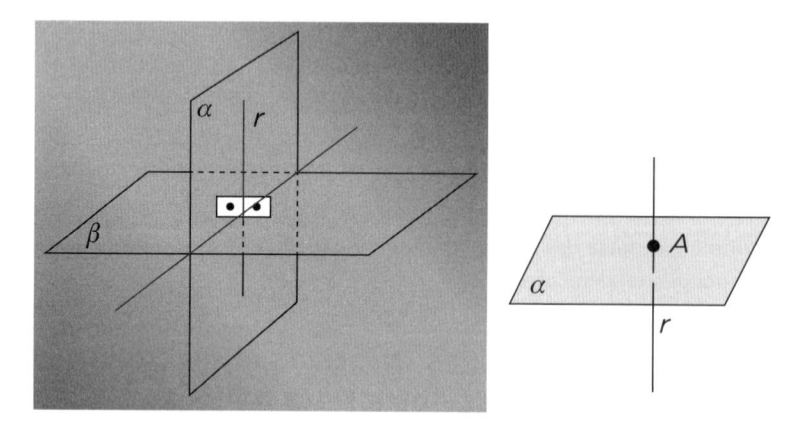

Projeções ortogonais são as "sombras" no plano de figura geométrica fora do plano.

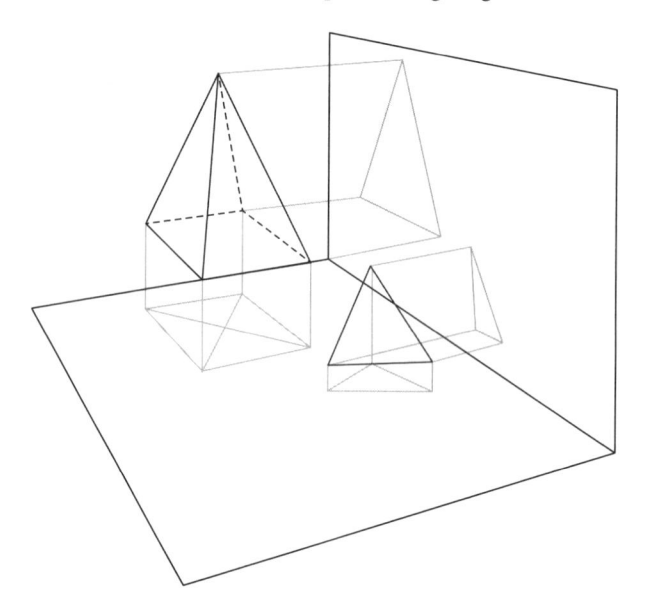

Poliedros Convexos

Poliedros são figuras geométricas tridimensionais, compostas por vértices, arestas e faces (as faces são polígonos) unidas entre si. Os vértices são as "pontas", as arestas são os lados (as linhas) e as faces são os planos (os polígonos).

Um poliedro é convexo quando qualquer segmento de reta dentro do poliedro está todo contido no poliedro.

Poliedro convexo

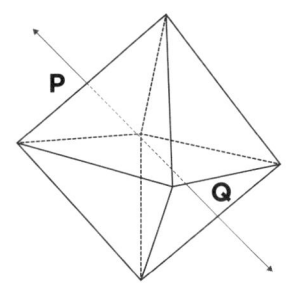

Poliedro não convexo

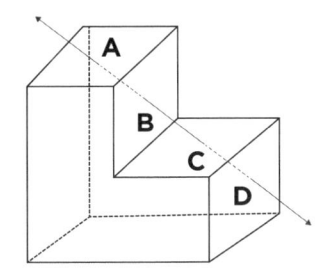

Poliedros Regulares

Um poliedro é regular quando tanto suas arestas quanto suas faces são iguais. Também chamado de poliedro de Platão, nesse poliedro é possível determinar a quantidade de suas faces, arestas e vértices pela regra ou fórmula de Euler.

Relação de Euler

Na relação de Euler, o número de faces somado ao número de vértices é igual ao número de arestas "mais" 2:

$$V + F = A + 2$$

Em que:

V = quantidade de vértices;
F = quantidade de faces;
A = quantidade de arestas.

Exemplo:

Em um poliedro com 6 faces e 8 vértices, quantas arestas têm?

Aplicando a regra de Euler:
$V + F = A + 2$
$6 + 8 = A + 2$
$14 = A + 2$
$14 - 2 = A$
$A = 12$ arestas.

Primas

Conceito

Prisma é uma figura geométrica tridimensional, um poliedro convexo, com duas bases iguais e paralelas e faces laterais que são paralelogramos.

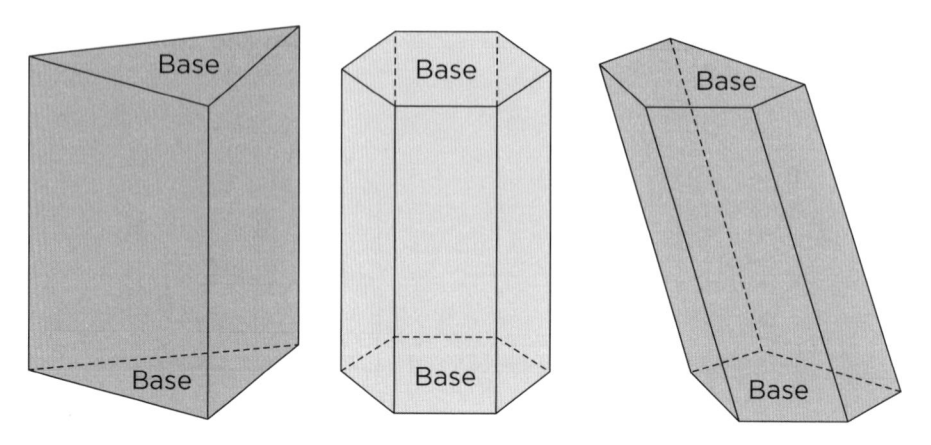

Alguns prismas são bem conhecidos, como o cubo (dado) e o paralelepípedo (caixas retangulares, tijolos).

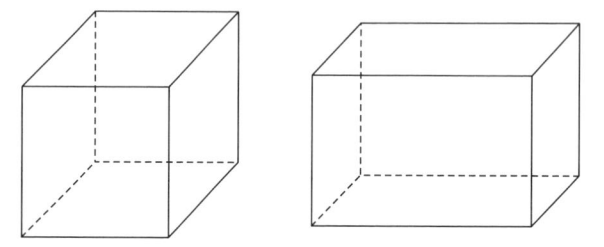

Elementos

Os elementos dos prismas são as faces (bases e faces laterais), arestas (da base e laterais) e vértices. Outros elementos do prisma são sua altura com relação às bases (distância entre as bases). Dependendo da base do prisma, ele também terá diagonais internas.

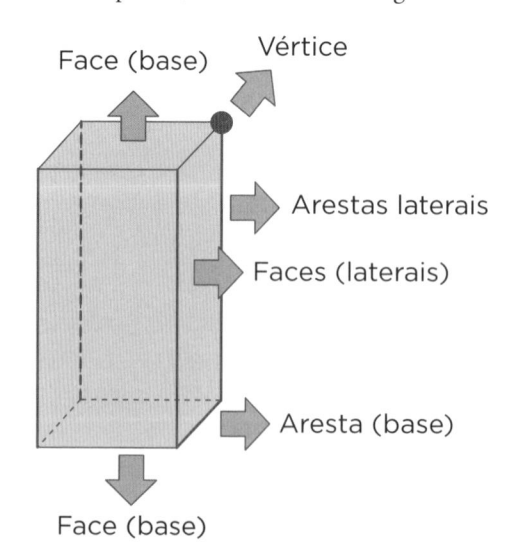

Classificação

Prismas em que as faces laterais são perpendiculares às bases são chamados de prismas retos, ao passo que se os ângulos entre as bases e as faces laterais não for de 90°, é chamado de prisma oblíquo.

Prismas regulares são aqueles em que suas bases são polígonos regulares, são prismas retos.

Um prisma também será classificado de acordo com sua base: se a base for um triângulo, então o prisma será triangular, se a base for um quadrado, será um prisma quadrangular, se a base for um pentágono, será um prisma pentagonal, e assim por diante.

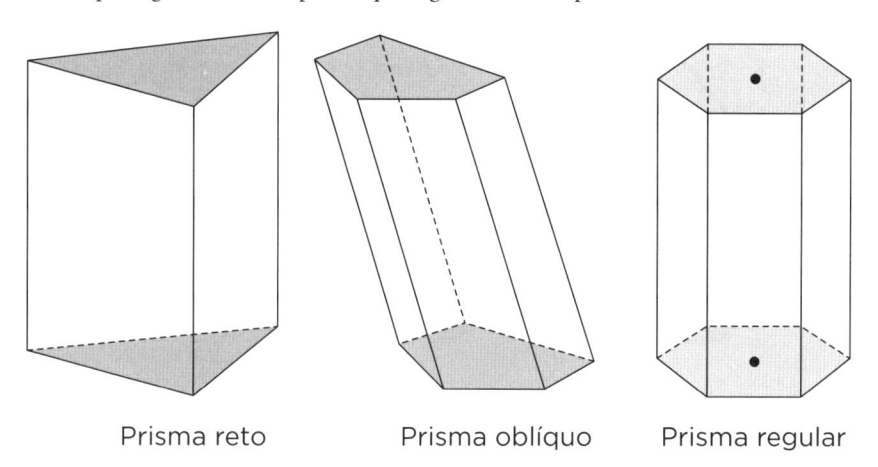

Prisma reto   Prisma oblíquo   Prisma regular

Áreas e volumes (e diagonais do cubo e do paralelepípedo)

As áreas dos prismas são as áreas da base, as áreas laterais e a área total.

As áreas das bases (duas bases) dependem da figura geométrica da base: se a base for um triângulo, a área da base será a área do triângulo, se a base for um quadrado ou retângulo, a área da base será a área do quadrado ou retângulo e assim por diante.

As áreas laterais são áreas retangulares (ou quadrangulares) na quantidade da figura geométrica da base. Por exemplo, se a base for triangular, as áreas laterais serão três; se a base for um hexágono, as áreas laterais serão seis.

A área total do prisma será a soma das duas áreas da base mais a soma das áreas laterais.

O volume do prisma será um produto da área da base pela altura do prisma.

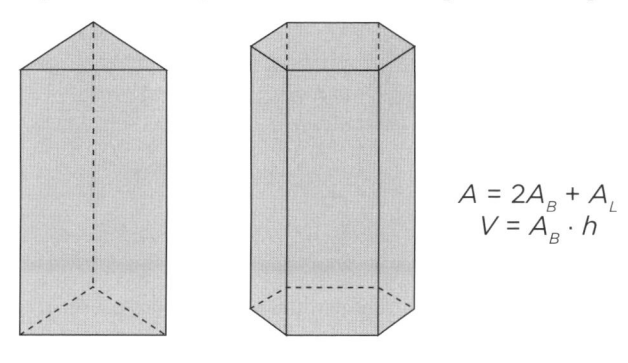

$$A = 2A_B + A_L$$
$$V = A_B \cdot h$$

As áreas, o volume e as diagonais do cubo e do paralelepípedo são definidas pela relação com suas arestas.

No cubo:

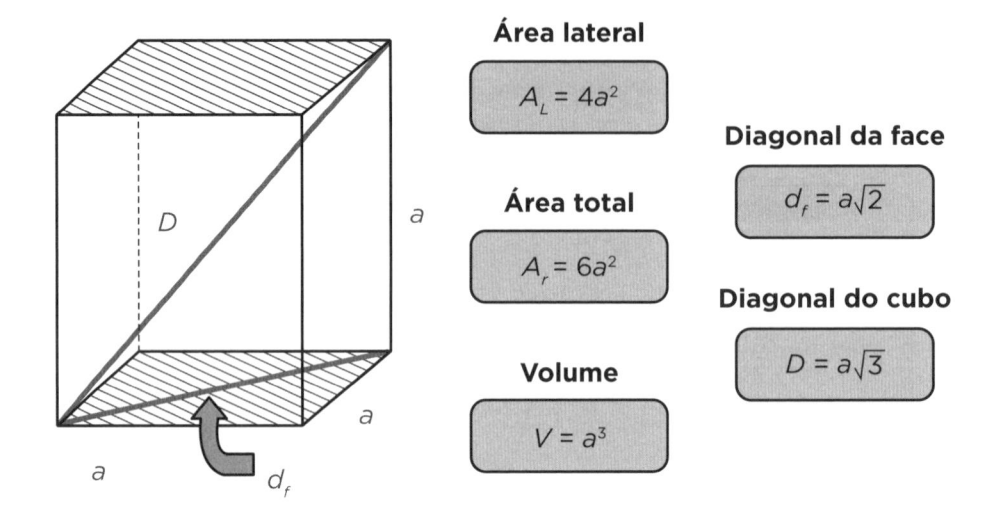

Área lateral

$$A_L = 4a^2$$

Área total

$$A_r = 6a^2$$

Volume

$$V = a^3$$

Diagonal da face

$$d_f = a\sqrt{2}$$

Diagonal do cubo

$$D = a\sqrt{3}$$

No paralelogramo:

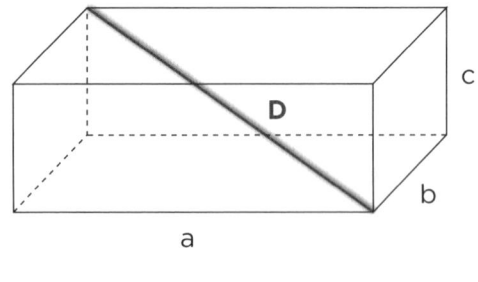

Diagonal	$D = \sqrt{a^2 + b^2 + c^2}$
Área total	$A = 2(ab + bc + ac)$
Volume	$V = abc \text{ ou } V = A_b \cdot h$

Pirâmides

Conceito

Pirâmide é uma figura geométrica tridimensional, um poliedro convexo, com uma base poligonal e faces triangulares unidas em um ponto a certa altura da base (chamado vértice da pirâmide).

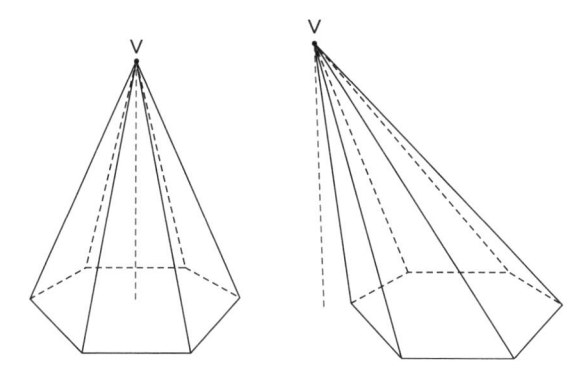

Elementos

Os elementos das pirâmides são a base, as faces laterais, arestas (da base e laterais), vértices da base, vértice da pirâmide e altura com relação à base (distância entre a base e o vértice da pirâmide).

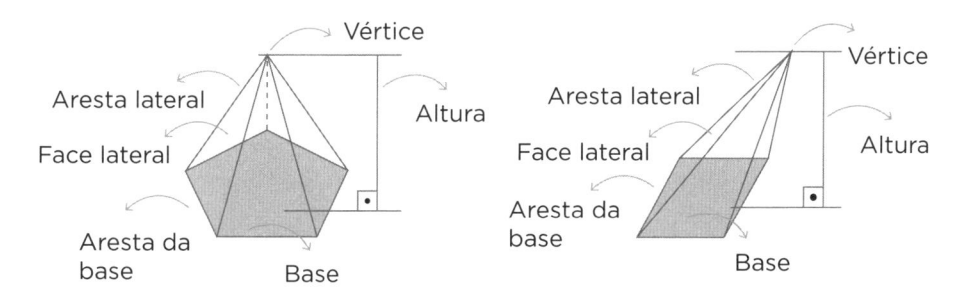

Classificação

Pirâmides em que a projeção do seu vértice na base coincide com o ponto central da base são classificadas como pirâmides retas (e regulares). No entanto, se isso não acontece (a projeção do seu vértice na base não coincide com o ponto central da base), a pirâmide é oblíqua.

Uma pirâmide também será classificada de acordo com sua base: se a base for um triângulo, então a pirâmide será triangular, se a base for um quadrado, será uma pirâmide quadrangular, se a base for um pentágono, será uma pirâmide pentagonal e assim por diante.

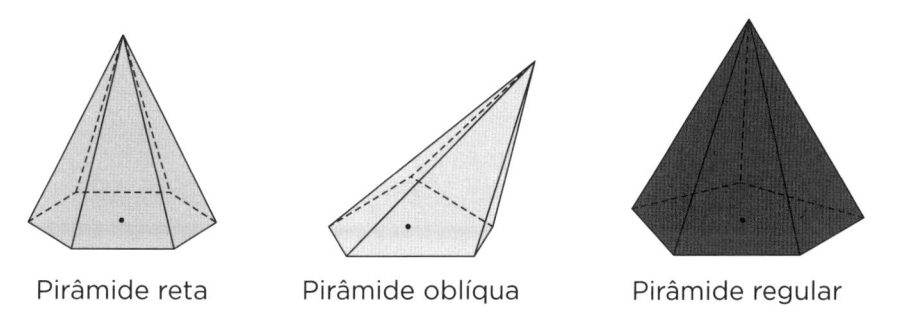

Pirâmide reta   Pirâmide oblíqua   Pirâmide regular

Áreas e volumes

As áreas da pirâmide são a área da base, as áreas laterais e a área total.

A área da base depende da figura geométrica da base: se a base for um triângulo, a área da base será a área do triângulo, se a base for um quadrado ou retângulo, a área da base será a área do quadrado ou retângulo e assim por diante.

As áreas laterais são áreas triangulares na quantidade da figura geométrica da base.

Para determinar a área lateral é necessário calcular a altura do triângulo da face lateral (geratriz da pirâmide ou apótema da pirâmide), e essa altura será obtida por uma relação pitagórica entre o apótema da base e a altura da pirâmide.

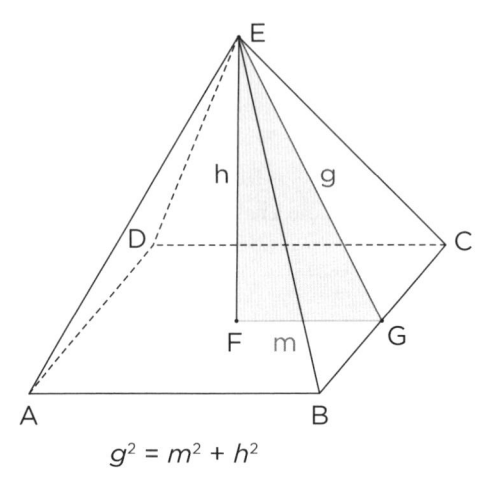

$$g^2 = m^2 + h^2$$

A área total da pirâmide será a soma da área da base mais a soma das áreas laterais.

O volume da pirâmide será o produto de $\dfrac{1}{3}$ da área da base pela altura da pirâmide.

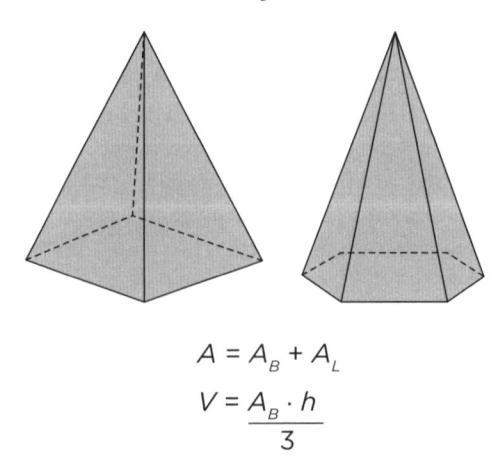

$$A = A_B + A_L$$
$$V = \frac{A_B \cdot h}{3}$$

Cilindro

Conceito

Cilindro é uma figura geométrica tridimensional, de formato circular, que possui o mesmo diâmetro ao longo de todo o seu comprimento.

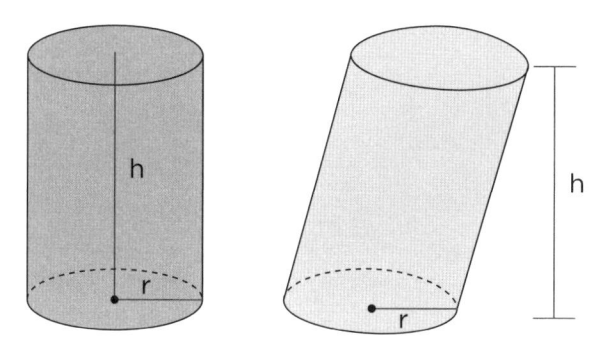

Elementos

Os elementos do cilindro são as bases, o raio das bases, a altura e a área lateral, além da geratriz (segmento de reta que liga uma circunferência à outra – faz parte da área lateral).

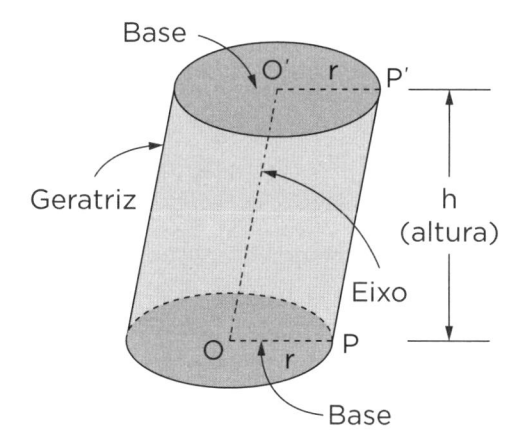

Classificação

De acordo com a inclinação da geratriz, o cilindro pode ser reto ou oblíquo. Cilindros retos são aqueles em que a geratriz é perpendicular à base do cilindro. Cilindros oblíquos são aqueles em que a geratriz forma um ângulo diferente de 90° com a base.

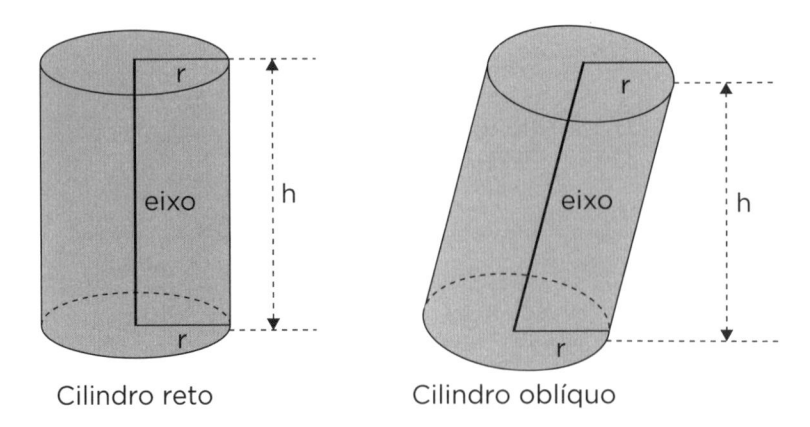

Cilindro reto   Cilindro oblíquo

Áreas e volumes

As áreas do cilindro são as áreas da base, a área lateral e a área total.

As áreas das bases (duas bases) são as áreas dos círculos que formam a base.

A área lateral é a área do retângulo constituído pelo comprimento da circunferência que forma a base e pela altura do cilindro.

A área total do cilindro será a soma das duas áreas da base mais a soma da área lateral.

$$A_T = 2A_B + A_L$$
$$A_B = 2\pi R^2$$
$$A_L = 2\pi R \cdot H$$
$$A_T = 2\pi R (R + H)$$

O volume do cilindro será o produto da área da base pela altura do cilindro.

Cilindro

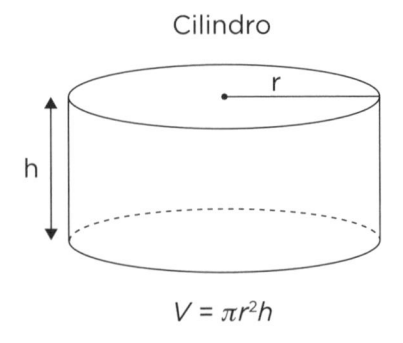

$$V = \pi r^2 h$$

Cones

Conceito

Cone é uma figura geométrica tridimensional, de base circular, que se assemelha a uma pirâmide, mas sua área lateral é apenas de um "triângulo" (setor circular) que faz uma rotação sobre essa base.

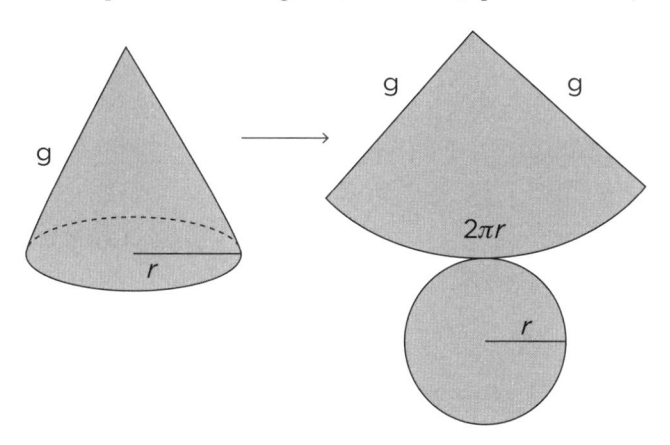

Elementos

Os elementos do cone são a base, o raio da base, o vértice do cone, a altura com relação à base (distância entre a base e o vértice do cone) e a geratriz do cone (segmento de reta que une o vértice a qualquer ponto da circunferência da base).

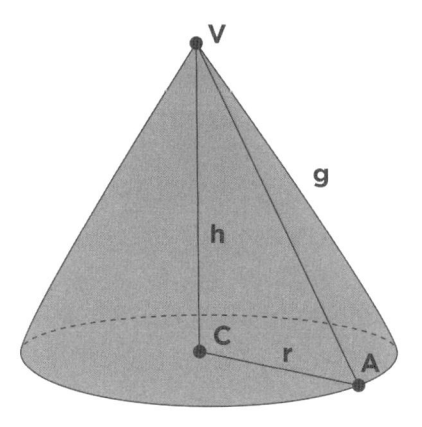

Classificação

O cone pode ser reto, quando seu vértice está alinhado com o centro da circunferência da base, ou oblíquo, quando o vértice não está alinhado com o centro da circunferência. O cone também pode ser equilátero, quando ele é reto e a geratriz é igual ao diâmetro da base.

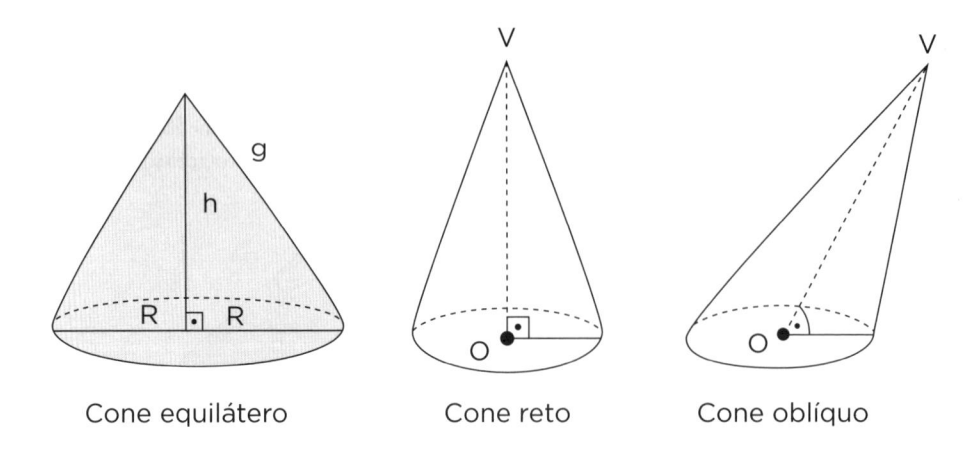

| Cone equilátero | Cone reto | Cone oblíquo |

Áreas e volumes

As áreas do cone são a área da base, a área lateral e a área total.

A área da base é a área do círculo da base.

A área lateral do cone é a área determinada pelo produto da geratriz do cone com o raio da base, além de pi (π).

A área total do cone será a soma da área da base mais a soma da área lateral.

O volume do cone será o produto de $\dfrac{1}{3}$ da área da base pela altura do cone.

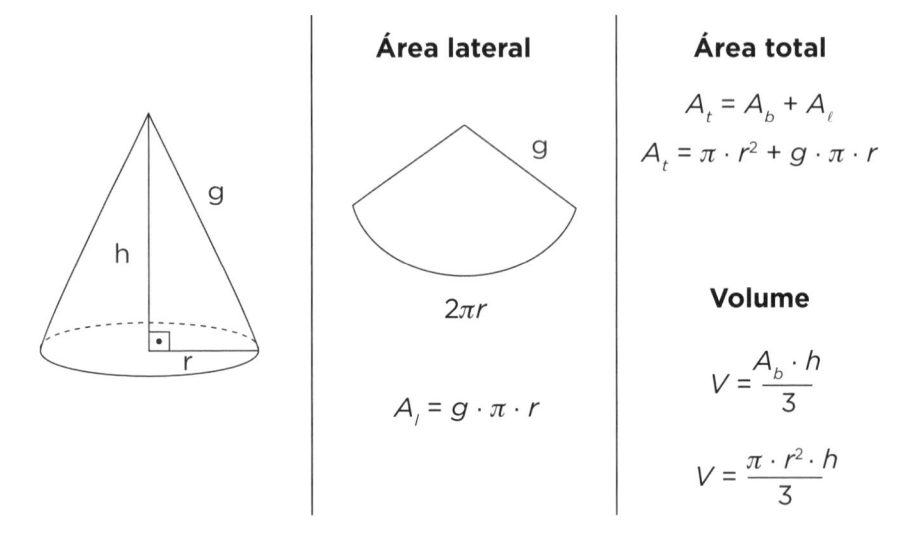

Área lateral

$2\pi r$

$$A_l = g \cdot \pi \cdot r$$

Área total

$$A_t = A_b + A_\ell$$

$$A_t = \pi \cdot r^2 + g \cdot \pi \cdot r$$

Volume

$$V = \frac{A_b \cdot h}{3}$$

$$V = \frac{\pi \cdot r^2 \cdot h}{3}$$

Esferas

Esfera é uma figura geométrica tridimensional, resultado da rotação de semicírculo pelo eixo do seu diâmetro.

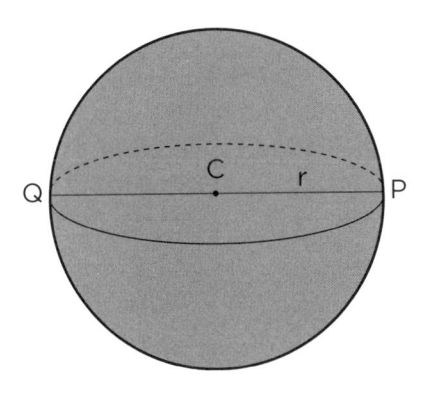

Elementos e partes da esfera

Os elementos da esfera são o centro, o raio, os meridianos e os paralelos, os polos e o equador.

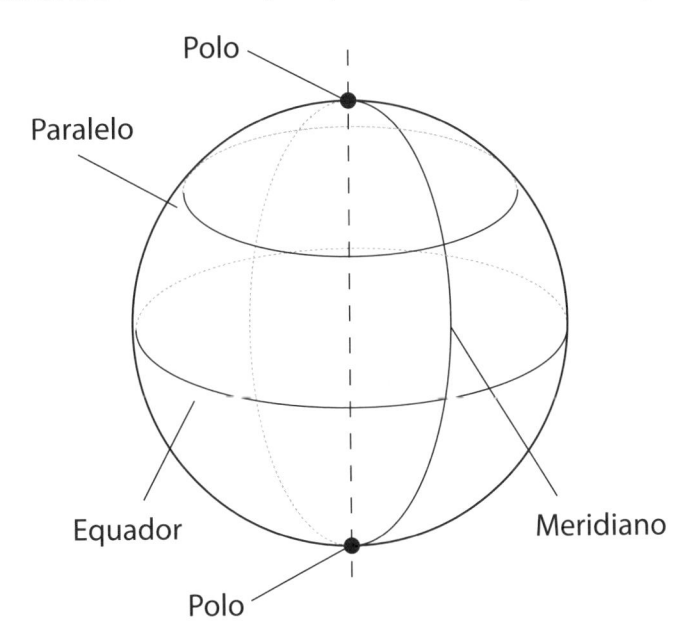

As partes da esfera são a cunha (faz parte da esfera) e o fuso esférico (faz parte da superfície da esfera, relacionada com a cunha).

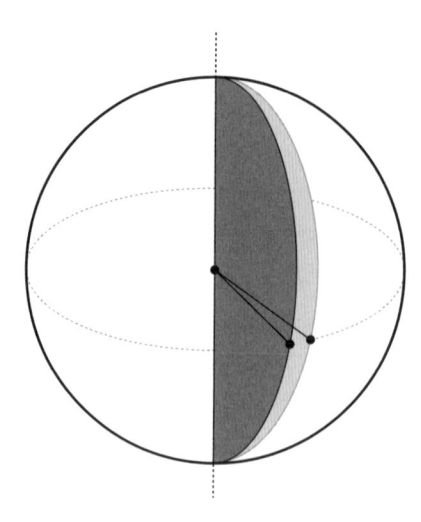

Temos, ainda, a seção da esfera (corte transversal feito na esfera por um plano) e a calota esférica determinada por essa seção.

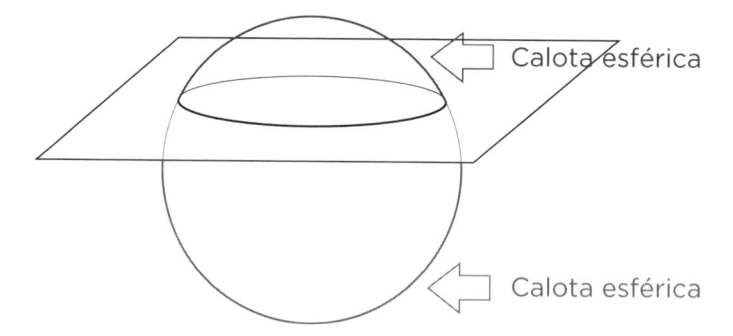

Áreas e volumes

As áreas e os volumes da esfera são determinados pelo raio da esfera.

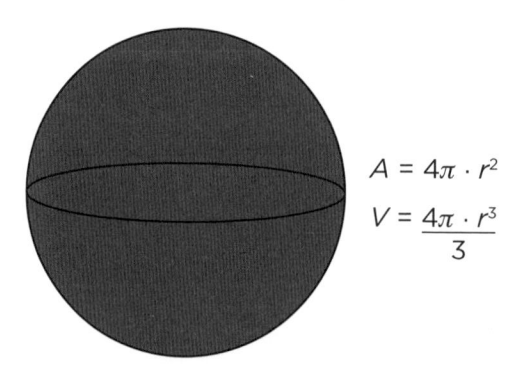

$$A = 4\pi \cdot r^2$$

$$V = \frac{4\pi \cdot r^3}{3}$$

As áreas e os volumes do fuso e da cunha são determinados pelo ângulo de rotação do semicírculo em torno de seu eixo.

Cunha esférica é o sólido gerado pela rotação, segundo um ângulo alfa, de um semicírculo de raio *r* em torno de um eixo.

$$V = \frac{\alpha}{360°} \cdot \frac{4}{3} \pi r^3$$

Fuso esférico pela rotação, segundo um ângulo alfa, de uma semicircunferência de raio *r* em torno de um eixo.

$$A = \frac{\alpha}{360°} \cdot 4\pi r^2$$

Questões Comentadas de Concursos

(FAU – 2022 – EMDUR de Toledo/PR – Advogado)

1) Um reservatório de água vai ser construído em uma base de 5 × 4 metros, e este reservatório deve ter espaço para armazenar 50.000 litros de água. O valor de sua altura (o formato do reservatório é de um paralelepípedo reto) vai ser igual a:

A) 1,50 m.

B) 1,75 m.

C) 2,00 m.

D) 2,25 m.

E) 2,50 m.

Gabarito comentado: 50.000 litros = 50 m³

O volume do paralelepípedo é dado por:

$V = a \cdot b \cdot c$

$50 = 5 \cdot 4 \cdot c$

$20c = 50$

$c = \dfrac{50}{20}$

$c = 2,5$ metros é a altura do reservatório.

Portanto, a letra E é o gabarito.

(COPESE/UFPI – 2022 – Prefeitura de Oeiras/PI – Professor)

2) Um recipiente em forma de um cilindro circular reto possui 30 cm de altura e raio da base igual a 5 cm. Pode-se afirmar que metade do volume desse recipiente vale:

A) 750π cm³.

B) 375π cm³.

C) 750 cm³.

D) 375 cm³.

E) 150π cm³.

Gabarito comentado: o volume do cilindro é dado por:

$V = \pi \cdot r^2 \cdot h$

$V = \pi \cdot 5^2 \cdot 30$

$V = \pi \cdot 25 \cdot 30$

$V = 750\pi$

Como a questão pede a metade do volume do cilindro, tem-se:

$\dfrac{V}{2} = \dfrac{750\pi}{2}$

$\dfrac{V}{2} = 375\pi$ cm³.

Portanto, a letra B é o gabarito.

(Avança SP – 2022 – Câmara Municipal de Sorocaba – Oficial Legislativo)

3) A figura a seguir representa a planificação de um sólido geométrico.

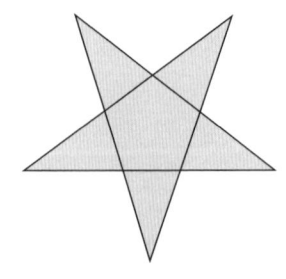

Sobre esse sólido, é possível afirmar que:

A) É um prisma de base triangular.

B) Possui 15 arestas.

C) É formado por 6 triângulos.

D) Possui 10 vértices.

E) É uma pirâmide de base pentagonal.

Gabarito comentado: se a planificação fica nesse formato, então "fechando" novamente o sólido tem-se que esse sólido tem uma única "ponta" em cima e uma base pentagonal; logo, é uma pirâmide de base pentagonal.

Portanto, a letra E é o gabarito.

(AMAUC – 2022 – Prefeitura de Ipumirim/SC – Auxiliar de Enfermagem)

4) A imagem abaixo representa uma caixa de areia que será construída em um clube, para que os atletas possam treinar saltos.

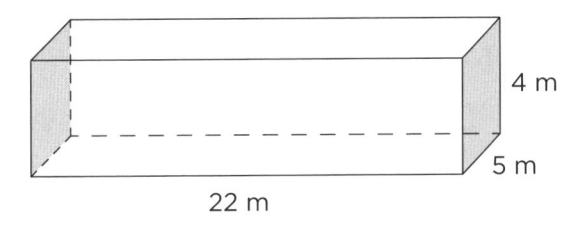

Qual será a quantidade de areia usada para encher essa caixa?

A) Serão usados 555 m³ de areia.

B) Serão usados 890 m³ de areia.

C) Serão usados 277 m³ de areia.

D) Serão usados 440 m³ de areia.

E) Serão usados 320 m³ de areia.

Gabarito comentado: a quantidade de areia usada para encher a caixa corresponde ao volume da caixa. Calculando o volume da caixa:

$V = a \cdot b \cdot c$

$V = 4 \cdot 5 \cdot 22$

$V = 440 \text{ m}^3$.

Portanto, a letra D é o gabarito.

(Quadrix – 2022 – CRMV/SP – Assistente Administrativo)

5) A moeda de chocolate é um doce cilíndrico muito popular entre as crianças. Uma confeitaria produz moedas de chocolate de 3 cm de diâmetro e 5 mm de espessura. Quando derretida, uma tonelada desse chocolate ocupa um volume de 1 m³.

Com base nesse caso hipotético, julgue o item.

O volume de cada moeda de chocolate é menor que $\dfrac{63}{16}$ cm^3.

Gabarito comentado: calculando o volume da moeda (pelo do cilindro), fica:

5 mm = 0,5 cm

$D = 3$ cm ($r = 1,5$ cm)

$\pi = 3,14$ (quando a questão não der o valor de π, utilizar o valor-padrão de 3,14)

$V = \pi \cdot r^2 \cdot h$

$V = \pi \cdot 1,5^2 \cdot 0,5$

$V = 3,14 \cdot 2,25 \cdot 0,5$

$V = 3,5325$ cm^3

Calculando $\dfrac{63}{16}$, chega-se a um valor de 3,9375 cm^3; logo, o volume da moeda é menor que $\dfrac{63}{16}$.

Portanto, a assertiva do enunciado está correta.

(FGV – 2022 – TJ/TO – Técnico Judiciário – Informática)

6) Um prisma possui 13 faces.

O número de arestas desse prisma é:

A) 27.

B) 30.

C) 33.

D) 36.

E) 39.

Gabarito comentado: como é prisma, já sabemos que tem duas bases e, portanto, 2 faces. Se de 13 faces for retirada 2 faces, sobram ainda 11 faces, e portanto, o prisma possui 11 faces laterais.

Seguindo com a questão, o prisma é um undecaedro, e tem 22 arestas, a partir das 2 bases, e mais 11 arestas unindo os vértices correspondentes.

Logo, o prisma tem, ao todo, 33 arestas.

Portanto, a letra C é o gabarito.

(Instituto Access – 2022 – CPGI/MG – Auxiliar Administrativo)

7) Para calcularmos o volume V de um cone, usamos a seguinte fórmula:

$$V = \frac{\pi R^2 \cdot h}{3}$$

Esses itens estão representados na figura a seguir:

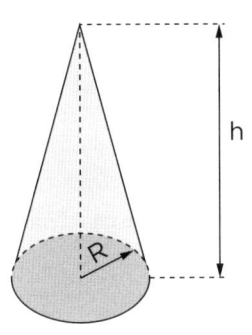

Usando neste caso $\pi = 3,14$, calcule o volume de um cone que contém $R = 4$ cm e h valendo 225% do valor de R.

O resultado do volume será

A) $V = 150,72$ cm³.

B) $V = 75,36$ cm³.

C) $V = 66,02$ cm³.

D) $V = 41,00$ cm³.

Gabarito comentado: $h = 225\%$ de 4

$$h = \frac{225}{100} \cdot 4$$

$$h = \frac{900}{100} = 9.$$

Calculando o volume do cone:

$$V = \frac{1}{3} \cdot \left(\pi \cdot r^2 \cdot h \right)$$

$$V = \frac{1}{3} \cdot (3,14 \cdot 4^2 \cdot 9)$$

$$V = \frac{1}{3} \cdot (3,14 \cdot 16 \cdot 9)$$

$$V = \frac{1}{3} \cdot (452,16)$$

$$V = 150,72 \text{ cm}^3.$$

Portanto, a letra A é o gabarito.

(CESGRANRIO – 2022 – Eletrobras-Eletronuclear – Especialista em Segurança)

8) Um laboratório possui dois recipientes de vidro. O primeiro recipiente tem a forma de uma esfera cujo raio mede R metros, e o segundo tem a forma de um cone, cujo raio da base e cuja altura medem R metros.

A razão entre a medida do volume do recipiente esférico e a medida do volume do recipiente cônico, ambas dadas em metros cúbicos, é:

A) 2.

B) 3.

C) 4.

D) 6.

E) 8.

Gabarito comentado: calculando o volume da esfera:

$$V = \frac{4}{3} \cdot \pi \cdot r^3$$

$$V = \frac{4}{3} \cdot \pi \cdot R^3.$$

Calculando o volume do cone:

$$V = \frac{1}{3} \cdot \pi \cdot r^2 \cdot h$$

$$V = \frac{1}{3} \cdot \pi \cdot R^2 \cdot R$$

$$V = \frac{1}{3} \cdot \pi \cdot R^3.$$

Calculando a razão entre os volumes:

$$\frac{Ve}{Vc}$$

$$\frac{\dfrac{4}{3} \cdot \pi \cdot R^3}{\dfrac{1}{3 \cdot \pi \cdot R^3}}$$

Simplificando esse resultado:

$$\frac{Ve}{Vc} = 4.$$

Portanto, a letra C é o gabarito.

(FGV – 2022 – IBGE – Recenseador)

9) Uma caixa com o formato de um paralelepípedo tem dimensões iguais a 25 cm, 36 cm e 20 cm. A capacidade volumétrica dessa caixa, em litros, é:

A) 1,8.

B) 18.

C) 180.

D) 1.800.

E) 18.000.

Gabarito comentado: calculando o volume do paralelepípedo:

$$V = a \cdot b \cdot c$$

$V = 25 \cdot 36 \cdot 20$

$V = 18.000 \text{ cm}^3$.

Transformando cm^3 em L (dm^3):

$V = \dfrac{18.000}{1.000}$

$V = 18 \text{ L}$.

Portanto, a letra B é o gabarito.

(Quadrix – 2022 – CRF/GO – Advogado)

10) Considerando uma esfera com $36\,\pi$ metros cúbicos de volume, julgue o item.

O raio dessa esfera é igual a 3 metros.

Gabarito comentado: utilizando a fórmula do volume da esfera para determinar o valor do raio, tem-se:

$V = \dfrac{4}{3} \cdot \pi \cdot r^3$

$36\pi = \dfrac{4}{3} \cdot \pi \cdot r^3$.

Simplificando π:

$36 = \dfrac{4}{3} \cdot r^3$

Fazendo "meios por extremos":

$4r^3 = 108$

$r^3 = \dfrac{108}{4}$

$r^3 = 27$

$r = 3 \text{ m}$.

Logo, a assertiva do enunciado está correta.

CAPÍTULO 7

NOÇÕES BÁSICAS DE MATEMÁTICA FINANCEIRA

Porcentagem

É uma fração cujo denominador é igual a 100.

Taxa percentual: é o valor que vem acompanhado do símbolo da porcentagem %.

Exemplo:

$$4\% = \frac{4}{100}$$

$$18\% = \frac{18}{100}$$

Cálculo da porcentagem: é a aplicação da taxa percentual a determinado valor.

(Para fins de cálculo, usa-se a taxa percentual em forma de fração com denominador 100 ou em número decimal.)

Exemplo:

$$7\% \text{ de } 1.300 = \frac{7}{100} \cdot 1.300 = \frac{9.100}{100} = 91$$

$$45\% \text{ de } 220 = 0,45 \cdot 220 = 99$$

Lucro e prejuízo (na compra ou na venda)

Lucro (ou ganho) e prejuízo (ou perda) são os resultados das operações financeiras envolvendo compras e vendas.

Conceitos importantes:

Custo (C) = quanto é "gasto" para comprar algo.

Venda (V) = quanto se "ganha" pela venda de algo.

Lucro (L) = quando o "ganho" é maior do que o "gasto".

Prejuízo (P) = quando o "gasto" é maior do que o "ganho".

Fórmulas do lucro e do prejuízo:

$$L = V - C$$
$$P = C - V$$

Observação

Para calcular o lucro ou o prejuízo, na venda ou no custo, basta substituir na fórmula do lucro ou do prejuízo a porcentagem do custo ou da venda.

Exemplo 1:

Um celular foi comprado por R$ 4.200,00 e revendido com lucro de 40% sobre a venda. Qual o preço de venda?

Como o lucro foi na venda, então $L = 0,4V$:

$L = V - C$

$0,4V = V - 4.200$

$0,4V - V = -4.200$

$-0,6V = -4.200 \ (-1)$

$0,6V = 4.200$

$V = \dfrac{4.200}{0,6} = \dfrac{42.000}{6} = 7.000.$

Logo, o celular foi vendido por R$ 7.000,00.

Exemplo 2:

Uma bicicleta foi vendida por R$ 3.600,00, com prejuízo de 15% sobre a venda. Por qual valor essa bicicleta foi comprada?

Como o prejuízo foi na venda, então $P = 0,15V$:

$P = 0,15V$

$P = 0,15 \cdot 3.600$

$P = 540$

$P = C - V$

$540 = C - 3.600$

$540 + 3.600 = C$

$C = 4.140.$

Portanto, a bicicleta foi comprada por R$ 4.140,00.

Juros Simples e Compostos (Capitalização Simples e Composta)

Juro é o valor obtido (ganho ou pago) pelo empréstimo de dinheiro no decorrer de determinado tempo.

Os juros podem ser calculados na forma simples ou composta.

No juro simples, a porcentagem do juro é calculada sempre sobre o valor principal emprestado.

No juro composto, o valor obtido no período determinado é somado ao valor principal e a porcentagem do juro para o próximo período é calculada sobre esse novo valor. É o chamado juro sobre juro.

Conceitos importantes:

C = capital ou valor principal;

J = juro;

M = montante;

i = taxa de juro (porcentagem do juro);

t = tempo.

Fórmulas dos juros simples e composto:

Simples

$$J = C \cdot i \cdot t$$

Composto

$$M = C \cdot (1 + i)^t$$

O montante é obtido somando o capital com o juro:

$$M = C + J$$

 Observação

A taxa "i" e o tempo "t" devem estar sempre na mesma unidade.

Exemplo 1:

Um capital de R$ 2.800,00 foi aplicado a juros de 4% ao trimestre durante um ano. Qual o valor final acumulado após esse período?

 Observação

1. Em 1 ano, há exatamente 4 trimestres. Como a taxa está em trimestre e o tempo em anos, o melhor a se fazer é transformar esse 1 ano em 4 trimestres.

2. Via de regra, quando nada for dito sobre o tipo do juro, fazer os cálculos pelo juro simples.

Calculando:

$J = C \cdot i \cdot t$

$J = 2.800 \cdot 0.04 \cdot 4$

$J = 448$

$M = C + J$

$M = 2.800 + 448$

$M = 3.248$ reais.

Exemplo 2:

Um investidor aplicou a quantia de R$ 7.000,00 à taxa de juros de 18% a.a. durante 2 anos. Qual o juro desse investimento?

Como taxa e tempo estão na mesma unidade:

$M = C \cdot (1 + i)^t$

$M = 7.000 \cdot (1 + 0,18)^2$

$M = 7.000 \cdot (1,18)^2$

$M = 7.000 \cdot (1,3924)$

$M = 9.746,80$

$M = C + J$

$9.746,80 = 7.000 + J$

$9.746,80 - 7.000 = J$

$J = 2.746,80$ reais.

Capitalização é a forma de acumular/aumentar o dinheiro (é o montante).

Se a capitalização é simples, então o valor a ser acumulado é calculado pelo juro simples; se a capitalização é composta, o valor a ser acumulado é calculado pelo juro composto.

> **Observação**
>
> Para o primeiro período de rendimento, a capitalização simples e a capitalização composta têm o mesmo valor, e após isso, a capitalização composta será sempre maior que a capitalização simples.

Descontos

Desconto é o abatimento obtido pela antecipação do pagamento de um título:

$$D = N - A$$

em que D = desconto, N = valor nominal ou futuro do título (na data do vencimento) e A = valor atualizado do título (na data do pagamento).

Os descontos podem ser calculados pela forma simples ou composta, e ainda, podem ser do tipo comercial (por fora ou bancário – calculado pelo valor nominal futuro do título) ou racional (por dentro – calculado pelo valor atualizado do título).

Desconto comercial simples

Para o cálculo do desconto comercial simples, usamos a seguinte fórmula:

$$D = N \cdot i \cdot t$$

com "i" e "t" sempre na mesma unidade.

Exemplo:

Um título de R$ 7.000,00 vai ser pago 4 meses antes do vencimento. O desconto aplicado é o bancário simples e a taxa de juros é de 2% ao mês. Qual o valor atualizado do título?

Como taxa e tempo estão na mesma unidade, calculando têm-se:

$D = N \cdot i \cdot t$

$D = 7.000 \cdot 0,02 \cdot 4$

$D = 560$ reais

$D = N - A$

$560 = 7.000 - A$

$A = 7.000 - 560$

$A = 6.440,00$ reais.

Desconto racional simples

Para o cálculo do desconto comercial simples, usamos a seguinte fórmula:

$$D = A \cdot i \cdot t$$

com i e t sempre na mesma unidade.

Exemplo:

Caso o exemplo anterior fosse calculado pelo desconto racional simples, qual seria o valor atualizado?

Como taxa e tempo estão na mesma unidade, calculando têm-se:

$D = A \cdot i \cdot t$

$D = A \cdot 0,02 \cdot 4$

$D = 0,08A$

$D = N - A$

$0,08A = 7.000 - A$

$0,08A + A = 7.000$

$1,08A = 7.000$

$A = \dfrac{7.000}{1,08}$

$A = 6.481,48$ reais.

Observação

Perceba que no desconto racional o valor atual é maior que o valor atual do desconto comercial, logo, o desconto no racional é menor que no comercial.

Desconto comercial composto

Para o cálculo do desconto comercial composto, usamos a seguinte fórmula:

$$A = N \cdot (1 - i)^t$$

com i e t sempre na mesma unidade.

Exemplo:

Um título de R$ 22.000,00 vai ser pago 2 meses antes do vencimento. Aplicando o desconto comercial composto com uma taxa de juros de 3% ao mês, qual o valor do desconto obtido nesse título?

Como taxa e tempo estão na mesma unidade, calculando tem-se:

$A = N \cdot (1 - i)^t$

$A = 22.000 \cdot (1 - 0{,}03)^2$

$A = 22.000 \cdot (0{,}97)^2$

$A = 22.000 \cdot 0{,}9409$

$A = 20.699{,}80$ reais

$D = N - A$

$D = 22.000{,}00 - 20.699{,}80$

$D = 1.300{,}20$ reais.

Desconto racional composto

Para o cálculo do desconto racional composto, usamos a seguinte fórmula:

$$A = \frac{N}{(1+i)^t}$$

com i e t sempre na mesma unidade.

Exemplo:

Se no exemplo anterior o desconto fosse o racional composto, qual seria o valor do desconto obtido naquele título?

Como taxa e tempo estão na mesma unidade, calculando tem-se:

$A = \dfrac{N}{(1+i)^t}$

$A = \dfrac{22.000}{(1+0{,}03)^2}$

$A = \dfrac{22.000}{(1{,}03)^2}$

$A = \dfrac{22.000}{1{,}0609}$

$A = 20.737{,}11$ reais

$D = N - A$

$D = 22.000{,}00 - 20.737{,}11$

$D = 1.262{,}89$ reais.

Taxas de Juros

São as porcentagens usadas para os cálculos de juros e descontos.

Taxas nominal, efetiva e equivalente

i_d = taxa ao dia;
i_m = taxa ao mês;
i_b = taxa ao bimestre;
i_t = taxa ao trimestre;
i_q = taxa ao quadrimestre;
i_s = taxa ao semestre;
i_a = taxa ao ano.

Taxa **nominal** é a taxa que serve de base para o cálculo do juro, mas não necessariamente a que será usada no cálculo, pois se a taxa estiver em um período e a capitalização em outro período, a taxa nominal terá que ser transformada em uma taxa **equivalente** à do período da capitalização.

Exemplo:

30% ao ano capitalizado mensalmente.

30% é a taxa nominal, mas como o período de capitalização é mensal, então a taxa equivalente é de 2,5% ao mês $\left(\dfrac{30}{12} = 2,5\right)$.

A taxa **efetiva** é a que gerará o resultado esperado pelo período de capitalização. No exemplo anterior, como a capitalização é mensal, então em 6 meses (no semestre) a taxa efetiva será:

$(1 + i_s) = (1 + i_m)^6$
$(1 + i_s) = (1 + 0,025)^6$
$(1 + i_s) = (1,025)^6$
$(1 + i_s) = (1,16)$
$i_s = 1,16 - 1$
$i_s = 0,16 = 16\%$.

 Observação

- Veja que, nominalmente, a taxa em 6 meses seria de 15%, mas efetivamente foi de 16%.

A relação que se pode estabelecer entre as taxas equivalente e efetiva é:

$$\left(1+i_a\right) = \left(1+i_s\right)^2 = \left(1+i_q\right)^3 = \left(1+i_t\right)^4 = \left(1+i_b\right)^6 = \left(1+i_m\right)^{12} = \left(1+i_d\right)^{360}$$

Lembrando que 1 ano tem 2 semestres, 3 quadrimestres, 4 trimestres, 6 bimestres, 12 meses e 360 dias (ano comercial).

- Em regime de capitalização composta, falamos de taxa equivalente ou efetiva, já em regime de capitalização simples, falamos de taxa proporcional, aquela que, aplicada em períodos diferentes de capitalização, gera o mesmo juro sobre um mesmo capital (por exemplo, 2% ao mês é proporcional a 12% ao semestre).

Taxa aparente, taxa real (e taxa de inflação)

Se for levado em conta que em determinado período de uma capitalização houve inflação, então a taxa de juro usada nesta capitalização é considerada uma taxa **aparente**, pois a taxa **real** leva em conta a inflação.

Observação

Se não tiver inflação durante o período de capitalização, a taxa real será a taxa aparente.

Para a determinação da taxa real, com inflação, têm-se:
i_r = taxa real;
i_p = taxa aparente;
i_f = taxa de **inflação**.

$$\left(1+i_r\right) = \frac{\left(1+i_p\right)}{\left(1+i_f\right)}$$

Exemplo:
Se em um ano a taxa de juros de uma aplicação foi de 15% e a taxa de inflação de 6%, quanto foi a taxa real dessa aplicação?

Calculando a taxa real:
i_p = 15%
i_f = 6%

$$\left(1+i_r\right) = \frac{\left(1+0,15\right)}{\left(1+0,06\right)}$$

$$\left(1+i_r\right) = \frac{\left(1,15\right)}{\left(1,06\right)}$$

$(1 + i_r) = (1,085)$
$i_r = 1,085 - 1$
$i_r = 0,085 = 8,5\%$.

Sistemas de Amortização

Serve para calcular os valores das parcelas de um empréstimo, assim como para determinar o saldo devedor, o quanto foi pago de juro e o quanto foi pago efetivamente do empréstimo.

A parcela é constituída de duas partes: a parte a ser abatida do empréstimo – amortização – e os juros.

Sistema SAC

Conhecido como sistema de amortização constante, esse sistema é usado comumente em compras de imóveis.

No sistema SAC, as parcelas são decrescentes (em PA), pois com a amortização sendo a mesma durante todo o tempo do empréstimo, o valor do juro diminui.

Exemplo:
R$ 10.000,00 pagos em 5 parcelas mensais com juros de 2% ao mês.

Calculando:

Valor da amortização = $\dfrac{10.000}{5}$ = 2.000

Juro inicial = 2% de 10.000 = 200

Parcela	Amortização	Juro	Valor da parcela	Saldo devedor
0	–	–	–	10.000
1	2.000	200	2.200	8.000
2	2.000	160	2.160	6.000
3	2.000	120	2.120	4.000
4	2.000	80	2.080	2.000
5	2.000	40	2.040	0

Sistema Price (ou Francês)

Conhecido como sistema da parcela fixa, é usado comumente em financiamento de veículos e bens de consumo.

No sistema Price, as parcelas são fixas, a amortização aumenta durante o tempo do empréstimo e o valor do juro diminui.

O valor da parcela é obtido pela fórmula:

$$P = k \cdot V$$

em que P = valor da parcela, k = constante price e V = valor do empréstimo:

$$k = \frac{i \cdot (1+i)^t}{(1+i)^t - 1}$$

em que i = taxa de juro e t = quantidade de parcelas.

Exemplo:
R$ 10.000,00 pagos em 5 parcelas mensais com juros de 2% ao mês.

Calculando:

$$k = \frac{i \cdot (1+i)^t}{(1+i)^t - 1}$$

$$k = \frac{0,02 \cdot (1+0,02)^5}{(1+0,02)^5 - 1}$$

$$k = \frac{0,02 \cdot (1,02)^5}{(1,02)^5 - 1}$$

$$k = \frac{0,02 \cdot (1,1041)}{(1,1041) - 1}$$

$$k = \frac{0,022082}{0,1041}$$

$k = 0,2121.$

Valor da parcela = $k \cdot V$ = 0,2121 · 10.000 = 2.121.
Juro inicial = 2% de 10.000 = 200.

Parcela	Amortização	Juro	Valor da parcela	Saldo devedor
0	–	–	–	10.000
1	1.921	200	2.121	8.079
2	1.959,42	161,58	2.121	6.119,58
3	1.998,61	122,39	2.121	4.120,97
4	2.038,58	82,42	2.121	2.082,39
5	2.079,35	41,65	2.121	0

Sistema SAM

O sistema SAM é o sistema de amortização misto. Basicamente, o valor da parcela é a média aritmética entre os valores das parcelas no sistema SAC e Price.

Exemplo:

R$ 10.000,00 pagos em 5 parcelas mensais com juros de 2% ao mês.

Calculando:

Valor da parcela
$\dfrac{(2.121 + 2.200)}{2} = 2.160,50$
$\dfrac{(2.121 + 2.160)}{2} = 2.140,50$
$\dfrac{(2.121 + 2.120)}{2} = 2.120,50$
$\dfrac{(2.121 + 2.080)}{2} = 2.100,50$
$\dfrac{(2.121 + 2.040)}{2} = 2.080,50$

Sistema SAA

O sistema SAA é o sistema de amortização americano, também conhecido como "agiotagem". Nesse sistema, o valor da parcela corresponde apenas ao juro sobre o valor do empréstimo, sendo o saldo devedor pago apenas ao final do período do empréstimo.

Exemplo:
R$ 10.000,00 pagos em 5 parcelas mensais com juros de 2% ao mês.

Calculando:

Parcela	Amortização	Juro	Valor da parcela	Saldo devedor
0	–	–	–	10.000
1	0	200	200	10.000
2	0	200	200	10.000
3	0	200	200	10.000
4	0	200	200	10.000
5	10.000	200	10.200	0

Questões Comentadas de Concursos

(MPE/GO – 2022 – Secretário Auxiliar)

1) Na loja de brinquedos "Seja Feliz", o Jogo PS5 – Horizon Forbidden West – Sony, cujo preço de custo para a citada loja foi de R$ 230,00, está sendo vendido pelo preço de R$ 270,25. Partindo desses dados, qual é a taxa percentual do lucro sobre o preço de custo?

A) 15%.

B) 16%.

C) 17%.

D) 17,50%.

Gabarito comentado: o lucro é calculado pela diferença entre a venda e o custo. Já o lucro sobre o custo é a porcentagem do valor lucro sobre o valor do custo. Calculando:

$L = V - C$

$L = 270,25 - 230$

$L = 40,25$

$L = \dfrac{40,25}{230}$

$L = 0,175$ (multiplicando por 100 para dar o valor em porcentagem)

$L = 17,50\%$.

Portanto, a letra D é o gabarito.

(AMAUC – 2022 – Prefeitura de Peritiba/SC – Auxiliar de Contabilidade)

2) Em 6 meses de aplicação com taxa de juros simples de 5,5% ao mês, Lúcia teve um rendimento de R$ 41.580,00. Quanto ela investiu?

A) Ela investiu R$ 99.300,00.

B) Ela investiu R$ 131.520,00.

C) Ela investiu R$ 126.000,00.

D) Ela investiu R$ 193,371,00.

E) Ela investiu R$ 156.719,00.

Gabarito comentado: o rendimento é o juro. A uma taxa de 5,5% em 6 meses, o juro foi de R$ 41.580,00, então o capital investido foi:

$J = 41.580$

$i = 5,5\% = 0,055$ ao mês

$t = 6$ meses

$J = C \cdot i \cdot t$

$41.580 = C \cdot 0,055 \cdot 6$

$0,33C = 41.580$

$C = \dfrac{41.580}{0,33}$

$C = R\$ 126.000,00.$

Portanto, a letra C é o gabarito.

(IESES – 2022 – Prefeitura de Gaspar/SC – Analista Ambiental)

3) Uma aplicação financeira paga taxa de juros compostos de 2% de juros anuais acrescidos do valor do IPCA no período, com capitalização anual. Um investidor aplicou R$ 50.000,00 nesta aplicação. Considerando que no primeiro ano da aplicação o IPCA foi de 8% e no segundo ano o IPCA foi de 10%, ao final dos dois anos o investidor recebeu juros no montante de:

A) R$ 11.600,00.

B) R$ 61.600,00.

C) R$ 10.500,00.

D) R$ 12.600,00.

Gabarito comentado: como o juro composto é a incidência do juro sempre de um período para o outro sobre o valor do montante. Como os IPCAs foram diferentes, segundo o enunciado da questão, calcularemos os juros separadamente mês a mês.

No primeiro mês:

IPCA + taxa = 8 + 2 = 10%

$C = 50.000$

$i = 10\% = 0,1$ ao mês

$t = 1$ mês

$M = C \cdot (1 + i)^t$

$M = 50.000 \cdot (1 + 0,1)^1$

$M = 50.000 \cdot (1,1)$

$M = 55.000$.

No segundo mês:

IPCA + taxa = 10 + 2 = 12%

$C' = 55.000$

$i = 12\% = 0,12$ ao mês

$t = 1$ mês

$M' = C' \cdot (1 + i)^t$

$M' = 55.000 \cdot (1 + 0,12)^1$

$M' = 55.000 \cdot (1,12)$

$M' = 61.600$.

Calculando o juro recebido:

$M' = C + J$

$61.600 = 50.000 + J$

$J = 61.600 - 50.000$

$J = R\$ 11.600,00$.

Portanto, a letra A é o gabarito.

(UFRPE – 2022 – Assistente em Administração)

4) O Produto Interno Bruto, PIB, de certo país decresceu 4% em 2019, com relação ao ano anterior. Em 2020, o PIB do mesmo país cresceu 5%, novamente com relação ao ano anterior. Ao longo desses dois anos, 2019 e 2020, o PIB do país, com relação a 2018:

A) Cresceu 9%.

B) Decresceu 9%.

C) Cresceu 1%.

D) Decresceu 1%.

E) Cresceu 0,8%.

Gabarito comentado: considerando que em 2018 o PIB era 100, então em 2019 ele foi para 96, já que 4% de 100 é 4 e, como o PIB decresceu, ficou 100 – 4 = 96. Em 2020, o PIB cresceu 5% sobre os 96 do ano anterior, então cresceu 4,8% $\left(5\% \text{ de } 96 = \dfrac{5}{100} \cdot 96 = 4,8 \right)$, chegando a 100,8 (96 + 4,8 = 100,8). Comparando 2018 com 2020, o PIB saiu de 100 para 100,8. Logo, um crescimento de 0,8, que, comparado aos 100 de 2018 (2018 é o ano-base), dá 0,8%. Portanto, a letra E é o gabarito.

(CESPE/CEBRASPE – 2022 – APEX Brasil – Processos Contábeis)

5) Se um investidor tiver aplicado R$ 1.000 em um título que rende 10% ao ano em juros simples, então o prazo necessário para que o valor investido triplique será de:

A) 5 anos.

B) 10 anos.

C) 20 anos.

D) 25 anos.

Gabarito comentado: para o valor triplicar, ele sairá de 1.000 para 3.000, ou seja, um aumento/juro de 2.000. Calculando o prazo para o juro ser de 2.000:

$J = 2.000$

$C = 1.000$

$i = 10\% = 0,1$ ao ano

$t =$ em anos

$J = C \cdot i \cdot t$

$2.000 = 1.000 \cdot 0,1 \cdot t$

$100t = 2.000$

$t = \dfrac{2.000}{100}$

$t = 20$ anos.

Portanto, a letra C é o gabarito.

(NUCEPE – 2022 – PM/PI – Soldado)

6) Uma moto será vendida à vista por R$ 12.000,00 ou a prazo por R$ 2.000,00 de entrada e uma parcela de R$ 10.404,00, a ser paga dois meses após a compra. A taxa mensal de juros compostos desse financiamento é de:

A) 2,4 %.

B) 2,2 %.

C) 2,0 %.

D) 1,8 %.

E) 1,5 %.

Gabarito comentado: com entrada de 2.000, o saldo devedor será de 10.000 (12.000 – 2.000 = 10.000) e por esse saldo será pago, após 2 meses, o valor de 10.404. Como a taxa de juros é composta e mensal, ela será:

$M = 10.404$

$C = 10.000$

$t = 2$ meses

$i =$ ao mês

$10.404 = 10.000 \cdot (1 + i)^2$

$$(1+i)^2 = \frac{10.404}{10.000}$$

$(1 + i)^2 = 1,0404$

$$(1+i) = \sqrt{1,0404}$$

$(1 + i) = 1,02$

$i = 1,02 - 1$

$i = 0,02$ (multiplicando por 100 para dar a resposta em porcentagem)

$i = 2\%$ ao mês.

Portanto, a letra C é o gabarito.

(FGV – 2022 – SEFAZ/BA – Agente de Tributos Estaduais)

7) Considerando os conceitos de taxas efetivas, equivalentes e nominais, avalie as afirmativas a seguir e assinale (V) para a verdadeira e (F) para a falsa.

( ) A taxa efetiva anual equivalente a uma taxa nominal de 10% a.a. com capitalização semestral é igual a 10,25% a.a.

( ) A taxa efetiva anual equivalente a uma taxa nominal de 10% a.a. com capitalização semestral é maior do que aquela com capitalização mensal.

( ) A taxa efetiva anual é maior do que a taxa nominal anual para qualquer número de períodos de capitalização.

As afirmativas são, na ordem apresentada, respectivamente:

A) V – V – V.

B) V – F – V.

C) V – V – F.

D) V – F – F.

E) F – V – F.

Gabarito comentado: analisando cada uma das afirmações, tem-se:

Na primeira afirmação: 10% ao ano corresponde a 5% ao semestre de forma nominal; já de forma equivalente, os 5% ao semestre correspondem a 10,25% ao ano. Veja:

$(1 + i_a) = (1 + i_s)^2$

$(1 + i_a) = (1 + 0,05)^2$

$(1 + i_a) = (1,05)^2$

$(1 + i_a) = 1,1025$

$i_a = 1,1025 - 1$

$i_a = 0,1025 = 10,25\%$.

Logo, afirmação é verdadeira (V).

Na segunda afirmação: a taxa equivalente ao ano com capitalização semestral é menor do que a com capitalização mensal, visto que, como os valores são calculados de forma exponencial, quanto maior o tempo (expoente), maior o valor. Portanto, a afirmação é falsa (F).

Na terceira afirmação: a taxa efetiva anual é igual à taxa nominal anual, se o período de capitalização for ao ano (e não para qualquer número de períodos de capitalização). Logo, a afirmação é falsa (F).

Portanto, a letra D é o gabarito.

(FGV – 2022 – SEFAZ/BA – Agente de Tributos Estaduais)

8) Considere uma operação de desconto racional de 120 dias de um título de capitalização simples cujo valor de resgate é de R$ 1.000,00 e cujo valor do principal é de R$ 800,00.

O valor da taxa mensal de desconto racional é de:

A) 25%.

B) 20%.

C) 6,25%.

D) 5%.

E) Aproximadamente 0,21%.

Gabarito comentado: no desconto racional, a taxa é aplicada sobre o valor atual do título (na questão chamado de calor principal). De 1.000 para 800 o desconto é de 200. Em 120 dias, têm-se 4 meses. Calculando a taxa mensal de desconto, fica:

$D = 200$

$A = 800$

$t = 120$ dias $= 4$ meses

$i =$ ao mês

$D = A \cdot i \cdot t$

$200 = 800 \cdot i \cdot 4$

$3.200i = 200$

$i = \dfrac{200}{3.200}$

$i = \dfrac{1}{16}$

$i = 0,0625 = 6,25\%$ ao mês.

Portanto, a letra C é o gabarito.

(CESPE/CEBRASPE – 2021 – Prefeitura de Aracaju/SE – Auditor de Tributos Municipais)

9) Texto CB1A07

No contexto da pandemia que teve início no ano de 2020, como forma de conter o impacto em seu fluxo de caixa, a pousada Boa Estadia, que antes de 1º de março de 2020 vendia pacotes para fins de semana (pensão completa, das 14 h de sexta-feira às 13 h de domingo) por R$ 1.490, passou, a partir desta data, a oferecer o mesmo serviço por R$ 1.000 para os clientes usufruírem a qualquer tempo, durante o ano de 2020. Acreditando poder usufruir desse serviço no período de 9 a 11 de outubro de 2020, Cláudio o adquiriu em 9 de março de 2020, pelo valor promocional.

Considere que, no texto CB1A07, para realizar investimentos em suas instalações e compra de equipamentos, a pousada Boa Estadia tenha contratado, pelo sistema SAC, empréstimo no valor de R$ 10.000, a ser pago em cinco prestações mensais e sucessivas à taxa de 3% a.m., com vencimento da primeira parcela 30 dias após a contratação do empréstimo. Nessa situação, o valor dos juros pagos na quarta prestação foi de:

A) R$ 60.

B) R$ 120.

C) R$ 180.

D) R$ 240.

E) R$ 300.

Gabarito comentado: no sistema SAC, a parcela é decrescente, pois o juro incide apenas sobre a dívida principal, e essa decresce de forma constante após cada parcela.

Na quarta parcela, já terão sidos pagas 3 parcelas anteriores e do valor principal descontados $\frac{3}{5}$; logo, do valor principal só restará $\frac{2}{5}$.

$\frac{2}{5}$ de 10.000 = 4.000.

Calculando 3% de 4.000:

$\frac{3}{100} \cdot 4.000 = R\$ 120.$

Portanto, a letra B é o gabarito.

(FGV – 2022 – SEFAZ/AM – Auditor Fiscal de Tributos Estaduais)

10) Suponha que um banco concedeu um empréstimo de R$ 50.000,00 a um cliente, por um prazo de um ano, e que, ao final desse período, o cliente tenha se comprometido a pagar R$ 65.000,00 pelo empréstimo. Suponha ainda que a inflação no período tenha sido de 8%.

A taxa real de juros desse empréstimo foi aproximadamente de:

A) 10%.

B) 13%.

C) 18%.

D) 20%.

E) 25%.

Gabarito comentado: se de 50.000 será pago 65.000, então serão pagos de juros 15.000, e esses comparados aos 50.000 correspondem a 30%, logo, a taxa aparente do empréstimo é de 30%. Como a inflação foi de 8% no período, a taxa real fica:

i_r = taxa real;

i_p = taxa aparente = 30% = 0,3;

i_f = taxa de inflação = 8% = 0,08.

$$(1+i_r) = \frac{(1+i_p)}{(1+i_f)}$$

$$(1+i_r) = \frac{(1+0,3)}{(1+0,08)}$$

$$(1+i_r) = \frac{(1,3)}{(1,08)}$$

$(1 + i_r) = 1{,}20370370\ldots$

$i_r = 1{,}20370370\ldots - 1$

$i_r = 0{,}20370370\ldots$

$i_r = 20\%$ aproximadamente.

Portanto, a letra D é o gabarito.

Acesse a Plataforma Digital com questões de concursos interativas com gabarito selecionadas para você praticar. Para acessá-la, veja o passo a passo na orelha desta obra.

CAPÍTULO 8
NOÇÕES BÁSICAS DE ESTATÍSTICA

Conceitos Básicos

População: conjunto de todos os elementos que serão estudados ou analisados, os quais geralmente têm alguma característica em comum.

Amostra: parte da população, um subconjunto que deve representar a população no estudo ou análise.

Variável: caraterística que será estudada ou analisada da população ou amostra.

As variáveis podem ser quantitativas (discreta ou contínua) ou qualitativas (nominal ou ordinal).

Quantitativa discreta: podem assumir uma quantidade limitada de valores.

Exemplo: número de livros de raciocínio lógico e matemática.

Quantitativa contínua: podem assumir uma quantidade infinita de valores.

Exemplo: quantidade de páginas de um livro.

Qualitativa nominal: apenas identifica as categorias das amostras ou populações.

Exemplo: estado civil, cor dos olhos.

Qualitativa ordinal: quando existe uma ordenação entre as categorias da amostra ou população.

Exemplo: grau de escolaridade, classe social.

Tabelas e Gráficos

As **tabelas** servem para apresentar os dados coletados de forma organizada e melhorar sua interpretação.

🔍 Observação

Os dados obtidos também podem ser organizados em ROL (dados organizados em ordem crescente ou decrescente, inclusive as repetições).

Exemplo:

Quantidade de alunos da Empresa A aprovados em concursos das carreiras policiais federais em 2021.

Tabela 1

Quantidade de alunos da Empresa A aprovados em concursos das carreiras policiais federais em 2021

Concurso	Quantidade de alunos
Agente PF	600
Escrivão PF	450
PRF	820
DEPEN	200

ROL: 200, 450, 600, 820

Nas **tabelas de frequência**, os dados podem ser apresentados em frequência absoluta (valor do dado), frequência relativa (% do dado com relação à amostra toda) e frequência acumulada (soma da frequência absoluta das linhas anteriores com a frequência absoluta da linha atual).

Exemplo:

Idade dos autores de livros de raciocínio lógico para concurso.

ROL: 23, 25, 27, 28, 28, 28, 30, 30, 32, 33, 35, 35, 35, 35, 35, 37, 38, 38, 41, 41, 41, 41, 45, 45, 45.

Tabela 2

Idade dos autores de livros de raciocínio lógico para concurso

Idades	Frequência absoluta (f_i)	Frequência relativa (%) (f_{ri})	Frequência acumulada (F_i)
23	1	4	1
25	1	4	2
27	1	4	3
28	3	12	6
30	2	8	8
32	1	4	9
33	1	4	10
35	5	20	15
37	1	4	16
38	2	8	18
41	4	16	22
45	3	12	25
Total	**25**	**100%**	**25**

Os **gráficos** servem para representar (e apresentar) os dados coletados e podem ser em barra, coluna, pizza (setores circulares), linha, entre outros.

No gráfico de barras, os dados são representados na horizontal.
Exemplo:
Veja como ficam os dados da Tabela 1.

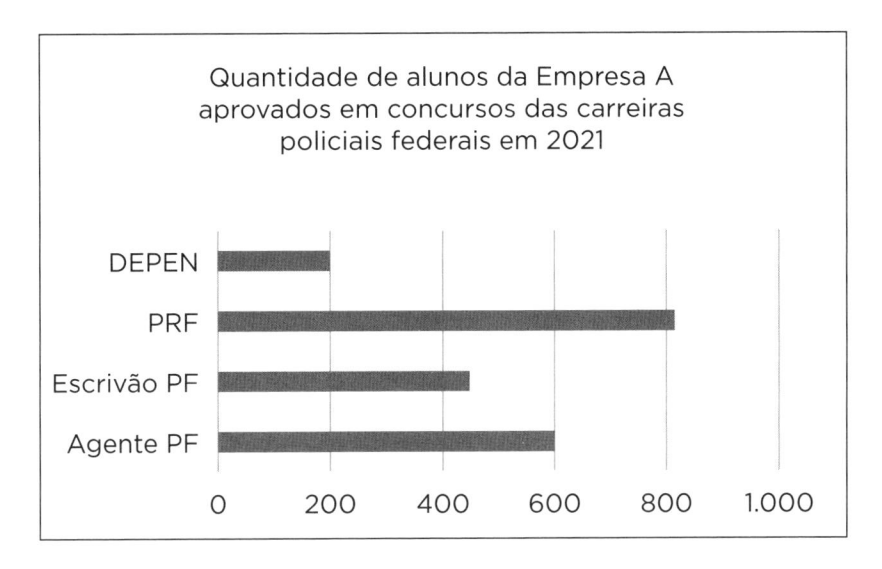

No gráfico de colunas, os dados são representados na vertical.
Exemplo:
Veja como ficam os dados da Tabela 1.

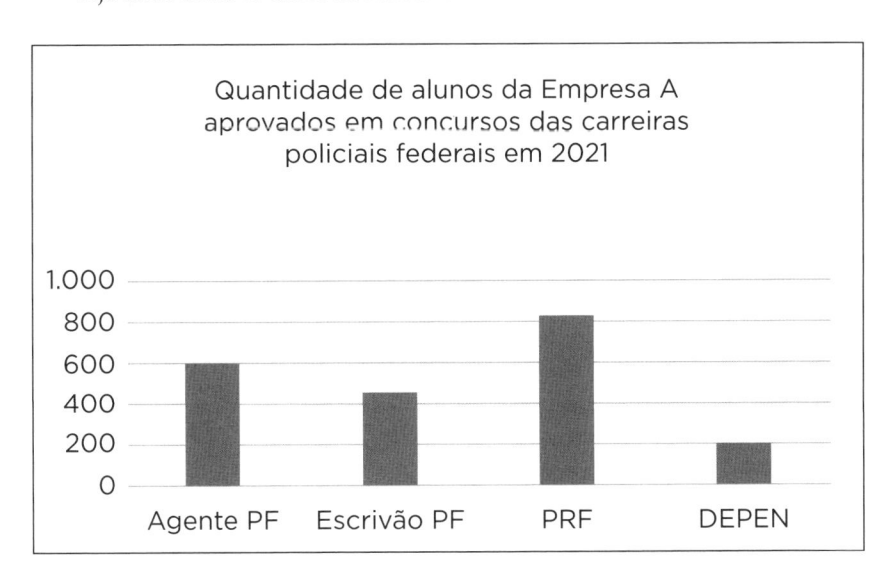

No gráfico de pizza, os dados são representados por áreas de setores circulares.
Exemplo:
Veja como ficam os dados da Tabela 1.

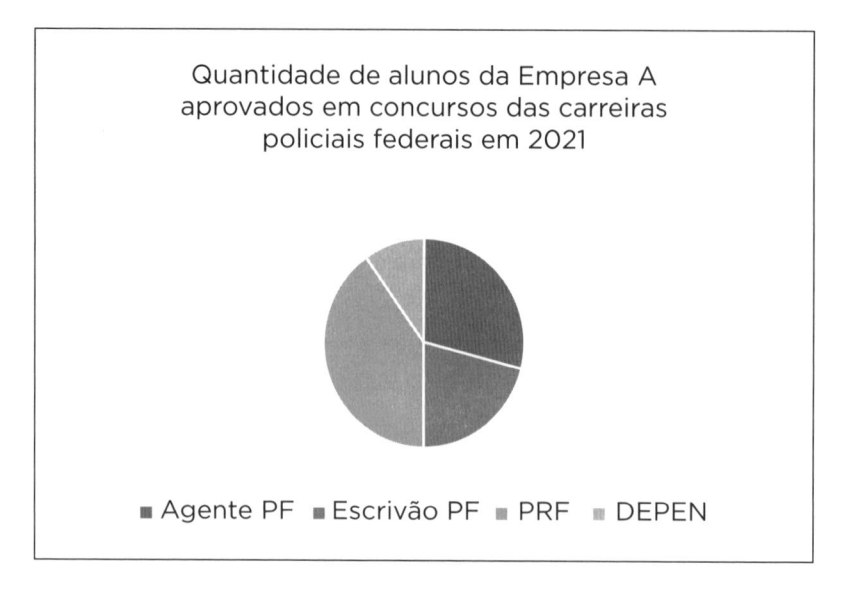

No gráfico de linhas, os dados são representados por uma linha que liga os topos das colunas do gráfico de colunas (mas sem aparecer as colunas).

Exemplo:

Veja como ficam os dados da Tabela 1.

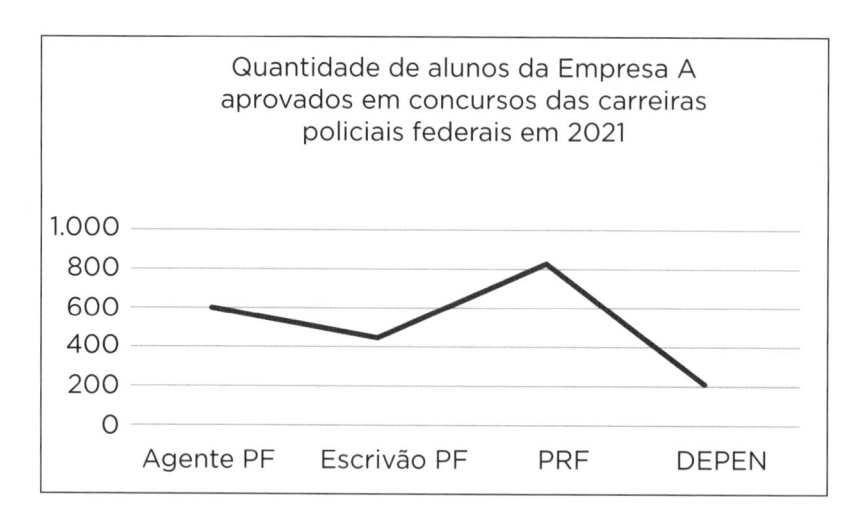

Medidas Descritivas

Em estatística, algumas medidas são usadas para analisar e interpretar os dados coletados da população ou da amostra. Essas são as **medidas descritivas**, separadas em medidas de posição (medidas de tendência central) e medidas de dispersão.

Medidas de Tendência Central (ou Medidas de Posição)

Algumas medidas amplamente utilizadas são as **medidas de tendência central**, que giram em torno de um valor que melhor representa o que está sendo analisado.

Média

É o valor – único – mais "próximo" de todos os valores. Pode-se dizer também que é o ponto de "equilíbrio" dos dados analisados.

Média aritmética simples (média)

É calculada somando todos os valores disponíveis e dividindo essa soma pelo total de valores.

$$\bar{x} = \sum_{i=1}^{n} \frac{x_i}{n}$$

Exemplo:

Qual a média de alunos da Empresa A aprovados nos concursos das carreiras policiais federais em 2021?

ROL: 200, 450, 600, 820

$$\bar{x} = \frac{(200 + 450 + 600 + 820)}{4}$$

$$\bar{x} = \frac{2.070}{4}$$

$$\bar{x} = 517,5 \text{ aprovados por concurso.}$$

Média aritmética ponderada

É calculada somando as multiplicações entre os valores e suas frequências e dividindo pelo total de valores.

$$\bar{x} = \sum_{i=1}^{n} x_i \cdot \frac{f_i}{n}$$

Exemplo:

Qual a média das idades dos autores de livros de raciocínio lógico para concursos?

ROL: 23, 25, 27, 28, 28, 28, 30, 30, 32, 33, 35, 35, 35, 35, 35, 37, 38, 38, 41, 41, 41, 41, 45, 45, 45.

$$\bar{x} = \frac{(23 + 25 + 27 + 28 \cdot 3 + 30 \cdot 2 + 32 + 33 + 35 \cdot 5 + 37 + 38 \cdot 2 + 41 \cdot 4 + 45 \cdot 3)}{25}$$

$$\bar{x} = \frac{(23 + 25 + 27 + 84 + 60 + 32 + 33 + 175 + 37 + 76 + 164 + 135)}{25}$$

$$\bar{x} = \frac{871}{25}$$

$$\bar{x} = 34,84 \text{ anos.}$$

Média geométrica

É calculada pela "raiz" n-ésima do produto dos "n" termos.

Exemplo:

Qual a média geométrica de 2, 6, 18?

$$G = \sqrt[3]{2 \cdot 6 \cdot 18}$$
$$G = \sqrt[3]{216}$$
$$G = 6.$$

Média harmônica

É calculada dividindo a quantidade de termos pela soma do inverso de cada um desses termos.

Exemplo:

Qual a média harmônica de 2, 6, 18?

$$H = \frac{3}{\left(\dfrac{1}{2} + \dfrac{1}{6} + \dfrac{1}{18}\right)}$$

$$H = \frac{3}{\left(\dfrac{9}{18} + \dfrac{3}{18} + \dfrac{1}{18}\right)}$$

$$H = \frac{3}{\left(\dfrac{13}{18}\right)}$$

$$H = 3 \cdot \frac{18}{13}$$

$$H = \frac{54}{13}$$

$$H = 4{,}15.$$

 **Observação**

1. Analisando as médias aritmética, geométrica e harmônica, a média aritmética é a que apresenta o maior valor para os dados analisados, a média harmônica apresenta o menor valor e a média geométrica um valor intermediário (com 2, 6 e 18 tem-se $\overline{x} = 8{,}66$, $G = 6$ e $H = 4{,}15$).

2. Usualmente, utiliza-se a média geométrica para cálculos com taxas de crescimento (aumentos sucessivos) e a média harmônica para cálculos com grandezas inversamente proporcionais.

Mediana

É o valor que ocupa a posição central (divide os dados ao meio) dos dados analisados. É o valor do "meio" dos dados analisados.

Exemplo 1:

Qual a mediana das idades dos autores de livros de raciocínio lógico para concursos?

ROL: 23, 25, 27, 28, 28, 28, 30, 30, 32, 33, 35, 35, 35, 35, 35, 37, 38, 38, 41, 41, 41, 41, 45, 45, 45.

Como são 25 idades, então a mediana será a 13ª idade (tem 12 idades antes e 12 idades depois da 13ª idade) e, portanto, é 35.

$M_d = 35$.

Exemplo 2:

Qual a mediana dos alunos da Empresa A aprovados nos concursos das carreiras policiais federais em 2021.

ROL: 200, 450, 600, 820.

Como são 4 valores, a mediana será a média dos dois valores centrais.

$$M_d = \frac{(450 + 600)}{2}$$

$$M_d = \frac{1.050}{2}$$

$$M_d = 525.$$

Moda

É o valor que mais aparece nos dados analisados, o valor mais comum nos dados analisados.

Se dois valores aparecem com a mesma e maior quantidade no conjunto de dados analisados, diz-se que os dados são bimodais. Se são três ou mais os valores mais comuns, então os dados são multimodais. Caso os dados não tenham um valor que mais apareça dentre eles, então esses dados são amodais.

Exemplo:

Qual a moda das idades dos autores de livros de raciocínio lógico para concurso?

ROL: 23, 25, 27, 28, 28, 28, 30, 30, 32, 33, 35, 35, 35, 35, 35, 37, 38, 38, 41, 41, 41, 41, 45, 45, 45.

O 35 é o valor que mais se repete entre as idades, portanto, a moda é 35.

$M_o = 35$.

Medidas de Dispersão

As medidas de dispersão são utilizadas para analisar a variação dos dados com relação à média desses dados e mostram quais dados estão perto ou longe uns dos outros.

Amplitude

É a diferença do valor do maior dado pelo valor do menor dado. Bem simples assim mesmo.

$$A_t = X_{máx} - X_{mín}$$

Exemplo:

Qual a amplitude dos alunos da Empresa A aprovados nos concursos das carreiras policiais federais em 2021.

ROL: 200, 450, 600, 820.

$A_t = X_{máx} - X_{mín}$

$A_t = 820 - 200$

$A_t = 620$.

Variância

Para falar de variância precisamos falar de desvio. Desvio é a diferença entre os valores dos dados e a média dos dados. Então, a variância é a média do quadrado dos desvios e serve para mostrar quanto os dados estão longe ou perto uns dos outros. Quanto menor a variância, mais perto estão os dados uns dos outros; e quanto maior a variância, mais longe estão os dados uns dos outros.

Para a variância populacional, calcula-se da seguinte forma:

$$\sigma^2 = \sum_{i=1}^{n} \frac{\left(x_i - \bar{x}\right)^2}{n}$$

Para a variância amostral, calcula-se da seguinte forma:

$$S^2 = \sum_{i=1}^{n} \frac{\left(x_i - \bar{x}\right)^2}{n-1}$$

Exemplo:

Qual a variância dos alunos da Empresa A aprovados nos concursos das carreiras policiais federais em 2021.

ROL: 200, 450, 600, 820.

Como essa variância é populacional, o cálculo fica:

$$\sigma^2 = \sum_{i=1}^{n} \frac{\left(x_i - \bar{x}\right)^2}{n}$$

Média = $\bar{x} = 517,5$ aprovados por concurso

$$\sigma^2 = \frac{(200-517,5)^2 + (450-517,5)^2 + (600-517,5)^2 + (820-517,5)^2}{4}$$

$$\sigma^2 = \frac{(-317,5)^2 + (-67,5)^2 + (82,5)^2 + (302,5)^2}{4}$$

$$\sigma^2 = \frac{100.806,25 + 4.556,25 + 6.806,25 + 91.506,25}{4}$$

$$\sigma^2 = \frac{203.675}{4}$$

$$\sigma^2 = 50.918,75.$$

> **Observação**
>
> Se forem adicionados valores K aos valores dos dados, a variância não se altera; em contrapartida, se os valores dos dados forem multiplicados por K, a variância fica multiplicada por k^2.

Desvio-padrão

É a medida que expressa o quanto os dados são uniformes (próximos). Quanto mais perto do zero, mais os dados estudados são homogêneos (parecidos).

O desvio-padrão é calculado "tirando" a raiz quadrada da variância.

Para a variância populacional, calcula-se da seguinte forma:

$$\sigma = \sqrt{\sigma^2}$$

Para a variância amostral, calcula-se da seguinte forma:

$$S = \sqrt{S^2}$$

Exemplo:

Qual o desvio-padrão dos alunos da Empresa A aprovados nos concursos das carreiras policiais federais em 2021?

Lembre-se de que os dados são populacionais.

$\sigma^2 = 50.918,75$

$\sigma = \sqrt{\mathbf{50.918,75}}$

$\sigma = \mathbf{225,65.}$

> **Observação**
>
> Se forem adicionados valores k aos valores dos dados, o desvio-padrão não se altera, mas se os valores dos dados forem multiplicados por k, o desvio-padrão fica multiplicado por k.

Coeficiente de variação

Também conhecido como desvio-padrão relativo, é uma razão entre o desvio-padrão e a média e expresso em %.

Para dados populacionais, calcula-se da seguinte forma:

$$CV = \frac{\sigma}{\overline{x}}$$

Para dados amostrais, calcula-se da seguinte forma:

$$CV = \frac{S}{\overline{x}}$$

Exemplo:

Qual o coeficiente de variação dos alunos da Empresa A aprovados nos concursos das carreiras policiais federais em 2021?

Lembre-se de que os dados são populacionais.

Média = $\bar{x} = 517,5$ aprovados por concurso

$\sigma = 225,65$

$$CV = \frac{\sigma}{\bar{x}}$$

$$V = \frac{225,65}{517,5}$$

$CV = 0,4360$

(não se esqueça de multiplicar por 100 para mostrar o resultado em porcentagem)

$CV = 43,60\%$.

Questões Comentadas de Concursos

(FUNDATEC – 2022 – AGERGS – Técnico Superior Engenheiro de Dados)

1) Em uma pesquisa estatística, foi construída uma tabela com o perfil dos pesquisados a partir das seguintes variáveis: sexo; raça; cor dos olhos; cor do cabelo; altura; idade (anos); peso; estado civil; salário mensal (R$); número de dependentes. Considerando as variáveis apresentadas, assinale a alternativa que apresenta apenas as variáveis qualitativas.

A) Altura; peso; salário mensal (em reais); número de dependentes.

B) Altura; idade (anos); peso; salário mensal (em reais); número de dependentes.

C) Cor dos olhos; número de dependentes; sexo; raça; cor do cabelo; estado civil.

D) Sexo; raça; cor dos olhos; cor do cabelo; estado civil.

E) Altura; peso; idade (anos); raça.

Gabarito comentado: variáveis qualitativas são aquelas que não são expressas por números. Dito isto, veja que as alternativas A, B e E têm a variável altura, que é expressa em números, logo, essas alternativas não podem ser respostas; já na alternativa C tem a variável número de dependentes, que também é expresso em números, portanto, também não pode ser a resposta. Assim, resta a alternativa D, que só tem variáveis qualitativas.

Portanto, a letra D é o gabarito.

(FGV – 2022 – Prefeitura de Manaus/AM – Administrador)

2) Considere a seguinte lista de números:

9, 16, 13, 7, 9, 9, 20, 13

A soma da média com a mediana e com a moda é igual a:

A) 28.

B) 29.

C) 30.

D) 31.

E) 32.

Gabarito comentado: colocando os dados no ROL, tem-se: 7, 9, 9, 9, 13, 13, 16, 20.

Calculando a média:

$$x = \frac{7+9+9+9+13+13+16+20}{8}$$

$$x = \frac{96}{8}$$

$x = 12$.

Como a sequência tem uma quantidade par de elementos, a mediana será a média dos termos centrais, ou seja:

$$M = \frac{9+13}{2}$$

$$M = \frac{22}{2}$$

$M_d = 11$.

A moda é o valor que mais aparece na sequência, logo:

$M_o = 9$.

Somando a média com a mediana e a moda:

12 + 11 + 9 = 32.

Portanto, a letra E é o gabarito.

(FGV – 2022 – MPE/GO – Analista Contábil)

3) Considere a lista de números:

2, 1, 5, 3, 5, 8, 2, 7, x, 4, 6.

Sabe-se que essa lista tem moda única igual a 2.

A mediana dessa lista de números é:

A) 2.

B) 3.

C) 4.

D) 5.

E) 6.

Gabarito comentado: na sequência de valores já existentes, o 2 e o 5 aparecem duas vezes, mas como a moda é única e igual a 2, então a sequência, em ROL, já considerando $x = 2$, fica: 1, 2, 2, 2, 3, 4, 5, 5, 6, 7, 8.

Como a sequência tem 11 termos, a mediana será o 6º termo, que é o 4.

Portanto, a letra C é o gabarito.

(CESPE/CEBRASPE – 2022 – FUB – Estatístico)

4) Uma universidade está fazendo um estudo para verificar a distribuição dos tempos que os alunos do curso de mestrado levam até a defesa da dissertação. Os dados a seguir mostram a função de probabilidade desses tempos, em meses.

Tempo de defesa (meses)	Probabilidade
12	0,01
15	0,02
18	0,04
20	0,10
22	0,22
24	0,31
25	0,18
26	0,04
28	0,03
30	0,05

Considerando essas informações, julgue o item subsequente.

Os dados referentes ao tempo de defesa têm mediana igual a 24 meses.

Gabarito comentado: considere a probabilidade como a frequência (quantidade de vezes que o tempo aparece). Considerando o ROL desses dados, a mediana será a média do 50º e 51º termo. Olhando para a probabilidade/frequência, e somando as "frequências" para chegar no 50º e 51º termo, temos que o 50º termo é 24 e o 51º termo também é 24, e assim, a mediana é 24.

Portanto, a assertiva do enunciado está correta.

(FGV – 2022 – SEFAZ/AM – Auditor Fiscal de Tributos Estaduais)

5) Uma variável aleatória x tem a seguinte função de probabilidade, sendo k uma constante:

x	−2,0	−1,0	0,0	1,0	2
$p(x)$	0,2	0,1	0,4	0,1	k

A média de x é igual a:

A) −0,4.

B) −0,3.

C) −0,2.

D) 0,0.

E) 0,5.

Gabarito comentado: considere a probabilidade como a frequência (quantidade de vezes que "x" aparece). Para chegar em 1,0, o valor de $k = 0,2$. Agora, calculando a média:

$$x = \frac{[-2(0,2)+-1(0,1)+0(0,4)+1(0,1)+2(0,2)]}{(0,2+0,1+0,4+0,1+0,2)}$$

$$x = \frac{[-0,4+-0,1+0,0+0,1+0,4]}{1}$$

$x = 0,0$.

Portanto, a letra D é o gabarito.

(CESPE/CEBRASPE – 2021 – SEDUC/AL – Professor)

6) Com base em estatística, julgue o item a seguir.

Para um conjunto de dados x_1, x_2, ..., x_n quaisquer, a variância será sempre um número positivo.

Gabarito comentado: caso os dados x_1, x_2, ..., x_n sejam todos iguais, a variância será nula e, portanto, nem positiva nem negativa.

Logo, a assertiva do enunciado está incorreta.

(CESPE/CEBRASPE – 2021 – SEDUC/AL – Professor)

7) Com base em estatística, julgue o item a seguir.

Não é possível encontrar um conjunto ímpar de dados tal que a mediana e a média desse conjunto sejam iguais.

Gabarito comentado: caso os dados x_1, x_2, ..., x_n sejam todos iguais, independentemente de o conjunto de dados ter quantidade ímpar ou par de elementos, a média e a mediana (e até a moda) serão iguais.

Portanto, a assertiva do enunciado está incorreta.

(OMNI – 2021 – Prefeitura de São Bento do Sul/SC – Professor)

8) Utilizamos as medidas de tendência central para encontrar um representante numérico para uma sequência de valores. Entre as tendências centrais, estão a média aritmética, a moda e a mediana. Assinale a opção falsa, com relação a essas medidas de tendência central.

A) A média aritmética, a mediana e a moda podem assumir valores iguais.

B) A mediana é o termo central de uma sequência, se a sequência tem uma quantidade ímpar de termos.

C) A mediana de uma sequência numérica pode assumir valores diferentes, conforme a ordem que os termos da sequência aparecem.

D) A moda de uma sequência pode não ser única.

Gabarito comentado: atenção, pois a questão pede a alternativa incorreta. A letra A está correta, já que os valores de média, mediana e moda podem, sim, ser iguais; a letra B está correta em sua definição de mediana; a letra C está incorreta, pois independentemente da ordem dos elementos, a análise dos dados é feita com os mesmos em ROL, logo, a ordem deles na sequência não importa; por fim, a letra D está correta, já que a moda pode ter dois ou mais valores.

Portanto, a letra C é o gabarito.

CAPÍTULO 9
PROPOSIÇÕES

Trata-se de um dos assuntos mais cobrados em provas de concurso que têm o raciocínio lógico em seu edital.

Existe uma mística de dificuldade muito grande relacionado com esse assunto, mas aqui será visto que basta seguir algumas **regras** e as questões fácil e "garantidamente" se resolverão.

Conceitos/Definições

De modo geral, proposição é toda sentença declarativa – declaração – que pode ser classificada ou como Verdadeira (V) ou como Falsa (F).

Exemplo:
A: Luiza gosta de desenhar.
P: 2 + 7 = 11.

Outros pontos a serem levados em conta para uma frase ser uma proposição é a **presença de um verbo** (ação) e **de um sentido completo** – que **permite a classificação**, além da classificação ser em apenas um dos dois valores possíveis.

Observação
Ter sentido é diferente de fazer sentido. As proposições têm sentido, e esse sentido é o que permite uma proposição ser classificada ou como verdadeira ou como falsa.

Os três requisitos (verbo, sentido e classificação) são cumulativos, ou seja, é necessário que uma frase tenha os três requisitos ao mesmo tempo para ser considerada uma proposição.

Observe que o exemplo "Luiza gosta de desenhar" é uma frase que possui sentido completo, possui uma ação e admite somente um valor lógico (caso Luiza goste de desenhar, a proposição é verdadeira; caso Luiza não goste de desenhar, a proposição é falsa).

Veja um exemplo de frase que possui sentido completo, possui verbo/ação, no entanto, possui os dois valores lógicos ao mesmo tempo, e por isso, não é uma proposição.

Exemplo:
Essa frase é uma mentira. (**Não** é proposição)

Veja que se a "frase" for classificada como verdadeira, ela também será falsa, pois afirma ser uma mentira.

Princípios ou propriedades das proposições

Os princípios das proposições são:

Princípio da não contradição: diz que uma proposição NÃO pode ser verdadeira e falsa ao mesmo tempo.

Princípio da identidade: diz que uma proposição verdadeira sempre será verdadeira, enquanto verdadeira; e uma proposição falsa sempre será falsa, enquanto falsa.

Princípio do terceiro excluído: diz que uma proposição só assume os valores lógicos ou de verdadeiro, ou o de falso, **não admitindo** um terceiro valor.

Representação/simbolização das proposições

Uma proposição pode ser representada ou simbolizada por uma letra do alfabeto, maiúscula ou minúscula, como no primeiro exemplo (Luiza gosta de desenhar) a proposição é representada pela letra "A".

A letra que representa ou simboliza uma proposição é utilizada com o simples objetivo de ganhar tempo nas operações entre proposições, que serão vistas mais adiante. Em vez de escrever toda a proposição, utiliza-se apenas a letra que a representa.

NÃO são proposições

Perguntas (?) – Quanto é 2 + 2?
Exclamações (!) – Bom dia!
Ordens/conselhos – Acho melhor você estudar.
Frases sem verbo – Teresina, lugar quente.
Sentenças abertas – Aquele aluno viajou para São Paulo.

Perguntas, exclamações, ordens e frases em verbo NUNCA serão proposições, já as sentenças abertas podem se tornar proposições.

Sentenças Abertas/Quantificadores Lógicos

Sentenças abertas são frases que não admitem classificação pelo fato de o seu sujeito ser "indefinido ou indeterminado".

Como no exemplo – Aquele aluno viajou para São Paulo – não há como saber sobre qual aluno a frase se refere, e por isso não há como atribuir-lhe um valor lógico.

É comum sentenças abertas envolvendo a linguagem matemática específica, geralmente por meio do uso de incógnitas ($x + 3 > 4$).

Para uma sentença aberta se tornar uma proposição, a forma mais comum é mediante os quantificadores lógicos (todo, algum e nenhum).

Além dos quantificadores, o contexto também pode determinar o sujeito de uma sentença aberta, tornando-a, assim, uma proposição.

Pelos exemplos apresentados a seguir veja como as sentenças abertas podem ser transformadas em proposições (com o uso dos quantificadores):

a) **TODO** (para todo, qualquer que seja) – $\forall$

Aquele aluno viajou para São Paulo $\Rightarrow$ Todos os alunos viajaram para São Paulo

$x + 9 > 11 \Rightarrow \forall x, x + 9 > 11$ (Para todo x, x mais 9 será maior que 11)

b) **ALGUM** (pelo menos um, existe, existe um, alguém) – $\exists$

Aquele aluno viajou para São Paulo $\Rightarrow$ Algum aluno viajou para São Paulo

$x + 9 > 11 \Rightarrow \exists x, x + 9 > 11$ (Existe x, tal que x mais 9 seja maior que 11)

c) **NENHUM** (não existe, ninguém) – $\nexists$

Aquele aluno viajou para São Paulo $\Rightarrow$ Nenhum aluno viajou para São Paulo

$x + 9 > 11 \Rightarrow \nexists x, x + 9 > 11$ (Não existe x, tal que x mais 9 seja maior que 11)

Note que a sentença "$x + 9 > 11$" não pode ser classificada como ou V ou F, porém, a partir do uso de algum dos quantificadores lógicos, ela pode receber uma classificação, tornando-se uma proposição.

Negação de Proposição (Modificador Lógico)

Negar uma proposição significa modificar o seu valor lógico, ou seja, se uma proposição é verdadeira, a sua negação será falsa, e se uma proposição for falsa, a sua negação será verdadeira.

A forma mais simples de se negar uma proposição é utilizar a palavra "não" junto à ação ou verbo da frase.

Os símbolos mais comuns para se representar a negação são ~ ou ¬ antes da letra que representa a proposição.

Exemplo:

p: 3 é ímpar.

~p: 3 não é ímpar.

¬p: 3 é par (outra forma de negar uma proposição é por meio de antônimos).

Observação

O uso de antônimos é aceito para negar as proposições desde que no contexto da questão isso não deixe margem para outras interpretações.

Exemplo:

m: a porta está aberta.

~m: a porta está fechada.

n: José é magro.

~n: José não é magro.

w: José é gordo (veja que o fato de José não ser magro não quer dizer que ele seja gordo, por isso "José é gordo" não é negação de "José é magro").

Dupla negação

~(~p) = p, negar uma proposição duas vezes significa voltar para o valor original da própria proposição:

q: 2 é par (V).

~q: 2 não é par (F).

~(~q): 2 não é ímpar = 2 é par (V).

Tipos de Proposição

Existem apenas dois tipos de proposição: **proposição simples** (única, atômicas) e **proposição composta** (moleculares).

De modo geral, proposições compostas são formadas pela junção de proposições simples com o uso dos conectivos lógicos.

Algumas características diferenciam as proposições simples das compostas:

Proposição simples	Proposição composta
Não tem conectivo lógico	**Tem** conectivo lógico
Não pode ser dividida/separada	**Pode** ser dividida/separada
Tem apenas 1 verbo	Tem +1 verbo

Observação

Na proposição composta, o verbo pode até ser o mesmo, mas tendo ação mais de uma vez, e por isso, sendo contabilizado mais de uma vez.

Exemplo:

A: Lina trabalha no aeroporto (simples).

b: Beatriz dança hip-hop (simples).

P: Lina trabalha no aeroporto ou trabalha na rodoviária (composta).

q: ou Beatriz dança hip-hop ou Beatriz joga capoeira (composta).

Conectivos Lógicos

Conectivos lógicos são operadores que ligam proposições simples formando proposições compostas.

São em número de cinco, a saber: conjunção, disjunção, condicional, bicondicional e disjunção exclusiva.

Cada conectivo tem seu nome, símbolo que o representa, sinônimos, ideias e seu valor lógico.

Conjunção (E)

Conectivo representado pelo símbolo $\wedge$; seus principais sinônimos são o "mas", o "porém" e o "nem" (nem = e não); a ideia da conjunção é a ideia de TUDO.

Exemplo:

b: Beatriz dança hip-hop.

d: Beatriz joga capoeira.

b ∧ d: Beatriz dança hip-hop e joga capoeira.

Disjunção (OU)

Conectivo representado pelo símbolo **v**; não apresenta sinônimos usuais; a ideia da disjunção é de SUBSTITUIÇÃO, mas aceita TUDO.

Exemplo:

b: Beatriz dança hip-hop.

d: Beatriz joga capoeira.

b v d: Beatriz dança hip-hop ou joga capoeira.

Condicional (SE, ENTÃO)

Conectivo representado pelo símbolo →; seus principais sinônimos são o "como", o "quando", o "pois", dentre tantos; as ideias do condicional são de CONCLUSÃO, CONDIÇÃO ou CONSEQUÊNCIA (atenção ao contexto das questões para identificar corretamente o conectivo).

É importante também conhecer os termos do condicional.

Se A, então B $A \rightarrow B$	
A	**B**
Antecedente	Consequente
Condição suficiente	Condição necessária
Causa	Efeito
Explicação	Conclusão

Exemplo:

b: Beatriz dança hip-hop.

d: Beatriz joga capoeira.

b → d: Se Beatriz dança hip-hop, então ela joga capoeira.

Bicondicional (SE, E SOMENTE SE)

Conectivo representado pelo símbolo ↔, não apresenta sinônimos usuais; a ideia do bicondicional é de IGUALDADE/EQUIVALÊNCIA.

Exemplo:

b: Beatriz dança hip-hop.

d: Beatriz joga capoeira.

b ↔ d: Beatriz dança hip-hop se, e somente se, ela joga capoeira.

> **◎ Observação**
>
> No bicondicional, as proposições que o compõem são antecedente e consequente ao mesmo tempo, ou condição suficiente e necessária ao mesmo tempo.

Disjunção exclusiva (OU, OU)

Conectivo representado pelo símbolo **v**, não apresenta sinônimos usuais; a ideia da disjunção exclusiva é de SUBSTITUIÇÃO completa (uma coisa ou outra, não as duas).

Exemplo:

b: Beatriz dança hip-hop.

d: Beatriz joga capoeira.

b v d: ou Beatriz dança hip-hop ou Beatriz joga capoeira.

> **◎ Observação**
>
> Na disjunção exclusiva, não é necessário aparecer os "dois" ou, no contexto das proposições, pode ficar subentendido que o conectivo OU é uma disjunção exclusiva.
>
> **Exemplo:**
>
> Nasci em Teresina ou nasci em Cascavel (apesar de ter apenas um OU na frase, esse OU é exclusivo, pois não tem como eu nascer em dois lugares ao mesmo tempo).

Tabela Verdade/Valores Lógicos das Proposições Compostas

A tabela verdade é o dispositivo prático usado para se determinar o valor lógico das proposições compostas (quando não se sabe os valores das proposições simples).

> **◎ Observação**
>
> O valor lógico de uma proposição composta depende dos valores lógicos das proposições que a compõem e dos conectivos utilizados. Só se faz tabela verdade quando não se sabe os valores das proposições que compõem a proposição composta.
>
> Sobre a tabela é importante saber como determinar o número de linhas da tabela, as regras para se seguir no preenchimento da tabela e quais os valores lógicos das proposições compostas pelos conectivos.

Número de linhas da tabela verdade

Para se determinar o número de linhas de uma tabela verdade, utiliza-se a fórmula 2^n, em que "n" representa a quantidade de proposições simples diferentes que formam a proposição composta.

A tabela verdade da proposição P v Q ∧ R → ~P tem 8 linhas ($2^3 = 2 \cdot 2 \cdot 2 = 8$), pois é formada pelas proposições simples P, Q e R (três proposições diferentes).

> **Observação**
>
> Vale lembrar que a negação de uma proposição simples (~P) não representa uma proposição diferente.
>
> As oito linhas são necessárias, pois, como não sabemos os valores lógicos de P, Q e R, tem-se que atribuir todos os valores e relações entre esses valores nas proposições.

P	Q	R
V	V	V
V	V	F
V	F	V
V	F	F
F	V	V
F	V	F
F	F	V
F	F	F

Regras para o preenchimento da tabela verdade

Para se preencher corretamente uma tabela verdade, após determinar o seu número de linhas, deve-se seguir os seguintes passos, na ordem em que são apresentados:

1) Valores das proposições simples e de suas negações, se houver.
2) Regra da expressão numérica: resolve primeiro os parênteses ( ), depois os colchetes [ ] e, por último, as chaves { }, nessa ordem.
3) Regra da prioridade dos conectivos: primeiro resolve as conjunções e disjunções.
4) Regra da prioridade dos conectivos: depois resolve o condicional.
5) Regra da prioridade dos conectivos: por último, resolve as disjunções exclusivas e biconditionais.
6) Regra do conectivo principal: aquele que é resolvido por último.
7) Por fim, deve-se se analisar a coluna da "proposição composta inteira", ou seja, a última coluna preenchida, pois ela é quem determina o valor da proposição composta.

Valores lógicos das proposições compostas (valores dos conectivos)

Conjunção (∧) (**e**) – uma proposição composta por uma conjunção **somente** será verdadeira se todas a proposições que a compõem forem verdadeiras; nos demais casos, será falsa.

P	Q	P∧Q
V	V	V
V	F	F
F	V	F
F	F	F

Disjunção (v) (ou) – uma proposição composta por uma disjunção **somente** será falsa quando todas as proposições que a compõem forem falsas; nos demais casos, será verdadeira.

P	Q	PvQ
V	V	V
V	F	V
F	V	V
F	F	F

Condicional (→) (se, então) – a proposição composta por um condicional **somente** será falsa quando o "antecedente" for verdadeiro e o "consequente" for falso; nos demais casos, será verdadeira.

P	Q	P→Q
V	V	V
V	F	F
F	V	V
F	F	V

Bicondicional (↔) (se, e somente se) – a proposição composta por bicondicional será verdadeira quando as proposições que o compõem possuírem valores iguais e será falsa quando as proposições possuírem valores diferentes.

P	Q	P↔Q
V	V	V
V	F	F
F	V	F
F	F	V

Disjunção exclusiva (v) (ou, ou) – a proposição composta por disjunção exclusiva será verdadeira quando as proposições que a compõem possuírem valores diferentes e será falsa quando as proposições possuírem valores iguais.

P	Q	PvQ
V	V	F
V	F	V
F	V	V
F	F	F

Tautologia, Contradição e Contingência (Classificação das Proposições Compostas)

Tautologia: é quando **TODAS** as linhas da coluna da proposição composta "completa" possuírem o valor **verdadeiro**, independentemente do valor das proposições simples. Em outras palavras, é a proposição composta que é toda verdadeira.

(A ∧ B) → (A v B)

A	B	A^B	AvB	(A^B)→(AvB)
V	V	V	V	V
V	F	F	V	V
F	V	F	V	V
F	F	F	F	V

Contradição: é quando **TODAS** as linhas da coluna da proposição composta "completa" possuírem o valor **FALSO**, independentemente do valor das proposições simples. Em outras palavras, é a proposição composta que é toda falsa.

(A ↔ B) → (A v̲ B)

A	B	A↔B	A v̲ B	(A↔B)^(A v̲ B)
V	V	V	F	F
V	F	F	V	F
F	V	F	V	F
F	F	V	F	F

Contingência: é quando as linhas da coluna da proposição composta "completa" possuírem tanto o valor Verdadeiro como o valor Falso. Em outras palavras, é a proposição composta que não é tautologia nem contradição.

(A → B) → (A v ~B)

A	B	A→B	Av~B	(A→B)^(A~B)
V	V	V	V	V
V	F	F	V	F
F	V	V	F	F
F	F	V	V	V

Equivalências de Proposições Compostas

Duas ou mais proposições compostas são equivalentes – iguais – desde que sejam formadas pelas mesmas proposições simples e suas tabelas verdade tenham os mesmos valores lógicos.

Veja as principais equivalências

I) **P ∧ Q = Q ∧ P (recíproca).**
II) **P v Q = Q v P (recíproca).**

III) $P \rightarrow Q$ = $\sim Q \rightarrow \sim P$ (**contrapositiva**).

IV) $P \rightarrow Q$ = $\sim P \vee Q$ (**nega o antecedente OU mantém o consequente**).

V) $P \leftrightarrow Q$ = $Q \leftrightarrow P$ (**recíproca**).

VI) $P \leftrightarrow Q$ = $\sim P \leftrightarrow \sim Q$ (**contrária**).

VII) $P \leftrightarrow Q$ = $\sim Q \leftrightarrow \sim P$ (**contrapositiva**).

VIII) $P \leftrightarrow Q$ = $(P \rightarrow Q) \wedge (Q \rightarrow P)$ (**condicional para os dois lados**).

IX) $P \underline{\vee} Q$ = $Q \underline{\vee} P$ (**recíproca**).

X) $P \underline{\vee} Q$ = $\sim P \underline{\vee} \sim Q$ (**contrária**).

XI) $P \underline{\vee} Q$ = $\sim Q \underline{\vee} \sim P$ (**contrapositiva**).

XII) $P \underline{\vee} Q$ = só P ou só Q = $(P \wedge \sim Q) \vee (\sim P \wedge Q)$.

XIII) $P \vee Q$ = $\sim P \rightarrow Q$ = $\sim Q \rightarrow P$ (**nega uma das proposições, ENTÃO mantém a outra**).

Propriedades das conjunções e disjunções

Associativa: propriedade que explica por que, quando uma proposição composta é formada somente por conjunção ou somente por disjunção, a ordem de resolução não altera o valor final da proposição composta:

$$P \wedge (Q \wedge R) = (P \wedge Q) \wedge R = P \wedge Q \wedge R$$

P	Q	R	Q^R	P^Q	P^(Q^R)	(P^Q)^R	P^Q^R
V	V	V	V	V	V	V	V
V	V	F	F	V	F	F	F
V	F	V	F	F	F	F	F
V	F	F	F	F	F	F	F
F	V	V	V	F	F	F	F
F	V	F	F	F	F	F	F
F	F	V	F	F	F	F	F
F	F	F	F	F	F	F	F

$$P \vee (Q \vee R) = (P \vee Q) \vee R = P \vee Q \vee R$$

P	Q	R	QvR	PvQ	Pv(QvR)	(PvQ)vR	PvQvR
V	V	V	V	V	V	V	V
V	V	F	V	V	V	V	V
V	F	V	V	V	V	V	V
V	F	F	F	V	V	V	V
F	V	V	V	V	V	V	V
F	V	F	V	V	V	V	V
F	F	V	V	F	V	V	V
F	F	F	F	F	F	F	F

Distributiva: apresenta uma regra de equivalência específica para proposições formadas por conjunção e disjunção simultaneamente.

$$P∧(Q∨R) = (P∧Q) ∨ (P∧R)$$

P	Q	R	QvR	P∧Q	P∧R	P∧(QvR)	(P∧Q)v(P∧R)
V	V	V	V	V	V	V	V
V	V	F	V	V	F	V	V
V	F	V	V	F	V	V	V
V	F	F	F	F	F	F	F
F	V	V	V	F	F	F	F
F	V	F	V	F	F	F	F
F	F	V	V	F	F	F	F
F	F	F	F	F	F	F	F

$$(P∧Q)∨R = (P∨R) ∧ (Q∨R)$$

P	Q	R	P∧Q	PvR	QvR	(P∧Q)vR	(PvR)∧(QvR)
V	V	V	V	V	V	V	V
V	V	F	V	V	V	V	V
V	F	V	F	V	V	V	V
V	F	F	F	V	F	F	F
F	V	V	F	V	V	V	V
F	V	F	F	F	V	F	F
F	F	V	F	V	V	V	V
F	F	F	F	F	F	F	F

Negações das Proposições Compostas

Duas proposições compostas são uma a negação da outra desde que sejam formadas pelas mesmas proposições simples e suas tabelas verdade possuam valores lógicos opostos.

Observação

Toda negação é também uma equivalência.

1) ~ **(P ∧ Q)** = ~**P** v ~**Q** (Lei de Morgan)

Para negar a conjunção, troca-se o conectivo e (∧) por ou (v) e nega-se as proposições simples que a compõem.

2) ~**(P v Q)** = ~**P** ∧ ~**Q** (Lei de Morgan)

Para negar a disjunção, troca-se o conectivo ou (v) por e (∧), e nega-se as proposições simples que a compõem.

3) $\sim(P \rightarrow Q) = P \wedge \sim Q$
Para negar o condicional, mantém-se o antecedente **E** nega o consequente.

4) $\sim(P \underline{v} Q) = P \leftrightarrow Q$.
5) $\sim(P \underline{v} Q) = \sim P \underline{v} Q = P \underline{v} \sim Q$
6) $\sim(P \leftrightarrow Q) = P \underline{v} Q$
7) $\sim(P \leftrightarrow Q) = \sim P \leftrightarrow Q = P \leftrightarrow \sim Q$
8) $\sim(P \wedge Q) = P \rightarrow \sim Q = Q \rightarrow \sim P$ (mantém uma das proposições, **ENTÃO** nega a outra)

> **Observação**
> Todas as equivalências e negações são provadas na tabela verdade, mas para a resolução das questões de prova as regras em si são suficientes.

Relações entre os Quantificadores Lógicos

Equivalências

TODO A é B = **NENHUM** A não é B.
NENHUM A é B = **TODO** A não é B.

Negação

TODO A é B = **ALGUM** A não é B.
NENHUM A é B = **ALGUM** A é B.

Para facilitar a memorização das equivalências e negações:

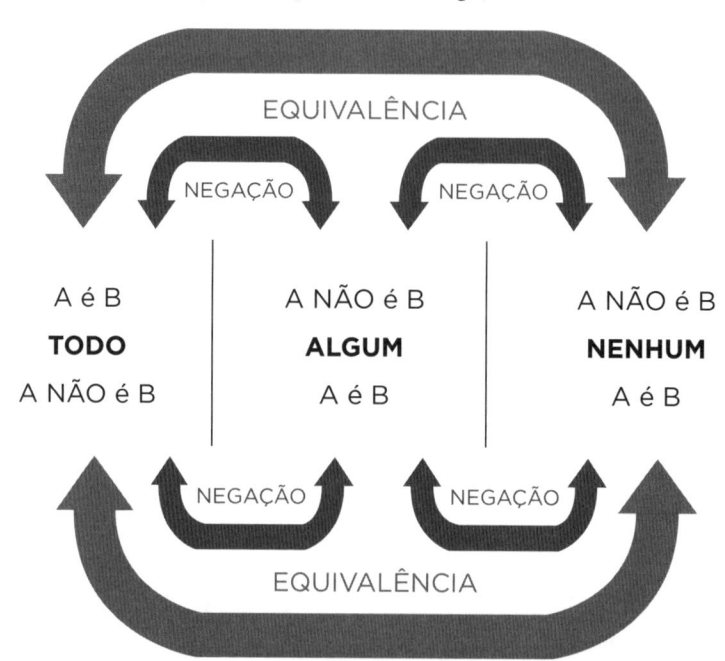

Redundâncias

Algum A é B = Algum B é A.
Nenhum A é B = Nenhum B é A.

Diferenças

Todo A é B ≠ Todo B é A.
Algum A não é B ≠ Algum B não é A.

Implicação

Todo A é B = Se A então B.
Todo A é B = Algum A é B.
Nenhum A é B = Algum A não é B.

Exemplo:

Todo A é B

Todo concurseiro estuda lógica = Nenhum concurseiro não estuda lógica.
~(Todo concurseiro estuda lógica) = Algum concurseiro não estuda lógica.
Todo concurseiro estuda lógica = Se é concurseiro então estuda lógica.

Nenhum A é B

Nenhum concurseiro estuda lógica = Todo concurseiro não estuda lógica
~(Nenhum concurseiro estuda lógica) = Algum concurseiro estuda lógica.
Nenhum concurseiro estuda lógica = Nenhum estudante de lógica é concurseiro.

Algum A é B (Algum A não é B)

Algum concurseiro estuda lógica = Algum estudante de lógica é concurseiro.
~(Algum concurseiro estuda lógica) = Nenhum concurseiro estuda lógica.
~(Algum concurseiro não estuda lógica) = Todo concurseiro estuda lógica.

Questões Comentadas de Concursos

(Quadrix – 2022 – CRP/SP – Assistente Administrativo)

Considerando que as proposições "A comida favorita de Magali é melancia" e "Cascão tem medo de chuva" sejam verdadeiras, julgue os itens de 1 a 4.

1) A frase "Mônica é a dona da rua!" é uma proposição.

   Gabarito comentado: Lembre-se: frases que são por si exclamativas não são proposição.

   Portanto, a assertiva do enunciado está incorreta.

2) A proposição composta "Se Cascão não tem medo de chuva, então a comida favorita de Magali é melancia" é falsa.

   Gabarito comentado: temos uma proposição formada por um condicional, que é falso somente quando o antecedente é Verdadeiro e o consequente é Falso.

Além disso, nesse caso, o texto já trouxe os valores das proposições simples; tem-se que as proposições originais são verdadeiras, assim, o antecedente do condicional (Cascão não tem medo de chuva) é falso. Como seu antecedente é falso, já não há como ser o antecedente verdadeiro e o consequente falso, logo, a proposição composta é verdadeira.

Portanto, a assertiva do enunciado está incorreta.

3) A proposição composta "Cascão não tem medo de chuva se, e somente se, a comida favorita de Magali não é melancia" é falsa.

Gabarito comentado: o biconditional (se, e somente se) é o conectivo que é verdade quando o valor das proposições simples forem iguais. Para o caso, temos que as duas proposições que o compõem são falsas, ou seja, valores iguais e a proposição composta por biconditional é verdadeira.

Portanto, a assertiva do enunciado está incorreta.

4) A negação de "Se Cebolinha tem dislalia, então Zé Lelé é primo de Chico Bento" é "Cebolinha tem dislalia e Zé Lelé não é primo de Chico Bento".

Gabarito comentado: lembre-se: a negação do condicional (se então) é uma conjunção (e) na regra "mantém o antecedente **E** nega o consequente". Assim, a negação de "Se Cebolinha tem dislalia, então Zé Lelé é primo de Chico Bento" é corretamente expressa por "Cebolinha tem dislalia e Zé Lelé não é primo de Chico Bento".

Portanto, a assertiva do enunciado está correta.

(CESPE/CEBRASPE – 2022 – PC/PB – Escrivão de Polícia)

5) A Democracia e a Justiça Social estão sempre lado a lado, e a Justiça Social é consequência direta do nível de maturidade da sociedade e do aprendizado do significado de ser humano.

Considerando-se os conectivos lógicos usuais e assumindo-se que as letras maiúsculas P, Q, R e S representem proposições lógicas, o texto precedente pode ser expresso corretamente pela seguinte proposição lógica:

A) P.

B) $P \wedge Q$.

C) $P \wedge (Q \Rightarrow R)$.

D) $(P \wedge Q) \Rightarrow R$.

E) $(P \wedge Q) \Rightarrow (R \wedge S)$.

Gabarito comentado: aqui é preciso encontrar quais são as proposições simples e o conectivo apresentado pelo texto.

Perceba que "A Democracia e a Justiça Social estão sempre lado a lado" representa uma única ideia com a ação de estarem lado a lado, logo, a primeira proposição. Além disso, a frase "a Justiça Social é consequência direta do nível de maturidade da sociedade e do aprendizado do significado de ser humano", por mais longa que seja, apresenta uma única ação: ser consequência.

Logo, têm-se duas proposições simples e um conectivo "e" (conjunção) entre elas.

Portanto, temos a proposição composta $P \wedge Q$, e a letra B é o gabarito.

(VUNESP – 2022 – PM/SP – Sargento da Polícia Militar)

6) A tabela verdade de uma proposição composta tem 128 linhas de resposta, cada uma delas resultante das combinações possíveis do número de proposições simples envolvidas, número este igual a

(A) 4.

(B) 5.

(C) 6.

(D) 7.

Gabarito comentado: para se determinar o número de linhas de uma tabela verdade, basta saber o número de proposições simples diferentes.

Aplicando a formula 2^n, em que n é o número de proposições simples, e como a questão já trouxe que a tabela verdade possui 128 linhas, fica:

$2^n = 128$

$2^n = 2^7$

$n = 7$ proposições simples.

Portanto, a letra D é o gabarito.

(CESPE/CEBRASPE – 2022 – PC/PB – Escrivão de Polícia)

7) Considere os conectivos lógicos usuais e assuma que as letras maiúsculas P, Q e R representam proposições lógicas; considere também as primeiras três colunas da tabela verdade da proposição lógica (P ∧ Q) ∨ R, conforme a seguir.

P	Q	R
V	V	V
V	V	F
V	F	V
V	F	F
F	V	V
F	V	F
F	F	V
F	F	F

A partir dessas informações, infere-se que a última coluna da tabela verdade, correspondente a (P ∧ Q) ∨ R, apresenta valores V ou F, de cima para baixo, na seguinte sequência:

A) V F V F F V V F.

B) V V F F V V V F.

C) V V F V F V F V.

D) V V V F V F V F.

E) V V V V V F F F.

Gabarito comentado: lembre-se: sempre que a banca trouxer uma tabela verdade desenhada, monte a sua tabela com base na tabela apresentada. Aqui, vamos seguir as regras de preenchimento da tabela verdade e os valores dos conectivos lógicos e, então, chegamos à seguinte tabela:

P	Q	R	P∧Q	PvR	QvR	(P∧Q)vR
V	V	V	V	V	V	V
V	V	F	V	V	V	V
V	F	V	F	V	V	V
V	F	F	F	V	F	F
F	V	V	F	V	V	V
F	V	F	F	F	V	F
F	F	V	F	V	V	V
F	F	F	F	F	F	F

Portanto, a letra D é o gabarito.

(Quadrix – 2022 – CRA/PR – Auxiliar Administrativo)

8) Sendo p, q e r três proposições, julgue os itens.

A proposição (pvq) ↔ ~(pvq) é uma tautologia.

Gabarito comentado: aqui, representaremos a proposição em uma tabela verdade para descobrirmos se todas a linhas da tabela verdade da proposição composta (pvq) ↔ ~(pvq) possuem o valor Verdadeiro, ou seja, uma tautologia:

P	Q	~P	~Q	PvQ	~(PvQ)	PvQ↔~(PvQ)
V	V	F	F	V	F	F
V	F	F	V	V	F	F
F	V	V	F	V	F	F
F	F	V	V	F	V	F

Como o conectivo principal é um bicondicional, que é verdade quando os valores são iguais, e nesse caso temos sempre valores diferentes, a tabela apresentada, de fato, é uma contradição.

Portanto, a assertiva do enunciado está incorreta.

(FGV – 2022 – MPE/GO – Analista em Informática)

9) Considere a sentença:

"Se Pedro é senador e Simone não é deputada federal, então Carlota é vereadora."

Sabe-se que a sentença dada é FALSA.

É então correto concluir que:

A) Pedro é senador, Simone não é deputada federal, Carlota não é vereadora.

B) Pedro não é senador, Simone é deputada federal, Carlota é vereadora.

C) Pedro é senador, Simone não é deputada federal, Carlota é vereadora.

D) Pedro não é senador, Simone é deputada federal, Carlota não é vereadora.

E) Pedro não é senador, Simone não é deputada federal, Carlota não é vereadora.

Gabarito comentado: o condicional é falso somente quando o antecedente é Verdadeiro e o consequente é Falso, e o texto da questão afirma que a proposição composta "Se Pedro é senador e Simone não é deputada federal, então Carlota é vereadora" é FALSA. Logo, temos que o antecedente (Pedro é senador e Simone não é deputada federal), que é uma conjunção, deve ser verdadeiro, e com isso, "Pedro é Senador" e "Simone não é deputada" são ambas proposições verdadeiras, pois a conjunção é verdade quando todas as proposições forem verdadeiras; além disso, o consequente "Carlota é veradora" é uma proposição falsa.

Assim, "Carlota não é vereadora" é uma proposição verdadeira e, portanto, a letra A é o gabarito.

(VUNESP – 2022 – PC/SP – Escrivão de Polícia)

10) Assinale a alternativa que apresenta uma negação lógica da seguinte afirmação:

"Se o indivíduo é um contraventor, então não resta esperança para ele."

A) O indivíduo não é um contraventor, e resta esperança para ele.

B) Se resta esperança para ele, então o indivíduo não é um contraventor.

C) O indivíduo é um contraventor, e resta esperança para ele.

D) Se não resta esperança para ele, então o indivíduo é um contraventor.

E) Resta esperança para ele, ou o indivíduo não é um contraventor.

Gabarito comentado: a negação de um condicional (se, então) é sempre uma conjunção (e), em que "mantém-se o antecedente E nega-se o consequente".

Na questão, temos "Se o indivíduo é um contraventor, então não resta esperança para ele", e assim, sua negação será "O indivíduo é um contraventor, e resta esperança para ele".

Portanto, a letra C é o gabarito.

(VUNESP – 2022 – Câmara Municipal de São José dos Campos/SP – Técnico Legislativo)

11) Considere a afirmação: "Ou arranjo emprego ou não me caso". A negação dessa afirmação é:

A) Se eu arranjo emprego, então eu me caso.

B) Se eu não arranjo emprego, então eu me caso.

C) Ou não arranjo emprego ou me caso.

D) Ou não arranjo emprego ou não me caso.

E) Arranjo emprego e não me caso.

Gabarito comentário: a negação de uma disjunção exclusiva (ou, ou) é um bicondicional (se, e somente se), sem alterar as proposições que a compõem, ou é representada pela própria disjunção exclusiva em que se nega somente uma das proposições:

P	Q	~P	~Q	P⊻Q	~(P⊻Q)	P↔Q	~P⊻Q	P⊻~Q
V	V	F	F	F	V	V	V	V
V	F	F	V	V	F	F	F	F
F	V	V	F	V	F	F	F	F
F	F	V	V	F	V	V	V	V

Além disso, negar as duas proposições e manter "ou, ou" é uma equivalência e não uma negação da disjunção exclusiva.

Para nossa questão, temos "Ou arranjo emprego ou não me caso", e como nenhuma das alternativas apresenta um bicondicional, a única possibilidade é negar "ou, ou" com o próprio "ou, ou" negando apenas uma das proposições.

Assim, o a alternativa correta é "Ou não arranjo emprego ou não me caso".

Portanto, a letra D é o gabarito.

(VUNESP – 2022 – PC/SP – Escrivão de Polícia)

12) Assinale a alternativa que apresenta uma afirmação logicamente equivalente à seguinte afirmação:

"Ameaça chuva e saio com capa ou, ameaça chuva e saio com guarda-chuva."

A) Ameaça chuva ou não saio com capa e saio com guarda-chuva.

B) Ameaça chuva e saio com capa ou saio com guarda-chuva.

C) Se não ameaça chuva, saio com capa e não saio com guarda-chuva.

D) Ameaça chuva ou saio com capa ou saio com guarda-chuva.

E) Não ameaça chuva e não saio com capa ou saio com guarda-chuva.

Gabarito comentado: para facilitarmos, vamos representar as proposições por letras:

P = Ameaça chuva; Q = Saio com capa; e R = Saio com guarda-chuva. Agora, vamos representar simbolicamente toda a proposição composta "Ameaça chuva e saio com capa ou, ameaça chuva e saio com guarda-chuva": $(P \land Q) \lor (P \land R)$.

Note que temos três conectivos, duas conjunções e uma disjunção, e perceba também que as alternativas apresentam proposições somente com dois conectivos. O que ocorre na questão é a regra específica de equivalência para conjunções e disjunções da propriedade distributiva, a qual apresenta como resultado a seguinte fórmula:

$(P \land Q) \lor (P \land R) = P \land (Q \lor R)$.

Transcrevendo agora em texto, temos "Ameaça chuva e saio com capa ou saio com guarda--chuva".

Portanto, a letra B é o gabarito.

(FGV – 2022 – SEFAZ/ES – Consultor do Tesouro Estadual)

13) A negação de "Nenhuma cobra voa" é:

A) Pelo menos uma cobra voa.

B) Alguns animais que voam são cobras.

C) Todas as cobras voam.

D) Todos os animais que voam são cobras.

E) Todas as cobras são répteis.

Gabarito comentado: lembre-se de que a negação de TODO, e a negação de NENHUM, sempre iniciará por algum.

Com isso, já se pode descartar as alternativas C, D e E. No caso do texto, temos: "Nenhuma cobra voa". Analisando o esquema de equivalência e negação dos quantificadores, temos que a negação de "Nenhum A é B" é "Algum A é B", ou para o caso, a negação de "Nenhuma cobra voa", será "Pelo menos uma cobra voa".

Portanto, a letra A é o gabarito.

(FGV – 2022 – SEFAZ/BA – Agente de Tributos Estaduais)

14) Considere a afirmação:

"À noite, todos os gatos são pretos."

Se essa frase é falsa, é correto concluir que:

A) De dia, todos os gatos são pretos.

B) À noite, todos os gatos são brancos.

C) De dia há gatos que não são pretos.

D) À noite há, pelo menos, um gato que não é preto.

E) À noite nenhum gato é preto.

Gabarito comentado: o primeiro detalhe a se atentar é que a proposição se refere "à noite", ou seja, a resposta também deve apresentar a expressão "à noite", pois essa parte da sentença não apresenta a ação na frase, e por isso, para negar a afirmação, deve-se negar somente sua ação principal.

A proposição é "À noite, todos os gatos são pretos", e como vimos, a negação de TODO sempre começa por ALGUM; nesse caso, seria "à noite, pelo menos um gato não é preto" ou "à noite há, pelo menos, um gato que não é preto".

Portanto, a letra D é o gabarito.

(VUNESP – 2022 – PC/SP – Investigador de Polícia)

15) Dada a afirmação "Rafael teve a promoção ou todos assistiram à final do campeonato", a sua negação lógica é:

A) Rafael não teve a promoção e ninguém assistiu à final do campeonato.

B) Rafael assistiu à final do campeonato ou não teve a promoção.

C) Rafael não assistiu à final do campeonato ou teve a promoção.

D) Rafael não teve a promoção e alguém não assistiu à final do campeonato.

E) Rafael não teve a promoção ou pelo menos uma pessoa não assistiu à final do campeonato.

Gabarito comentado: a negação de uma disjunção (ou) é uma conjunção (e) em que se nega as proposições que a compõem; para o caso, temos: "Rafael teve a promoção ou todos assistiram à final do campeonato".

O detalhe aqui é que uma das proposições é formada por um quantificador lógico, por isso, é necessário atentar também para a negação de "todos assistiram à final do campeonato".

Lembre-se: a negação de **todo** sempre começa por **algum**. Nesse caso, a negação de "todos assistiram à final do campeonato" fica "alguma pessoa não assistiu a final do campeonato".

Assim, a negação de "Rafael teve a promoção ou todos assistiram à final do campeonato" é "Rafael não teve a promoção e alguém não assistiu à final do campeonato".

Portanto, a letra D é o gabarito.

CAPÍTULO 10
ARGUMENTOS

Conceitos

Argumento é um conjunto de proposições, divididas/separadas em premissas (proposições iniciais – hipóteses – explicações) e conclusões (proposições finais – teses).

Exemplo:
P1: Toda mulher é bonita.
P2: Beatriz é mulher.
C: Logo, Beatriz é bonita.

Representação dos argumentos

Os argumentos podem ser representados das seguintes formas:

$$P1 \wedge P2 \wedge P3 \wedge ... \wedge Pn \rightarrow C$$

$$P1, P2, P3, ..., Pn \vdash C$$

P1
P2
P3
.
.
.
Pn
——
C

Classificação dos Argumentos

Os argumentos só podem ser classificados em válidos ou inválidos.

Válidos (ou bem construídos)

Os argumentos são válidos sempre que as premissas **garantem** a conclusão. Ou seja, sempre que a conclusão for uma consequência do seu conjunto de premissas.

Exemplo:
P1: Todo professor é inteligente.
P2: Tiago é professor.
C: Portanto, Tiago é inteligente.

Inválidos (ou mal construídos)

Os argumentos são inválidos sempre que as premissas NÃO GARANTEM a conclusão. Ou seja, sempre que a conclusão NÃO for uma consequência do seu conjunto de premissas.

Exemplo:
P1: Todo professor é aluno.
P2: Fran é aluna.
C: Logo, Fran é professora.

Tipos de Argumentos

Dedução

O argumento dedutivo parte de situações gerais para chegar a conclusões particulares. Esta forma de argumento é válida, caso as premissas sejam verdadeiras e a conclusão apresentada seja uma consequência também verdadeira das premissas.

Exemplo:
P1: Todo estudante é esforçado.
P2: Bruno é estudante.
C: Sendo assim, Bruno é esforçado.

Indução

O argumento indutivo é o contrário do argumento dedutivo, pois parte de informações particulares para chegar a uma conclusão geral. Quanto mais informações nas premissas, maiores as chances de a conclusão estar correta, no entanto, em geral, são argumentos inválidos.

Exemplo:
P1: No Rio Grande do Sul tem praia.
P2: Em São Paulo tem praia.
P3: Em Pernambuco tem praia.
P1: No Pará tem praia.
C: Logo, em todos os estados do Brasil têm praia.

Analogia

As analogias são comparações. Neste caso, a partir de uma situação já conhecida verifica-se outras desconhecidas, mas semelhantes. Nas analogias, não necessariamente tem-se garantia das conclusões.

Exemplo:
P1: Roger e Marcos são músicos.
P2: Roger fez curso de canto e virou cantor.
C: Sendo assim, se Marcos fizer um curso de canto, ele também virará cantor.

Falácia

As falácias são falsos argumentos, logicamente inconsistentes, inválidos ou que não provam o que dizem.

Exemplo:

P1: Eu passei em um concurso público.

P2: Você passou em um concurso público.

C: Logo, todos vão passar em um concurso público.

Silogismos

Tipo de argumento formado por três proposições, sendo duas premissas e uma conclusão. Os silogismos são, em sua maioria, dedutivos.

Exemplo:

P1: Todo aluno estudioso passará no concurso.

P2: Maria é uma aluna estudiosa.

C: Portanto, Maria passará no concurso.

Métodos para Validação/Classificação de Argumentos

Os principais métodos de validação dos argumentos são as Premissas Verdadeiras, a Conclusão Falsa, e os Diagramas Lógicos (Diagramas de Venn).

Sobre cada método é necessário saber, primeiro, "quando utilizá-lo" e, também, "como utilizá-lo".

Premissas verdadeiras

A) "Quando usar":

Quando alguma das premissas for formada por proposição simples, ou proposição composta por conjunção.

B) "Como usar":

1) Considerar TODAS as premissas verdadeiras.

2) Atribuir valor a todas as proposições que compõem as premissas.

3) Verificar o valor da conclusão: caso a conclusão seja verdadeira, o argumento é válido. Porém, caso a conclusão seja falsa, o argumento é inválido

Exemplo:

P1: Se Lina não está feliz, então Luísa não vai brincar.

P2: Luísa vai brincar.

C: Lina está feliz.

1) Considerar todas as premissas Verdadeiras: o primeiro passo consiste simplesmente em atribuir o valor de verdadeiro a todas as premissas:

P1: Se Lina não está feliz, então Luísa não vai brincar. = **V**

P2: Luísa vai brincar. = **V**

C: Lina está feliz.

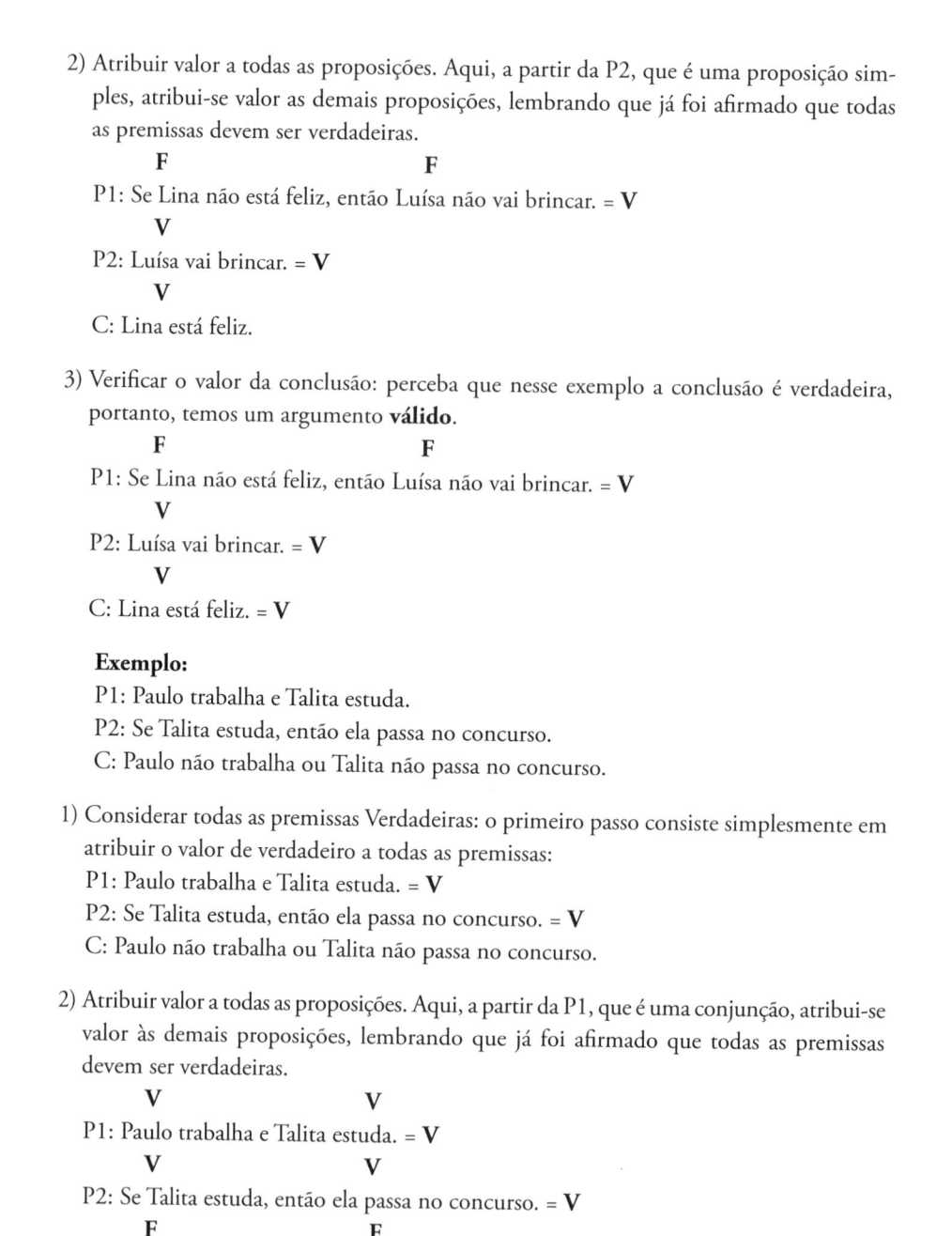

2) Atribuir valor a todas as proposições. Aqui, a partir da P2, que é uma proposição simples, atribui-se valor as demais proposições, lembrando que já foi afirmado que todas
as premissas devem ser verdadeiras.

       F   **F**

P1: Se Lina não está feliz, então Luísa não vai brincar. = **V**

       V

P2: Luísa vai brincar. = **V**

       V

C: Lina está feliz.

3) Verificar o valor da conclusão: perceba que nesse exemplo a conclusão é verdadeira,
portanto, temos um argumento **válido**.

       F   **F**

P1: Se Lina não está feliz, então Luísa não vai brincar. = **V**

       V

P2: Luísa vai brincar. = **V**

       V

C: Lina está feliz. = **V**

Exemplo:
P1: Paulo trabalha e Talita estuda.
P2: Se Talita estuda, então ela passa no concurso.
C: Paulo não trabalha ou Talita não passa no concurso.

1) Considerar todas as premissas Verdadeiras: o primeiro passo consiste simplesmente em
atribuir o valor de verdadeiro a todas as premissas:
P1: Paulo trabalha e Talita estuda. = **V**
P2: Se Talita estuda, então ela passa no concurso. = **V**
C: Paulo não trabalha ou Talita não passa no concurso.

2) Atribuir valor a todas as proposições. Aqui, a partir da P1, que é uma conjunção, atribui-se
valor às demais proposições, lembrando que já foi afirmado que todas as premissas
devem ser verdadeiras.

       V   **V**

P1: Paulo trabalha e Talita estuda. = **V**

       V   **V**

P2: Se Talita estuda, então ela passa no concurso. = **V**

       F   **F**

C: Paulo não trabalha ou Talita não passa no concurso.

3) Verificar o valor da conclusão: perceba que nesse exemplo a conclusão é falsa, portanto,
temos um argumento **inválido**.

       V   **V**

P1: Paulo trabalha e Talita estuda. = **V**

$$\text{V} \qquad\qquad \text{V}$$
P2: Se Talita estuda, então ela passa no concurso. = **V**

$$\text{F} \qquad\qquad \text{F}$$
C: Paulo não trabalha ou Talita não passa no concurso. = **F**

Conclusão falsa

A) "Quando usar":

Quando a conclusão for uma proposição simples, ou uma disjunção ou um condicional.

B) "Como usar":

1) **Considerar** a conclusão falsa e **supor** as premissas verdadeiras.

2) Atribuir valor a todas as proposições, **COMEÇANDO** pela conclusão.

3) Verificar o valor das premissas: caso **PELO MENOS UMA** premissa se torne falsa, o argumento é válido, mas se as todas as premissas permanecerem verdadeiras, o argumento é **inválido**.

Exemplo 1:

P1: Ou Leonardo é engenheiro ou Gabriel é perito.

P2: Se Gabriel é perito, Willian é contador.

C: Leonardo é engenheiro ou Willian é contador.

1) **Considerar** a conclusão falsa e **supor** as premissas verdadeiras.

P1: Ou Leonardo é engenheiro ou Gabriel é perito. = **V**

P2: Se Gabriel é perito, Willian é contador. = **V**

C: Leonardo é engenheiro ou Willian é contador. = **F**

2) Atribuir valor a todas as proposições, começando pela conclusão: aqui, a partir das proposições simples que compõem a conclusão, que nesse caso é uma disjunção, atribui-se valor a todas as proposições simples do argumento.

$$\text{F} \qquad\qquad\qquad \text{V}$$
P1: Ou Leonardo é engenheiro ou Gabriel é perito. = **V**

$$\text{V} \qquad\qquad\qquad \text{F}$$
P2: Se Gabriel é perito, Willian é contador. = **V**

$$\text{F} \qquad\qquad\qquad \text{F}$$
C: Leonardo é engenheiro ou Willian é contador. = **F**

3) Verificar o valor das premissas: para o exemplo, perceba que, mesmo supondo todas as premissas verdadeiras, a premissa P2 assumiu o valor de falso, ou seja, pelo menos uma premissa do argumento é falsa e o argumento é **válido**.

$$\text{F} \qquad\qquad\qquad \text{V}$$
P1: Ou Leonardo é engenheiro ou Gabriel é perito. = **V**

$$\text{V} \qquad\qquad\qquad \text{F}$$
P2: Se Gabriel é perito, Willian é contador. = ~~V~~ **F**

$$\text{F} \qquad\qquad\qquad \text{F}$$
C: Leonardo é engenheiro ou Willian é contador. = **F**

Exemplo 2:
P1: Alex está trabalhando ou Muryel chega atrasado.
P2: Michael está no bando e Alex está trabalhando.
C: Muryel chega atrasado.

1) **Considerar** a conclusão falsa e **supor** as premissas verdadeiras.
P1: Alex está trabalhando ou Muryel chega atrasado. = **V**
P2: Michael está no banco e Alex está trabalhando. = **V**
C: Muryel chega atrasado. = **F**

2) Atribuir valor a todas as proposições, começando pela conclusão: aqui, a partir da proposição simples que compõem a conclusão, atribui-se valor a todas as proposições simples do argumento.

    V   **F**
P1: Alex está trabalhando ou Muryel chega atrasado. = **V**
    V   **F**
P2: Michael está no banco e Alex está trabalhando. = **V**
    F
C: Muryel chega atrasado. = **F**

3) Verificar o valor das premissas: para o exemplo, perceba que, nesse caso, todas as premissas permaneceram verdadeiras, portanto, temos um argumento **inválido**:

    V   **F**
P1: Alex está trabalhando ou Muryel chega atrasado. = **V**
    V   **F**
P2: Michael está no banco e Alex está trabalhando. = **V**
    F
C: Muryel chega atrasado. = **F**

> 🔍 **Observação**
>
> Após vislumbrar esses dois métodos (que envolvem proposições e conectivos), podemos resumir a classificação dos argumentos da seguinte forma:

Premissas	Conclusão	Argumento
Verdadeiras	Verdadeira	Válido
Verdadeiras	Falsa	Inválido
Pelo menos 1 Falsa	Falsa	Válido

Diagramas lógicos

A) "Quando usar":

Quando as premissas e a conclusão forem constituídas por proposições categóricas, as que têm os quantificadores lógicos (todo, algum e nenhum).

B) "Como usar":

   1) Representa-se as premissas pelos diagramas lógicos.

   2) A partir das representações, julgar a conclusão; caso a conclusão seja garantida – esteja presente – em todas as representações, o argumento é válido; caso em pelo menos uma das representações a conclusão não esteja presente, o argumento é inválido.

Possíveis representações para os quantificadores lógicos:

A) Todo A é B

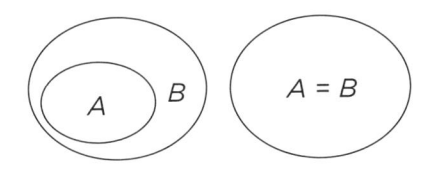

B) Nenhum A é B

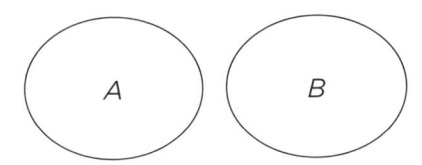

C) Algum A é B

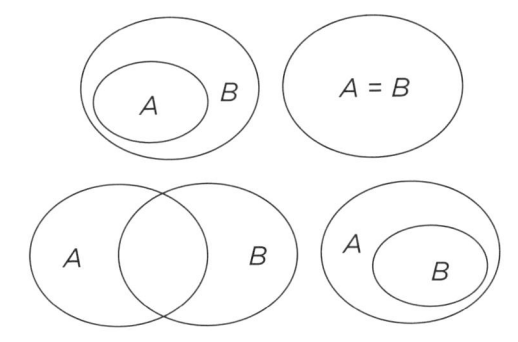

D) Algum A não é B

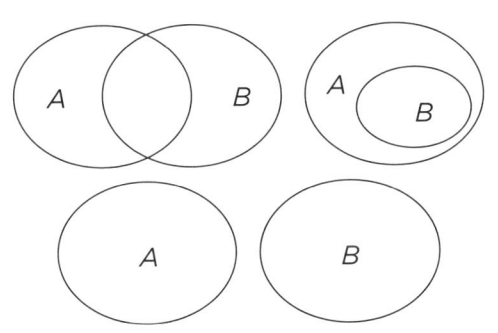

Exemplo 1:
P1: Toda mulher é inteligente.
P2: Todos os inteligentes são felizes.
C: Logo, toda mulher é feliz.

1) Representa-se as premissas pelos diagramas lógicos.

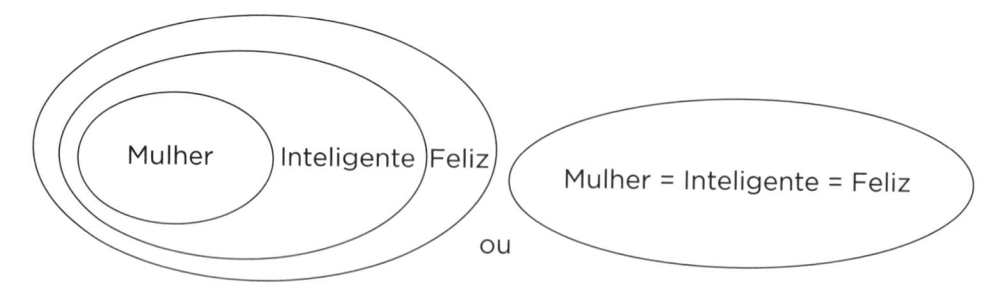

2) A partir das representações, julgar a conclusão: veja que o conjunto das mulheres está dentro do conjunto "das felizes", logo, todas as mulheres são felizes, e o argumento é válido.

 **Observação**

Nem sempre será necessário desenhar todas as representações das premissas.

Exemplo 2:
P1: Toda árvore é uma planta.
P2: Toda flor é uma planta.
C: Alguma árvore é uma flor.

1) Representa-se as premissas pelos diagramas lógicos.

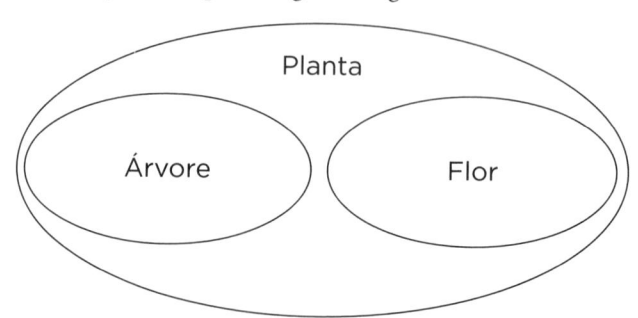

Importante: algo que ajuda a ganhar tempo em argumentos com quantificadores é procurar representar, desde o primeiro diagrama, uma forma em que a conclusão seja falsa, caso seja possível, pois isso já tornará o argumento inválido.

2) A partir das representações, julgar a conclusão: veja que na representação têm-se que todas as árvores e todas as flores são plantas, porém nenhuma árvore é flor. Portanto, a conclusão já é falsa e o argumento é **inválido**.

Questões Comentadas de Concursos

(CESPE/CEBRASPE – 2021 – Polícia Federal – Agente e Escrivão de Polícia Federal)

P1: Se a fiscalização foi deficiente, as falhas construtivas não foram corrigidas.

P2: Se as falhas construtivas foram corrigidas, os mutuários não tiveram prejuízos.

P3: A fiscalização foi deficiente.

C: Os mutuários tiveram prejuízos.

1) Considerando um argumento formado pelas proposições precedentes, em que C é a conclusão, e P1 a P3 são as premissas, julgue o item a seguir.

O argumento apresentado não é válido.

Gabarito comentado: para facilitar a resolução, vamos representar simbolicamente as proposições e os conectivos:

X = A fiscalização foi deficiente.

Y = As falhas construtivas foram corrigidas.

Z = Os mutuários não tiveram prejuízos.

Assim, temos que as premissas e conclusão ficaram:

P1: $X \rightarrow \sim Y$

P2: $Y \rightarrow \sim Z$

P3: X

C: Z

Agora, aplicando o método das premissas verdadeiras, temos:

$$\begin{array}{cc} V & V \end{array}$$
P1: $X \rightarrow \sim Y = V$

$$\begin{array}{cc} F & - \end{array}$$
P2: $Y \rightarrow \sim Z = V$

$$\begin{array}{c} V \end{array}$$
P3: $X = V$

$$-$$
C: Z

Perceba que, como P2 é um condicional e o valor de seu antecedente é falso, o condicional já se torna verdadeiro, por isso, não há como garantir o valor do consequente e da proposição $\sim Z$, logo, não há como garantir se o valor da conclusão, a qual é formada somente por Z, será verdadeiro ou falso. Portanto, sem a garantia de premissas verdadeiras e conclusão verdadeira, o argumento é inválido. Veja que a questão afirma que o argumento NÃO é válido, ou seja, é inválido.

Portanto, a assertiva do enunciado está correta.

(CESPE/CEBRASPE – 2021 – Polícia Federal – Agente e Escrivão de Polícia Federal)

P1: Se a fiscalização foi deficiente, as falhas construtivas não foram corrigidas.

P2: Se as falhas construtivas foram corrigidas, os mutuários não tiveram prejuízos.

P3: A fiscalização foi deficiente.

C: Os mutuários tiveram prejuízos.

2) Considerando um argumento formado pelas proposições precedentes, em que C é a conclusão, e P1 a P3 são as premissas, julgue o item a seguir.

Caso o argumento apresentado seja válido, a proposição C será verdadeira.

Gabarito comentado: aqui, tem-se uma questão mais teórica. O método da conclusão falsa diz que o argumento é válido quando a conclusão é falsa e se pelo menos uma de suas premissas se tornar falsa. Ou seja, não há como afirmar que um argumento válido terá, necessariamente, sua conclusão verdadeira.

Portanto, a assertiva do enunciado está incorreta.

(Fenaz do Pará – 2022 – SAMAE de São Bento do Sul/SC – Assistente Social)

3) As premissas a seguir são verdadeiras.

I.   Se a população estuda, então fazemos boas escolhas.

II. Se a população não estuda, então assistente social não é conhecedor das leis.

III. Assistente social é conhecedor das leis.

Após analisá-las, marque a alternativa que tem um argumento válido.

A) A população não estuda.

B) Assistente social não é conhecedor das leis.

C) Fazemos boas escolhas.

D) A população não estuda e assistente social é conhecedor das leis.

E) Assistente social é conhecedor das leis e não fazemos boas escolhas.

Gabarito comentado: aqui, tem-se no texto da questão uma sequência de premissas, e devemos procurar, dentre as alternativas, qual apresenta uma conclusão que torna o argumento válido. Em geral, as questões nesse formato se tornam mais fáceis usando o método das premissas verdadeiras. Representando as premissas, temos:

P = A população estuda.

Q = Fazemos boas escolhas.

R = Assistente social é conhecedor das leis.

Representando de forma simbólica, afirmando as premissas todas verdadeiras e atribuindo valor às proposições simples a partir da premissa III, temos:

$$\begin{matrix} \text{V} & \text{V} \end{matrix}$$

P1: $P \rightarrow Q = V$

$$\begin{matrix} \text{F} & \text{F} \end{matrix}$$

P2: $\sim P \rightarrow \sim R = V$

$$\text{V}$$

P3: $R = V$

Agora, analisando as alternativas, a proposição que é garantida como verdadeira, e torna o argumento válido, é "Q = Fazemos boas escolhas".

Portanto, a letra C é o gabarito.

(VUNESP – 2022 – PC/SP – Escrivão de Polícia)

4) Considere as afirmações:

   I. Se Ana é delegada, então Bruno é escrivão.

   II. Se Carlos é investigador, então Bruno não é escrivão.

   III. Se Denise é papiloscopista, então Eliane é perita criminal.

   IV. Se Eliane é perita criminal, então Carlos é investigador.

   V. Denise é papiloscopista.

A partir dessas afirmações, é correto concluir que:

A) Bruno é escrivão ou Eliane não é perita criminal.

B) Se Denise é papiloscopista, então Ana é delegada.

C) Carlos não é investigador e Ana é delegada.

D) Ana não é delegada ou Bruno é escrivão.

E) Eliane não é perita criminal e Carlos é investigador.

Gabarito comentado: esse tipo de questão cobra argumentação sem especificar argumentos válidos ou inválidos. Perceba que a questão apresenta uma sequência de premissas e pede para assinalar o que é correto concluir, ou seja, qual das alternativas é garantida verdadeira a partir do valor das afirmações feitas, da mesma forma como as premissas garantem a conclusão do argumento. Geralmente questões assim são mais fáceis de se resolver por meio do método das premissas verdadeiras. Representando simbolicamente as premissas:

P = Ana é Delegada.

Q = Bruno é escrivão.

R = Carlos é investigador.

S = Denise é papiloscopista.

T = Eliane é perita criminal.

Representando as premissas de I a V, afirmando as premissas todas verdadeiras e atribuindo valor às proposições simples a partir da premissa da premissa V, temos:

  F   **F**

I) $P \rightarrow Q$ = V

   V   **V**

II) $R \rightarrow {\sim}Q$ = V

     V **V**

III) $S \rightarrow T$ = V

    V **V**

IV) $T \rightarrow R$ = V

V

V) S = V

Agora, analisando as alternativas, a proposição "Ana não é delegada ou Bruno é escrivão" (~P v Q) é a única garantida verdadeira.

Portanto, a letra D é o gabarito.

(Quadrix – 2022 – CRN 4ª Região/ES, RJ – Assistente Administrativo)

5) Todos os dias, 5 colegas de trabalho (Beatriz, João, Ana, Maurício e Josefina) almoçam em um restaurante que oferece apenas um tipo de salada diariamente (temperada ou não temperada). Sendo assim, as afirmações seguintes devem ser consideradas como verdadeiras.

• Beatriz come salada no almoço se, e somente se, ela estiver temperada.

• João come salada no almoço todos os dias.

• Se a salada estiver temperada, Ana comerá salada no almoço.

• Se Beatriz come salada, então Maurício come salada.

• Se a salada não estiver temperada, Josefina comerá salada no almoço.

Com base nesse caso hipotético, julgue o item.

Se Ana não comeu salada no almoço, então Beatriz também não comeu salada no almoço.

Gabarito comentado: nesse caso, resolveremos a questão também pelos métodos de validação de argumentos, usando o método da conclusão falsa.

Observação 1

Ainda que o texto da questão traga que as afirmações devem ser consideradas verdadeiras, caso o argumento seja garantido como válido através da conclusão falsa, o item estará correto.

Representando as proposições, temos:

P = Beatriz come salada no almoço.

Q = Salada estava temperada.

R = Ana come salada no almoço.

S = Maurício come salada.

T = Josefina come salada no almoço.

Observação 2

Em regra, a conjugação do verbo não altera a proposição; a segunda afirmação não foi representada, pois não altera o argumento nem é mencionada nessas questões.

Representando as premissas, utilizando a proposição da questão como conclusão, e aplicando o método da conclusão falsa, tem-se:

V   V

P ↔ Q = V

V   F

$Q \rightarrow R = \cancel{V}F$

V   V

$P \rightarrow S = V$

V   V

$Q \rightarrow T = V$

 V   F

$\sim R \rightarrow \sim P$

Veja que a segunda premissa ficou garantida como falsa. Assim, temos conclusão falsa e pelo menos uma premissa falsa, logo, argumento é válido.

Portanto, a assertiva do enunciado está correta.

(Quadrix – 2022 – CRN 4ª Região/ES, RJ – Assistente Administrativo)

6) Todos os dias, 5 colegas de trabalho (Beatriz, João, Ana, Maurício e Josefina) almoçam em um restaurante que oferece apenas um tipo de salada diariamente (temperada ou não temperada). Sendo assim, as afirmações seguintes devem ser consideradas como verdadeiras.

• Beatriz come salada no almoço se, e somente se, ela estiver temperada.

• João come salada no almoço todos os dias.

• Se a salada estiver temperada, Ana comerá salada no almoço.

• Se Beatriz come salada, então Maurício come salada.

• Se a salada não estiver temperada, Josefina comerá salada no almoço.

Com base nesse caso hipotético, julgue o item.

Se Maurício não comeu salada no almoço, ela não estava temperada.

Gabarito comentado: representando as premissas, utilizando a proposição da questão como conclusão, e aplicando o método da conclusão falsa, temos:

F   V

$P \leftrightarrow Q = \cancel{V}F$

V   V

$Q \rightarrow R = V$

F   F

$P \rightarrow S = V$

V   V

$Q \rightarrow T = V$

 V   F

$\sim S \rightarrow \sim Q$

Nesse caso, a primeira premissa ficou garantida como falsa. Logo, temos conclusão falsa e pelo menos uma premissa falsa, portanto, argumento é válido.

Portanto, a assertiva do enunciado está correta.

(VUNESP – 2022 – PC/SP – Escrivão de Polícia)

7) Considere as afirmações:

I. Todos os alunos da sala são destros.

II. Alguns alunos da sala são destros.

III. Nenhum aluno da sala é destro.

Observe as representações por meio de diagramas lógicos:

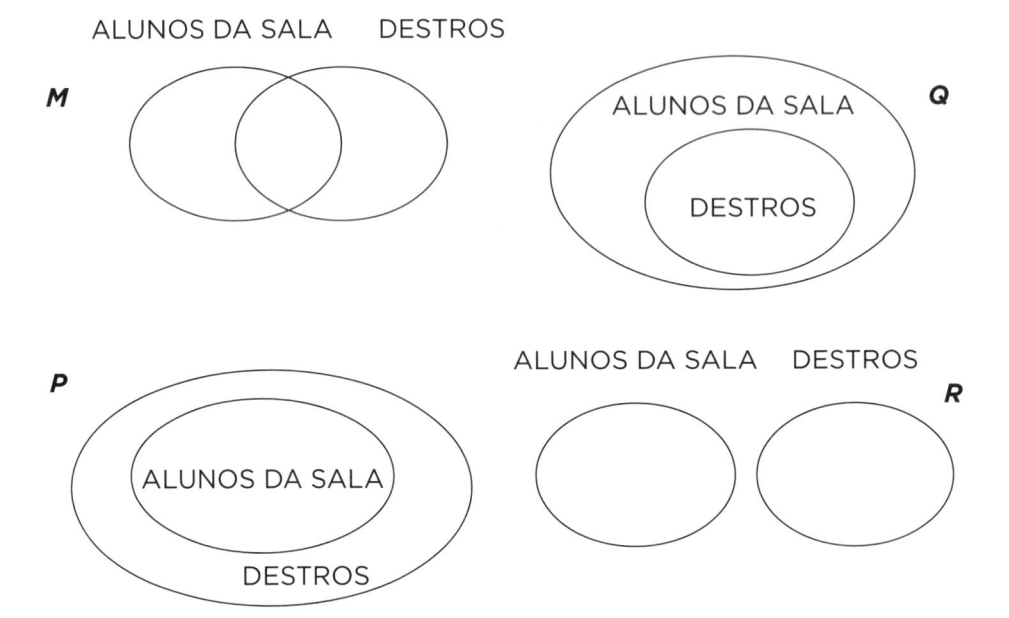

A alternativa que corretamente relaciona cada afirmação com uma das representações propostas é:

A) I e M; II e Q; III e R.

B) I e Q; II e P; III e M.

C) I e R; II e M; III e P.

D) I e Q; II e R; III e M.

E) I e P; II e M; III e R.

Gabarito comentado: aqui, trata-se de uma questão de representação dos quantificadores. Deve-se analisar cada afirmação e considerar as possíveis representações para cada uma delas.

Para a afirmação I (Todos os alunos da sala são destros), a única representação correta é a P.

Para a afirmação II (Alguns alunos da sala são destros), as representações M, Q e P podem ser aceitas.

Para a afirmação III (Nenhum aluno da sala é destro), somente a representação R apresenta a correta relação.

Portanto, a letra E é o gabarito.

(CESPE/CEBRASPE – 2021 – CBM/AL – Bombeiro)

8) Considerando os conectivos lógicos usuais, assumindo que as letras maiúsculas representam proposições lógicas e considerando que o símbolo ~ representa a negação, julgue os itens a seguir, relacionados com a lógica proposicional.

Considere as seguintes sentenças.

S1: Todo bombeiro tem bom condicionamento físico.

S2: Toda pessoa que dorme bem tem bom condicionamento físico.

Sendo as sentenças S1 e S2 verdadeiras, então se pode concluir que todo bombeiro dorme bem.

Gabarito comentado: quando se trata de argumentos em que as premissas são formadas por quantificadores, primeiro representamos as premissas e depois analisamos se a conclusão é garantida como verdadeira. Representado as premissas, temos:

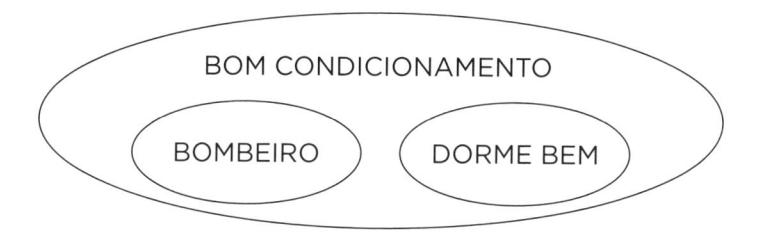

⊘ Observação

Algo que ajuda muito em questões de argumentos relacionados com quantificadores é sempre tentar, já a partir da primeira representação, deixar o argumento inválido, pois caso seja impossível o argumento ser inválido, por consequência será válido ou a proposição apresentada pela questão ou pela alternativa será verdadeira.

No caso, temos que a representação já mostra que é possível que nenhum bombeiro durma bem, então a conclusão não está garantida e o argumento é inválido.

Logo, a assertiva do enunciado está incorreta.

(FUNDATEC – 2022 – IPE Saúde – Analista de Gestão em Saúde)

9) Sabendo que é verdade que "Todo professor de lógica é professor de matemática" e "Todo professor de matemática é professor de estatística", podemos afirmar que:

A) Existe professor de lógica que não é professor de estatística.

B) Todo professor de estatística é professor de matemática.

C) Existe professor de matemática que não é professor de estatística.

D) Todo professor de estatística é professor de lógica.

E) Todo professor de lógica é professor de estatística.

Gabarito comentado: representando as duas afirmações feitas no texto da questão "Todo professor de lógica é professor de matemática" e "Todo professor de matemática é professor de estatística", temos:

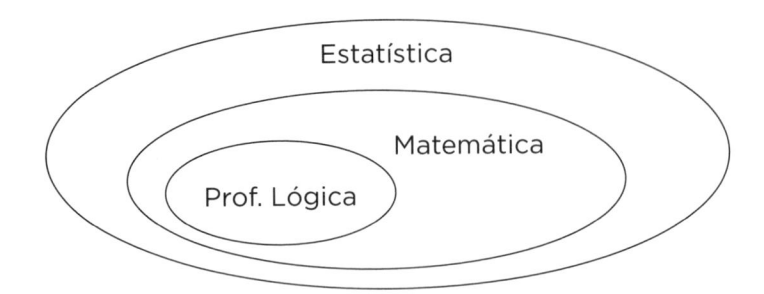

Como todo professor de lógica é professor de matemática, e todo professor de matemática é professor de estatística, não há como existir professor de lógica que também não seja de estatística. A própria representação garante isso.

Além disso, não tem como garantir que todo professor de estatística é professor de matemática ou todo professor de estatística é professor de lógica. Já, todo professor de lógica sempre será também professor de estatística.

Portanto, a letra E é o gabarito.

(IBFC – 2022 – MGS – Técnico em Informática)

10) Se todo X é Y e nenhum Y é Z, então é correto concluir que:

A) Todo X é Z.

B) Pode haver X que é Z.

C) Nenhum X é Z.

D) Todo Y é X.

Gabarito comentado: representando as afirmações "todo X é Y" e "nenhum Y é Z", temos:

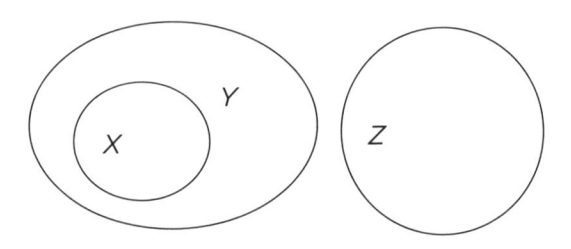

Como X está dentro de Y e Y separado de Z, por consequência, podemos concluir que não existe X que seja Z, ou nenhum X é Z.

Portanto, a letra C é o gabarito.

(Quadrix – 2022 – CRMV/RJ – Auxiliar Administrativo)

11) Com relação a estruturas lógicas e à lógica de argumentação, julgue os itens.

Admitindo-se como verdadeiras as premissas de que "Pedro ama os animais" e "Todo médico--veterinário ama os animais", é correto concluir que "Pedro é um médico-veterinário".

Gabarito comentado: nesse caso, uma das afirmações refere-se a uma pessoa específica, então, para facilitar, sempre represente pessoas específicas por uma única letra ou pelo nome no conjunto ao qual a afirmação faz referência, da mesma forma como são feitos os outros diagramas. Para a questão, tem-se que Pedro está no conjunto de quem ama os animais, agora representando as duas afirmações:

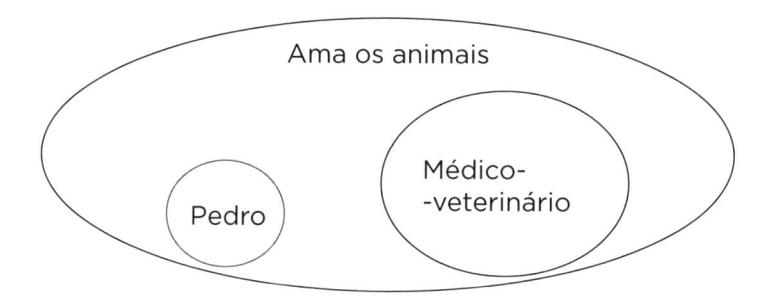

Pela representação, não tem como garantir que Pedro seja médico-veterinário. Uma representação em que a conclusão não é garantida é suficiente para o argumento ser inválido.

Portanto, a assertiva do enunciado está incorreta.

Acesse a Plataforma Digital com questões de concursos interativas com gabarito selecionadas para você praticar. Para acessá-la, veja o passo a passo na orelha desta obra.

CAPÍTULO 11

PSICOTÉCNICO

Nas questões psicotécnicas não há teoria prévia para conhecimento do assunto e resolução das questões. As questões são resolvidas na prática. Leitura, interpretação, **organização** das informações são as chaves para chegar nos resultados.

Os assuntos psicotécnicos são diversos. Eis alguns dos mais conhecidos e utilizados pelas bancas:

- Associações Lógicas.
- Correlacionamentos e Princípio da Casa de Pombos.
- Sequências Lógicas.
- Verdades e Mentiras.
- Raciocínio Matemático.
- Jogos e Calendários.

Vamos à prática.

Questões Comentadas de Concursos

Associações Lógicas

(VUNESP – 2022 – TJ/SP – Psicólogo Judiciário)

1) Hugo, Isabelly e Yasmin moram em cidades diferentes e praticam esportes diferentes, cada um praticando um único esporte. Eles moram nas cidades de São Paulo, São Pedro e São Vicente, não necessariamente, nessa ordem, e os esportes que praticam são mergulho, parapente e skate, também, não necessariamente, nessa ordem. Sabe-se que quem voa de parapente não mora em São Vicente; Yasmin não mergulha e não mora em São Paulo; Hugo mora em São Pedro e não voa de parapente; e quem mora em São Paulo não mergulha.

Com essas informações, conclui-se corretamente que:

A) Isabelly pratica parapente.

B) Quem mergulha mora em São Vicente.

C) Quem mora em São Paulo pratica skate.

D) Yasmin mora em São Pedro.

E) Hugo pratica skate.

Gabarito comentado: em questões como essa, o primeiro passo é listar todas as opções e as associações necessárias. Aqui, temos 3 pessoas (Hugo, Isabelly e Yasmin), 3 cidades

(São Paulo, São Pedro e São Vicente) e 3 esportes (mergulho, parapente e skate). Agora, vamos às afirmações do texto e quais são as consequências de cada uma (muitas vezes, para chegarmos à solução mais rapidamente, é necessário reorganizar as afirmações):

I) Yasmin não mergulha e não mora em São Paulo.

II) Hugo mora em São Pedro e não voa de parapente.

A partir dessas duas primeiras afirmações temos que, como Yasmin não mora em São Paulo e Hugo mora em São Pedro, Yasmin só pode morar em São Vicente. Por consequência, Isabelly deve morar em São Paulo.

Nome	Cidade	Esporte
Hugo	São Pedro	
Yasmin	São Vicente	
Isabelly	São Paulo	

I) Yasmin não mergulha e não mora em São Paulo.

III) Quem mora em São Paulo não mergulha.

Juntando essas duas afirmações, temos que quem mergulha é Hugo.

Nome	Cidade	Esporte
Hugo	São Pedro	Mergulho
Yasmin	São Vicente	
Isabelly	São Paulo	

IV) Quem voa de parapente não mora em São Vicente.

A partir dessa afirmação, a única pessoa que pode voar de parapente é Isabelly e, por consequência, Yasmin anda de skate.

Nome	Cidade	Esporte
Hugo	São Pedro	Mergulho
Yasmin	São Vicente	Skate
Isabelly	São Paulo	Parapente

Portanto, a letra A é o gabarito.

(CESPE/CEBRASPE – 2021 – SEFAZ/CE – Auditor Fiscal da Receita Estadual)

2) Considere que Marisa, Daniel e Jair trabalhem em uma secretaria de fazenda pública, nos setores responsáveis pela arrecadação do IPTU, IPVA e ISS, que suas idades sejam 34, 42 e 45 anos. Considere, ainda, que não se sabe o setor em que cada um deles trabalha nem a idade de cada um. Com base nessas informações, julgue o item subsequente.

Considere as seguintes afirmações:

I. Jair trabalha no setor responsável pelo IPTU.

II. O que trabalha no setor responsável pelo IPVA tem 34 anos de idade.

III. Marisa tem 45 anos de idade ou trabalha no setor responsável pelo IPVA.

É correto afirmar que, se as afirmações I e II são verdadeiras e III é falsa, então a idade de Jair é 45 anos.

Gabarito comentado: no texto tem 3 pessoas, 3 impostos e 3 idades. Como a afirmação III é falsa, tem-se que Marisa não tem 45 anos e não trabalha com IPVA.

De I e II verdadeiras:

I) Jair trabalha no setor responsável pelo IPTU.

II) O que trabalha no setor responsável pelo IPVA tem 34 anos de idade.

Nome	Idade	Imposto
Jair		IPTU
	34	IPVA
Marisa	42	ISS

Assim, Daniel tem 34 anos e Jair tem 45 anos de idade.

Nome	Idade	Imposto
Jair	45	IPTU
Daniel	34	IPVA
Marisa	42	ISS

Portanto, a assertiva do enunciado está correta.

(CEFET/MG – 2022 – Técnico Laboratório)

3) Antônia, Joana e Lúcia são amigas que moram em cidades distintas: Brasília, Belo Horizonte e São Paulo. Cada uma delas frequenta apenas um dos seguintes cursos: Engenharia, Direito e Arquitetura. Não há duas delas que moram na mesma cidade nem que frequentam o mesmo curso. Além disso, sabe-se que:

I. Antônia não mora em Belo Horizonte.

II. Joana não mora em São Paulo.

III. A amiga que mora em Belo Horizonte não cursa Direito.

IV. A amiga que mora em São Paulo cursa Arquitetura.

V. Joana não cursa Engenharia.

Com base nessas informações, é correto afirmar que Lúcia mora em __ e __ cursa.

Os termos que preenchem, correta e respectivamente, as lacunas são:

A) Brasília e Direito.

B) Brasília e Engenharia.

C) São Paulo e Arquitetura.

D) Belo Horizonte e Engenharia.

E) Belo Horizonte e Arquitetura.

Gabarito comentado: temos 3 pessoas (Antônia, Joana e Lúcia), 3 cidades (Brasília, Belo Horizonte e São Paulo) e 3 cursos (Engenharia, Direito e Arquitetura).

Das afirmações:

II. Joana não mora em São Paulo.

IV. A amiga que mora em São Paulo cursa Arquitetura.

V. Joana não cursa Engenharia.

A partir dessas afirmações, temos que Joana não cursa Engenharia e, como não mora em São Paulo, também não cursa Arquitetura, portanto, Joana cursa Direito.

Nome	Cidade	Curso
Joana		Direito
	São Paulo	Arquitetura

I.   Antônia não mora em Belo Horizonte.

III. A amiga que mora em Belo Horizonte não cursa Direito.

Como Joana cursa Direito, não mora em Belo Horizonte nem em São Paulo, ela mora em Brasília.

Dito isso, temos que Antônia mora em São Paulo e, por consequência, cursa Arquitetura. Por fim, Lúcia mora em Belo Horizonte e cursa Engenharia.

Nome	Cidade	Curso
Joana	Brasília	Direito
Antônia	São Paulo	Arquitetura
Lúcia	BH	Engenharia

Portanto, a letra D é o gabarito.

(CESPE/CEBRASPE – 2021 – PM/TO – Quadro de Praças Especialistas)

4) Suponha que Heitor, Luís e Marcos sejam agentes policiais cujas alturas são iguais a 1,70 m, 1,80 m e 1,85 m e idades iguais a 22, 25 e 32 anos, mas não necessariamente nessa ordem. Sabe-se, ainda, que

I.   Heitor não é o mais alto nem o mais novo.

II. O mais baixo não é o mais velho dos três.

III. O que tem 25 anos de idade é o mais alto.

Com base nessas informações, é correto afirmar que Heitor tem:

A) 1,70 m de altura e 22 anos de idade.

B) 1,70 m de altura e 32 anos de idade.

C) 1,80 m de altura e 22 anos de idade.

D) 1,80 m de altura e 25 anos de idade.

E) 1,80 m de altura e 32 anos de idade.

Gabarito comentado: aqui temos 3 pessoas, 3 alturas e 3 idades. Essa questão é um pouco diferente das demais, pois precisamos especificamente da altura e idade de Heitor.

Fixando as idades:

Nome	Idade	Altura
	22	
	25	
	32	

I.   Heitor não é o mais alto nem o mais novo.

III. O que tem 25 anos de idade é o mais alto.

A partir dessas duas afirmações, sabemos que Heitor tem 32 anos.

Nome	Idade	Altura
	22	
	25	Mais alto (1,85 m)
Heitor	32	

II. O mais baixo não é o mais velho dos três.

Como Heitor é o mais velho, ele só pode ter 1,80 m de altura.

Nome	Idade	Altura
	22	Mais baixo (1,70 m)
	25	Mais alto (1,85 m)
Heitor	32	"do meio" (1,80 m)

Portanto, a letra E é o gabarito.

(FGV – 2022 – Prefeitura de Manaus/AM – Especialista em Saúde)

5) Três amigos, Gael, Miguel e Gabriel, moram em três bairros diferentes de Manaus. Um mora no Centro, outro mora em Flores e outro, em Aleixo.

Considere as seguintes informações:

• Gael é casado com a irmã de Gabriel e é mais velho do que quem mora em Aleixo.

• Quem mora em Flores é filho único e é o mais novo dos três amigos.

É correto concluir que:

A) Gael mora em Flores.

B) Quem mora no Centro é mais novo que Miguel.

C) Gabriel mora em Aleixo.

D) Quem mora no Centro é mais novo que Gabriel.

E) O mais velho não mora no Centro.

Gabarito comentado: aqui temos 3 pessoas, 3 bairros e 3 "idades".

Das afirmações:

I) Gael é casado com a irmã de Gabriel e é mais velho do que quem mora em Aleixo.

II) Quem mora em Flores é filho único e é o mais novo dos três amigos.

A partir das afirmações, Gabriel que tem irmã e Gael que é mais velho do que alguém não podem morar em Flores, logo, Miguel mora em Flores e é o mais novo dos três. Disso, tem-se também que Gael só pode morar no Centro, pois não mora em Aleixo e é o mais velho, já que o mais velho é quem mora em Aleixo. E, por fim, Gabriel mora em Aleixo e é o "do meio".

Nome	Bairro	Idade
Miguel	Flores	Mais novo
Gael	Centro	Mais velho
Gabriel	Aleixo	Do meio

Portanto, a letra C é o gabarito.

(IPEFAE – 2022 – Câmara de Espírito Santo do Pinhal/SP – Coordenador de Administração e Finanças)

6) Vera fez quatro atividades na última semana: lavou roupa, tocou guitarra, assistiu um filme e leu um livro. Cada atividade foi feita uma única vez na semana em dias diferentes, que foram: segunda-feira, terça-feira, sexta-feira ou sábado. Em cada dia ela utilizou um adorno diferente na cabeça: boné, chapéu, tiara ou laço. Usando as pistas abaixo podemos afirmar que o dia da semana e o adorno de cabeça que ela utilizou quando assistiu um filme foram, respectivamente:

Pistas:

I.   Vera lavou roupa no sábado, mas não utilizou boné nesse dia.

II. Vera tocou guitarra depois de ter assistido um filme. Nesse dia ela utilizou um chapéu.

III. Vera usou um laço quando leu um livro, que não foi na segunda-feira.

IV. Vera não utilizou laço na sexta-feira.

A) Segunda-feira e boné.

B) Terça-feira e laço.

C) Sexta-feira e chapéu.

D) Sábado e tiara.

Gabarito comentado: aqui temos 4 atividades, 4 dias e 4 adornos. Fixando os dias:

I.   Vera lavou roupa no sábado, mas não utilizou boné nesse dia.

III. Vera usou um laço quando leu um livro, que não foi na segunda-feira.

IV. Vera não utilizou laço na sexta-feira

Dessas informações, podemos deduzir que o livro foi lido na terça e nesse dia ela usou o laço. A roupa foi lavada no sábado.

Atividade	Dias	Adorno
	Segunda	
Livro	Terça	Laço
	Sexta	
Lavou roupa	Sábado	

I.   Vera lavou roupa no sábado, mas não utilizou boné nesse dia.

II.   Vera tocou guitarra depois de ter assistido um filme. Nesse dia, ela utilizou um chapéu.

Disso deduzimos que a guitarra foi tocada na sexta e usado o chapéu. O filme foi assistido na segunda e usado boné porque o boné não pode ser no sábado, sobrando para o sábado usar a tiara.

Atividade	Dias	Adorno
Assistiu um filme	Segunda	Boné
Livro	Terça	Laço
Guitarra	Sexta	Chapéu
Lavou roupa	Sábado	Tiara

Portanto, a letra A é o gabarito.

(FUNDATEC – 2021 – CRF/PR – Farmacêutico Fiscal Júnior)

7)   Três fiscais farmacêuticos do município, André, Daniel e Flávio, trabalham nas regiões A, B e C, onde atuam nas áreas de revisão dos relatórios, verificação do exercício profissional e organização de eventos, não respectivamente nessa ordem. Considere que:

• Flávio trabalha na organização de eventos.

• O fiscal que trabalha na região A atua na verificação do exercício profissional.

• André não trabalha na região C e não trabalha na revisão de relatórios.

A partir dessas informações, é correto afirmar que o fiscal que trabalha na região A e aquele que atua na revisão dos relatórios são, respectivamente:

A) André e Flávio.

B) Flávio e Daniel.

C) Flávio e André.

D) André e Daniel.

E) Daniel e Flávio.

Gabarito comentado: aqui temos 3 pessoas, 3 regiões e 3 funções.

I) Flávio trabalha na organização de eventos.

III) André não trabalha na região C e não trabalha na revisão de relatórios.

Como Flávio trabalha na organização de eventos e André não trabalha na revisão de relatórios, para André a única função possível é atuar na verificação do exercício profissional, sobrando para Daniel a revisão de relatórios.

Nome	Região	Função
Flavio		Organização de eventos
André		Verificação de exercícios profissional
Daniel		Revisão de relatórios

II) O fiscal que trabalha na região A atua na verificação do exercício profissional.

Por consequência dessas informações, temos que André trabalha na região A. Para as outras duas regiões não se tem como garantir qual dos farmacêuticos trabalha.

Nome	Região	Função
Flávio		Organização de eventos
André	A	Verificação de exercícios profissional
Daniel		Revisão de relatórios

Logo, o fiscal que trabalha na região A é André, e o que atua na revisão dos relatórios é Daniel. Portanto, a letra D é o gabarito.

(FGV – 2021 – Prefeitura de Paulínia/SP – Auditor Fiscal Tributário)

8) As irmãs Laura, Míriam, Paula e Rita nasceram em anos diferentes e possuem alturas diferentes. Com elas foi organizada uma fila da mais baixa para a mais alta.

Sabe-se que:

• Laura é mais jovem que Rita.

• Laura está imediatamente à frente de Míriam, que é a mais jovem de todas.

• A mais alta não é a mais velha.

• Paula é mais baixa do que Rita, mas não é a mais baixa de todas.

É correto concluir que:

A) Paula é a primeira da fila.

B) A mais velha está no 3º lugar da fila.

C) Míriam é mais baixa que Laura.

D) Laura está imediatamente atrás de Míriam.

E) A primeira da fila é mais velha que Paula.

Gabarito comentado: como Paula é mais baixa do que Rita, mas não é a mais baixa de todas, então Paula só pode estar em 2º ou 3º lugar na fila. Por consequência, Rita pode ser a 3ª ou 4ª, pois é mais alta que Paula.

1ª – mais baixa	2ª	3ª	Última (4ª) – mais alta
	Paula	Rita	
		Paula	Rita

Se Laura está imediatamente à frente de Míriam, que é a mais jovem de todas, então Paula só pode ser a 3ª da fila e Laura e Míriam a 1ª e 2ª, respectivamente, e Rita a última da fila.

1ª – mais baixa	2ª	3ª	Última (4ª) – mais alta
Laura	Míriam	Paula	Rita
	Mais nova		

• Laura é mais jovem que Rita.

• A mais alta não é a mais velha.

Como a mais alta (Rita) não é a mais velha e Laura é mais jovem que Rita, temos que a mais velha só pode ser a Paula.

1ª – mais baixa	2ª	3ª	Última (4ª) – mais alta
Laura	Míriam	Paula	Rita
2ª mais nova	Mais nova	Mais velha	2ª mais velha

Portanto, a letra B é o gabarito.

Correlacionamentos e Princípio da Casa de Pombos

(VUNESP – 2022 – PC/SP – Investigador de Polícia)

9) Em um acampamento, as pessoas foram divididas em 3 grupos. O grupo de crianças, com 44 pessoas, o grupo de jovens, com 37 pessoas, e o grupo de adultos, com 60 pessoas. Para uma atividade todas essas pessoas serão chamadas pelo nome, mas sem uma ordem definida. O menor número de pessoas que devem ser chamadas para garantir que já foram chamadas 2 crianças é:

A) 4.

B) 99.

C) 6.

D) 49.

E) 60.

Gabarito comentado: em questões como essa, que apresentam um número x de coisas, objetos, pessoas etc. e pede-se qual é o mínimo, ou menor número, que deve ser escolhido, selecionado ou chamado, o segredo é utilizar a ideia da "pior ou melhor hipótese", ou seja, tentar sempre todas as possibilidades que não satisfaçam a escolha desejada.

Veja que na questão tem-se um total de 141 pessoas. Para se ter garantia que 2 crianças foram chamadas, vamos primeiro chamar todas as pessoas que não são crianças, ou seja, as 97 (37 jovens e 60 adultos) outras pessoas; assim, podemos **garantir** que as próximas duas serão crianças.

Logo, o número de pessoas a serem chamadas é 99 (97 que não são crianças + as 2 crianças).

Portanto, a letra B é o gabarito.

(FGV – 2022 – Prefeitura de Manaus/AM – Motorista de Autos)

10) Em uma gaveta há 6 meias brancas e 8 meias azuis. Joaquim retira, sem olhar, N meias da gaveta.

O menor valor de N para o qual Joaquim tem certeza de haver retirado pelo menos 2 meias azuis é:

A) 4.

B) 6.

C) 8.

D) 10.

E) 12.

Gabarito comentado: utilizando a ideia da "melhor ou pior hipótese", e como temos um total de 14 meias, de forma que são 6 brancas e 8 azuis, para garantir, que 2 meias azuis foram retiradas, primeiro tiramos todas as meias brancas.

Logo, ao retirar 8 meias (as 6 brancas mais 2 azuis), temos certeza de que pelo menos 2 serão azuis.

Portanto, a letra C é o gabarito.

(FGV – 2021 – Câmara de Aracaju/SE – Assistente Administrativo)

11) Em uma sala há N pessoas. Uma dessas pessoas afirma: "Pelo menos 4 pessoas dessa sala fazem aniversário no mesmo mês".

Para que essa afirmativa seja obrigatoriamente verdadeira, o valor mínimo de N é:

A) 15.

B) 16.

C) 36.

D) 37.

E) 48.

Gabarito comentado: veja que aqui precisamos encontrar o total de pessoas a partir da afirmação "Pelo menos 4 pessoas dessa sala fazem aniversário no mesmo mês". Utilizando a ideia da "melhor ou pior hipótese", nesse caso vamos dividir as pessoas de forma que elas façam aniversário na maior quantidade de meses diferentes, por exemplo, considerando 12 pessoas, colocaremos uma pessoa com aniversário em cada mês do ano. A partir dessa ideia teríamos com 24 pessoas duas pessoas em cada mês, e com 36 pessoas teremos 3 pessoas fazendo aniversário em cada mês. A 37ª pessoa, independentemente do mês que faça aniversário, irá fazer no mesmo mês que outras 3 pessoas. Assim, o valor mínimo de N é 37, e a letra D é o gabarito.

(FCC – 2022 – TRT/RS – 4ª Região – Técnico Judiciário)

12) Rafael, Jairo, Víctor e Verônica são amigos. Rafael é mais velho do que Verônica, Jairo é mais velho do que Víctor e mais novo do que Verônica. A lista ordenada, do mais jovem ao mais velho, é:

A) Víctor, Verônica, Rafael e Jairo.

B) Verônica, Víctor, Jairo e Rafael.

C) Jairo, Víctor, Verônica e Rafael.

D) Víctor, Jairo, Verônica e Rafael.

E) Víctor, Verônica, Jairo e Rafael.

Gabarito comentado: aqui, temos questões em que precisamos organizar as pessoas em filas ou ordenar, por exemplo, do mais velho para o mais novo, em resumo, questões nas quais precisaremos organizar pessoas e objetos.

Para isso, vamos analisar as afirmações e ver quais são as ordens possíveis. Nesse caso, temos que Rafael é mais velho que Verônica e Jairo é mais novo que Verônica e mais velho do que Víctor.

A lista do mais velho para o mais novo será: Rafael, Verônica, Jairo e Víctor.

Ordenando do mais jovem para o mais velho: Víctor, Jairo, Verônica e Rafael.

Portanto, a letra D é o gabarito.

(CEFET/MG – 2022 – Técnico Laboratório)

13) Os amigos João, Carlos, Maria, Laura e Miguel têm diferentes idades. Sabe-se que:

I.   Maria é mais nova que Miguel.

II. João e Miguel são mais novos que Carlos.

III. Laura é mais velha que Carlos.

IV. João é mais velho que Miguel.

Com base nessas informações, em ordem decrescente de idades, esses amigos podem ser corretamente ordenados da seguinte maneira:

A) Maria, Miguel, João, Carlos e Laura.

B) Maria, João, Miguel, Carlos e Laura.

C) Laura, Carlos, João, Miguel e Maria.

D) Laura, Carlos, João, Maria e Miguel.

E) Carlos, Laura, Miguel, João e Maria.

Gabarito comentado: perceba que a questão pede para organizar em ordem decrescente, ou nesse caso, do mais velho para o mais novo.

Já sabemos que João e Miguel são mais novos que Carlos, como Maria é mais nova que Miguel, ela também é mais nova que Carlos. Assim, já temos três pessoas mais novas que Carlos, e como Laura é mais velha que Carlos, logo, ela é a mais velha de todos e Carlos o segundo mais velho.

Por fim, como João é mais velho que Miguel, a ordem ficará, do mais velho para o mais novo: Laura, Carlos, João, Miguel e Maria.

Portanto, a letra C é o gabarito.

(OBJETIVA – 2022 – Prefeitura de São Marcos/RS – Operário)

14) Augusto, Breno, João e Pedro formam uma fila, de modo que Pedro não é o primeiro, João está logo atrás de Augusto e Breno é o último da fila. Sendo assim, assinalar a alternativa CORRETA:

A) Augusto é o segundo da fila.

B) João é o primeiro da fila.

C) Pedro é o segundo da fila.

D) João é o segundo da fila.

Gabarito comentado: como Breno é o último da fila, Pedro não é o primeiro, e João está logo atrás de Augusto, a única posição possível para Pedro é o terceiro.

A organização da fila, do primeiro ao último, fica: Augusto, João, Pedro e Breno.

Portanto, a letra D é o gabarito.

(FGV – 2022 – MPE/GO – Secretária Assistente)

15) Cinco amigas, Ana, Bia, Carol, Deise e Elisa, foram ao cinema e sentaram-se em cinco cadeiras consecutivas. Passados 5 minutos, Ana trocou de lugar com Deise e Carol trocou de lugar com Elisa. Passados mais 5 minutos, Bia trocou de lugar com Ana e Deise trocou de lugar com Elisa.

Após essas trocas, a ordem delas era: Ana, Elisa, Bia, Carol e Deise (AEBCD).

Representando cada uma delas pela letra inicial do respectivo nome, a ordem inicial em que elas estavam sentadas foi

A) BCAED.

B) DCBEA.

C) DAEBC.

D) EABDC.

E) BADEC.

Gabarito comentado: aqui vamos seguir os passos contrários até encontrarmos a ordem inicial das cinco amigas.

A ordem final foi AEBCD, e a última troca foi Bia com Ana e Deise com Elisa, assim, a ordem era BDACE.

Já na primeira troca, temos Ana com Deise e Carol com Elisa, ou seja, a ordem inicial era BADEC.

Portanto, a letra E é o gabarito.

(VUNESP – 2022 – PC/SP – Investigador de Polícia)

16) Três amigos têm José como primeiro nome e, para distingui-los, um deles usa apelido Zé, outro usa Jô e o terceiro, Zeca. Em uma disputa entre esses amigos para ver quem faz mais flexões, José Roberto fez mais do que José Carlos e José Francisco fez menos do que José Carlos. Camilo, que era o juiz da disputa, fez uma tabela para indicar o resultado, onde se lia: 1º lugar: Zeca, 2º lugar: Jô, 3º lugar: Zé. O apelido de:

A) José Carlos é Zeca.

B) José Roberto é Zé.

C) José Francisco é Zeca.

D) José Francisco é Jô.

E) José Carlos é Jô.

Gabarito comentado: como José Roberto fez mais que José Carlos e José Francisco fez menos que José Carlos, temos que a ordem de quem mais fez flexão para quem menos fez é José Roberto, José Carlos e José Francisco. Agora, comparando com os apelidos da ordem apresentada (1º lugar: Zeca, 2º lugar: Jô, 3º lugar: Zé), encontramos que José Roberto é Zeca, José Carlos é Jô e José Francisco é Zé.

Portanto, a letra E é o gabarito.

Sequências Lógicas

(FGV – 2021 – Câmara de Aracaju/SE – Assistente Administrativo)

17) Um artista criou uma faixa decorativa com o nome do estado escrito diversas vezes em sequência:

SERGIPESERGIPESERGIPESERG...

A milésima letra dessa faixa é:

A) S.

B) R.

C) G.

D) I.

E) P.

Gabarito comentado: em questões como essa, em que existe uma sequência infinita, que se repete, o segredo é identificar quantos termos formam o padrão ou o ciclo de repetição. Para o caso, temos a palavra SERGIPE, a qual possui 7 letras, ou seja, o padrão de repetição se repete a cada 7 elementos. Assim, os elementos das posições 8 a 14 serão os mesmos que os de 1 a 7, da mesma forma para os elementos de 15 a 21, de 22 a 28 e assim sucessivamente.

Para se encontrar um elemento em uma posição específica, dividimos o valor da posição desejada, no caso 1.000, pela quantidade de elementos do padrão, no caso 7. Ao realizar essa divisão, encontra-se como resultado o 142 e resto 6, e esse resto é o valor que importa para a questão.

O resultado 142 significa que até a letra de posição 1.000 serão escritas a palavra SERGIPE completa 142 vezes, e o resto 6 apresenta a posição do padrão que irá terminar a posição 1.000, ou seja, a palavra SERGIPE será escrita 142 vezes, mais as letras "SERGI" e "P", que representa o sexto elemento do padrão.

Portanto, a milésima letra será a letra P, e a letra E é o gabarito.

(VUNESP – 2021 – TJ/SP – Escrevente Técnico Judiciário)

18) A sequência das figuras a seguir é infinita e seus sete primeiros termos se repetem, sempre na mesma ordem e com o mesmo padrão de formação.

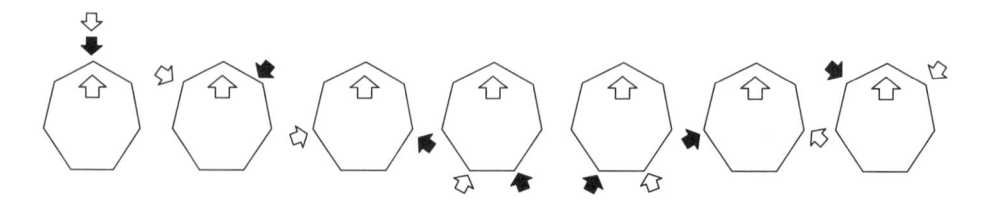

Se forem sobrepostos, um exatamente sobre o outro, o 10º, o 18º e o 42º termos, o único vértice da figura resultante que ficará sem ter uma seta apontando para ele é:

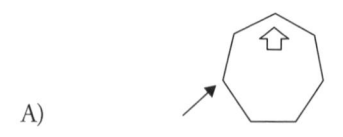

A)

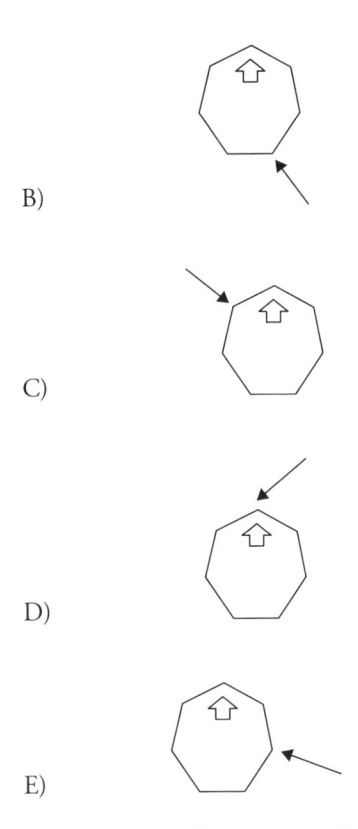

B)

C)

D)

E)

Gabarito comentado: aqui a questão já informa que o ciclo de repetição ocorre a cada 7 elementos, basta, então, dividirmos as posições desejadas por 7 e encontrar o resto de cada divisão.

Temos que 10 dividido por 7 apresenta resto 3, portanto, a figura 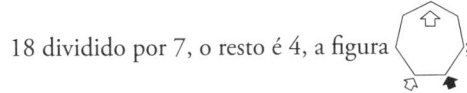 ;

18 dividido por 7, o resto é 4, a figura 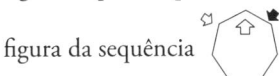 ;

e, por fim, 42 dividido por 7, apresenta como resultado 6 e resto 0. Quando isso ocorrer, significa que a sequência será escrita completa, ou seja, a figura da posição 42 será a última

figura da sequência .

Assim, sobrepondo essas três figuras, o único vértice que não irá possuir uma seta apontando é o vértice superior.

Portanto, a letra D é o gabarito.

(VUNESP – 2022 – PC/SP – Escrivão de Polícia)

19) A seguir estão os seis primeiros termos de uma sequência cíclica desses seis termos, infinita, em que cada termo é um quadriculado com uma bolinha.

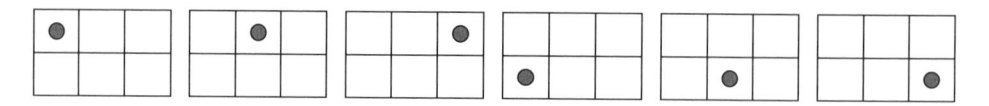

Identifique os termos das posições de número 32, 47 e 64. Se as bolinhas desses termos fossem colocadas em um único quadriculado, nas respectivas posições em que ocorrem, o quadriculado resultante seria

A)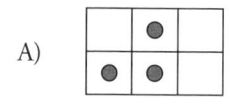

B)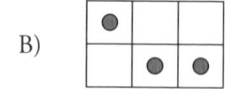

C)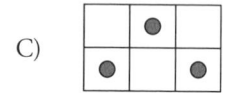

D)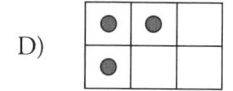

E)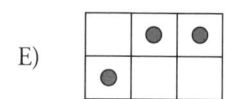

Gabarito comentado: aqui, o ciclo se repete a cada 6 figuras.

Divide-se, então, 32 por 6, que apresenta resto 2, portanto, a figura;

47 por 6, que apresenta resto 5, a figura;

e 64 por 6, que apresenta resto 4, a figura.

Colocando as bolinhas em um mesmo quadriculado, tem-se a letra A como o gabarito.

(FUNDEP – 2022 – Câmara de Pirapora/MG – Assessor Jurídico)

20) Observe a sequência de números a seguir.

291	296	302	309	317	?

Qual é o número que completa essa sequência?

A) 330.

B) 329.

C) 326.

D) 325.

Gabarito comentado: aqui, temos uma sequência formada a partir de um padrão. Para resolvermos, o primeiro passo é, justamente, encontrarmos o padrão de formação. Esse padrão pode ser constituído de infinitas formas, mas na grande parte das vezes está relacionado com algum tipo de operação entre os números, geralmente, soma, multiplicação ou divisão.

Para o caso, veja que de 291 para 296 foram somadas 5 unidades; de 296 para 302 foram somados 6; de 302 para 309, somados 7; e de 309 para 317, somados 8. Ou seja, o padrão é sempre adicionar uma unidade na próxima soma.

Assim, para o próximo elemento, serão somadas 9 unidades, resultando em 326 (317 + 9).

Portanto, a letra C é o gabarito.

(OBJETIVA – 2022 – Prefeitura de São Marcos/RS – Professor)

21) Analisando-se o padrão de construção da sequência numérica abaixo, assinalar a alternativa que apresenta o próximo termo dessa sequência, de modo que o padrão seja mantido:

5, 15, 30, 90, 180, 540, 1080, ___

A) 3.620.

B) 3.240.

C) 2.560.

D) 2.160.

Gabarito comentado: nesse caso, o padrão da sequência é triplicar, dobrar, triplicar, dobrar e assim sucessivamente, ou seja, $5 \times 3 = 15$, $15 \times 2 = 30$, $30 \times 3 = 90$, $90 \times 2 = 180$.

Como $540 \times 2 = 1.080$, então o próximo número será $1.080 \times 3 = 3.240$.

Portanto, a letra B é o gabarito.

(VUNESP – 2022 – PC/SP – Escrivão de Polícia)

22) A sequência a seguir foi criada com um padrão lógico e é ilimitada.

1, 3, 5, 7, 10, 11, 13, 15, 17, 20, 21, 23, 25, 27, 30, 31, 33, 35, 37, 40, 41, ...

Identifique os seguintes números que pertencem a esta sequência:

• O número que antecede o 90.

• O número que é o sucessor do 127.

• O número que antecede o 503.

A soma desses três números identificados apresenta como algarismo da unidade, o algarismo

A) 9.

B) 6.

C) 3.

D) 1.

E) 8.

Gabarito comentado: aqui, temos um padrão diferente. Perceba que de 1 a 10, os números que aparecem são aqueles com as unidades 1, 3, 5, 7 e 0, e da mesma forma ocorre de 11 a 20, de 21 a 30, ou seja, o padrão é apresentar em sequência os números que apresentam como algarismo das unidades os números 1, 3, 5, 7 e 0.

1, 3, 5, 7, 10,

11, 13, 15, 17, 20,

21, 23, 25, 27, 30,

31, 33, 35, 37, 40,

41, ...

Assim, o antecessor do 90, nessa sequência, será o 87; o sucessor do 127 será o 130; e antecessor do 503, será o 501.

Agora, somando os três números, temos 87 + 130 + 501 = 718, portanto, o algarismo da unidade será o 8; portanto, a letra E é o gabarito.

(FGV – 2022 – SEFAZ/AM – Técnico de Arrecadação de Tributos Estaduais)

23) Uma sequência de números inteiros é tal que cada termo, a partir do terceiro, é a soma do seu termo antecessor com o dobro do antecessor do antecessor.

Sabe-se que o sexto termo dessa sequência é 85 e, o oitavo, é 341.

O quarto termo da referida sequência é:

A) 15.

B) 17.

C) 19.

D) 21.

E) 23.

Gabarito comentado: nesse caso, o texto da questão informa qual é o padrão de formação da sequência e temos que encontrar os números a partir das informações.

Já sabemos que o 6º termo é o 85 e o 8º é o 341, e que o padrão é a soma do seu termo antecessor com o dobro do antecessor do antecessor; assim, para chegar ao 341, deve-se somar o dobro de 85 (170) com o antecessor de 341, ou seja, para encontrarmos o antecessor de 341, basta subtrairmos 170 de 341, portanto 171.

Com isso, temos a sequência do 6º, 7º e 8º termos, e então continuamos fazendo as operações inversas até encontramos o 4º termo.

Como o 7º termo é o 171 e seu antecessor é 85, temos que o dobro do antecessor do antecessor de 171 deve ser 86 (171 – 85 = 86), e, portanto, o 5º termo da sequência é o 43 $\left(\dfrac{86}{2} = 43 \right)$.

Usando o mesmo raciocínio, o dobro do antecessor do antecessor de 85 deve ser o 42 $(85 - 43 = 42)$, logo, o 4º termo será 21 $\left(\dfrac{42}{2} = 21\right)$.

Portanto, a letra D é o gabarito.

(SELECON – 2021 – SEDUC/MT – Intérprete de Libras)

24) Observe a seguinte sequência de números naturais:

(5, 7, 11, 17, 27, 43, 69, 111, x)

Os elementos dessa sequência, a partir do terceiro, foram obtidos a partir de determinado padrão. Segundo esse padrão, o valor de x é igual a:

A) 179.

B) 177.

C) 181.

D) 183.

Gabarito comentado: atente para o detalhe que o padrão ocorre a partir do 3º termo da sequência.

Nesse caso, o padrão para chegar ao próximo elemento é somar os dois antecessores menos uma unidade, por exemplo, para se encontrar o 11 é feita a soma de 5 + 7 – 1. Para chegar ao 17, 11 + 7 – 1 e assim sucessivamente.

Assim, o próximo elemento da sequência será 69 + 111 – 1 = 179.

Portanto, a letra A é o gabarito.

(OBJETIVA – 2022 – Prefeitura de Alecrim/RS – Agente Comunitário de Saúde)

25) A sequência abaixo foi criada seguindo certo padrão. Sendo assim, assinalar a alternativa que apresenta o próximo termo dessa sequência, de modo que o padrão seja mantido:

3, 9, 12, 36, 39, 117, 120, 360, ...

A) 361.

B) 363.

C) 930.

D) 1.080.

Gabarito comentado: aqui, o padrão é triplicar, somar três, triplicar, somar três, triplicar, somar três e assim por diante.

De 120 × 3 = 360, logo, para o próximo termo, somam-se 3 unidades 360 + 3 = 363.

Portanto, a letra B é o gabarito.

(Avança SP – 2022 – Prefeitura de Laranjal Paulista/SP – Professor)

26) Observe a sequência de números abaixo:

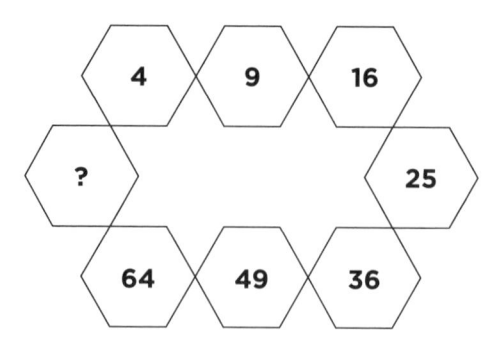

Qual será o próximo número dessa sequência?

A) 65.

B) 68.

C) 72.

D) 79.

E) 81.

Gabarito comentado: nesse caso, os números da sequência são os "quadrados perfeitos", em ordem, a partir do 2 ($2^2 = 4$; $3^2 = 9$; ...; $7^2 = 49$; $8^2 = 64$).

Com isso, o próximo número é o 81 ($9^2 = 81$).

Portanto, a letra E é o gabarito.

Verdades e Mentiras

(VUNESP – 2022 – PC/SP – Investigador de Polícia)

27) Ao visitar a tradicional ilha, onde parte dos habitantes só falam verdades e os demais habitantes só falam mentiras, um turista encontrou três habitantes, um vestido de verde, outro de vermelho e outro de azul. O turista perguntou ao habitante de azul qual a cor da própria camisa, em seguida pediu para o habitante de vermelho fazer uma afirmação e finalmente pediu ao que estava vestido de verde para repetir o que havia respondido o habitante de azul. O turista obteve, respectivamente, as seguintes respostas: "verde", "quem está de verde está mentindo", "verde".

Os habitantes vestidos de verde, vermelho e azul falam, respectivamente:

A) Verdades, mentiras, verdades.

B) Mentiras, mentiras, verdades.

C) Mentiras, verdades, mentiras.

D) Verdades, verdades, mentiras.

E) Verdades, mentiras, mentiras.

Gabarito comentado: em questões como essa é necessário atentar para as perguntas e respostas dos personagens descritas no texto.

No caso, temos o habitante de camisa azul afirmando que está de camisa verde, logo, ele mente.

O habitante de camisa verde repetiu o que o habitante de camisa azul havia falado, ou seja, afirmou que estava usando camiseta verde, portanto, fala a verdade. E o habitante de camisa vermelha mente, pois afirma que quem está de camisa verde está mentindo.

Assim, temos que, na sequência proposta pela questão, quem fala verdade e mentira é: verde – verdade; vermelho – mentira; e azul – mentira.

Portanto, a letra E é o gabarito.

(VUNESP – 2021 – TJM/SP – Analista de Redes)

28) Um turista está em uma ilha cujos nativos têm um comportamento peculiar: cada um deles ou fala apenas verdades ou fala apenas mentiras. Para facilitar a vida dos turistas, existe uma lei que obriga os nativos a usarem um crachá com seu próprio nome escrito. O turista se encontrou com um grupo de 4 nativos e fez a seguinte pergunta para eles: Quais de vocês falam a verdade? E obteve as seguintes respostas:

Org: eu ou Com ou Art ou Eti.

Com: somente eu e Art.

Art: eu e Com e Org.

Eti: pelo menos Art.

O turista se despediu, ficou de costas para os quatro nativos e ouviu que um deles gritou: "Eu não sou Org." Desses nativos, quem mentiu foi:

A) apenas Com.

B) apenas Art.

C) apenas Com, Art e Eti.

D) apenas Org, Com e Art.

E) Org, Com, Art e Eti.

Gabarito comentado: como nesse caso não temos qualquer informação específica, a não ser que cada um deles ou sempre mente, ou sempre fala a verdade, teremos que testar todas as possibilidades.

Primeiro, vamos considerar que Com fale a verdade, assim, teríamos que somente ele e Art falariam a verdade, porém o próprio Art afirma que Art, Com e Org falam a verdade, logo, temos uma contradição e descobrimos que ambos são mentirosos.

Além disso, Eti afirma que pelo menos Art fala a verdade, então, Eti também mente.

Por fim, Org ainda poderia falar a verdade, considerando que ele fala a verdade e os demais são mentirosos, no entanto, o turista ouviu a frase "eu não sou Org", e caso a frase fosse proferida por Com, Art ou Eti, seria uma afirmação verdadeira, mas já vimos que os três mentem. Ou seja, o único que pode ter dito a frase é Org, todavia, como ele afirma sobre si que não é o Org, também é mentiroso.

Logo, os quatro falam mentiras.

Portanto, a letra E é o gabarito.

(FGV – 2022 – SEFAZ/ES – Consultor do Tesouro Estadual)

29) Na mesa de Antônio há três gavetas: A, B e C. Uma gaveta contém documentos, outra contém chocolates e a terceira contém dinheiro.

Sabe-se que das afirmativas a seguir sobre as gavetas somente uma é verdadeira.

• A tem dinheiro.

• B não tem chocolates.

• C não tem dinheiro.

Assim, é correto afirmar que

A) A tem chocolates.

B) B tem dinheiro.

C) C tem chocolates.

D) A tem documentos.

E) B não tem documentos.

Gabarito comentado: aqui, teremos que testar todas as hipóteses e analisar quais são válidas.

I. A tem dinheiro.

II. B não tem chocolates.

III. C não tem dinheiro.

Primeiro, considerando que I seja a única verdadeira, teremos uma contradição entre as afirmações I e III, pois a afirmação I verdadeira afirma que a gaveta A tem dinheiro e, nesse caso, a afirmação III falsa diz que o dinheiro está em C, logo, hipótese invalidada.

Testando agora com II sendo a única verdadeira, a gaveta B não tem chocolates e temos que a afirmação III, por ser falsa novamente, implica que na gaveta C tenha dinheiro; com isso, como a gaveta B não tem chocolates, e agora também não tem dinheiro, fica com os documentos; por fim, como a afirmação I também é falsa, nesse caso, a gaveta A fica com os chocolates; e então temos uma hipótese válida.

Para terminar, devemos testar, como última possibilidade, a afirmação III sendo a única verdadeira, porém, o dinheiro não estaria em C nem em A, pois a afirmação I seria falsa, nem em B, já que quando a afirmação II é falsa, a gaveta B tem chocolates.

Logo, a nossa única hipótese válida é quando a afirmação II é verdadeira e temos que a gaveta A tem chocolates, a gaveta B tem documentos e C tem dinheiro.

Portanto, a letra A é o gabarito.

(CEFET/MG – 2022 – Tecnólogo)

30) Beatriz, professora de Matemática, sabia que apenas um de seus alunos, dentre Clara, Pedro, Artur, Lara ou Júlia, tinha obtido a nota máxima em uma prova. Porém, ela não se lembrava do nome desse(a) aluno(a) e perguntou a eles, que, brincando com a professora, deram as seguintes respostas:

Clara: – "Eu não tirei a nota máxima".

Pedro: – "Foi a Júlia quem obteve a nota máxima".

Artur: – "Clara está dizendo a verdade".

Lara: – "Pedro está mentindo".

Júlia: – "Foi a Lara quem obteve a nota máxima".

Sabendo que apenas um deles está mentindo, quem tirou a nota máxima foi

A) Artur.

B) Pedro.

C) Clara.

D) Júlia.

E) Lara.

Gabarito comentado: em questões em que, dentre as afirmações, existe alguma afirmando que outra pessoa ou falou a verdade ou mentiu, o caminho mais fácil é iniciar por essa relação entre as afirmações. Como Lara afirma que Pedro está mentindo, caso ela diga a verdade, Pedro será o mentiroso, porém, se Pedro falar a verdade, Lara será a mentirosa.

Agora, como sabemos que somente um dos alunos mentiu, já sabemos será um dos dois, e os demais – Clara, Artur e Júlia – estão falando a verdade.

Assim, a partir da afirmação de Júlia, já descobrimos que quem tirou a nota máxima foi Lara, e Pedro é quem está mentindo.

Portanto, a letra E é o gabarito.

(VUNESP – 2022 – PC/SP – Investigador de Polícia)

31) Hugo, José e Luiz têm alturas diferentes entre si, de maneira que cada altura pode ser representada por um número inteiro de centímetros. Eles fizeram as seguintes afirmações:

Hugo: tenho 190 cm de altura.

José: sou mais alto que Hugo.

Luiz: José está mentindo.

Sabendo que um desses amigos tem 189 cm de altura e sabendo que Hugo falou a verdade e Luiz mentiu, ordenando esses amigos do mais baixo para o mais alto, têm-se, respectivamente:

A) José, Luiz, Hugo.

B) Luiz, Hugo, José.

C) Hugo, José, Luiz.

D) José, Hugo, Luiz.

E) Luiz, José, Hugo.

Gabarito comentado: aqui, o próprio texto da questão já apresenta quem está falando a verdade e quem está mentindo.

Como Hugo fala a verdade, de fato ele tem 190 cm, e já que Luiz está mentindo, José diz a verdade e é mais alto que Hugo.

Por fim, como sabemos que um dos três amigos tem 189 cm, só pode ser Luiz.

Portanto, ordenando do mais baixo para o mais alto temos: Luiz, Hugo e José, e a letra B é o gabarito.

(CESPE/CEBRASPE – 2021 – PM/TO – Quadro de Praças Especialistas)

Texto 1A6-I

32) Cinco pessoas (Arnaldo, Bernardo, Cláudio, Diógenes e Ernesto), suspeitas de determinada contravenção, são chamadas para acareação por uma autoridade policial. Exatamente dois deles são culpados, e as seguintes declarações foram feitas durante o depoimento:

I.   Arnaldo disse que os culpados não foram Ernesto nem Bernardo.

II. Bernardo disse que os culpados não foram Arnaldo nem Cláudio.

III. Cláudio disse que os culpados não foram Bernardo nem Diógenes.

Se, no texto 1A6-I, a declaração II for a única declaração verdadeira entre as declarações I, II e III, então:

A) Arnaldo ou Cláudio é culpado.

B) Arnaldo e Cláudio são culpados.

C) Arnaldo e Cláudio são inocentes.

D) ou Arnaldo ou Cláudio é culpado.

E) ou Arnaldo ou Cláudio é inocente.

Gabarito comentado: aqui a questão já afirma qual o valor das afirmações. Como, nesse caso, I e III são falsas, não há como determinar especificamente quais são os dois culpados, porém, é garantido, pela afirmação II, única verdadeira, que Arnaldo e Cláudio não são culpados, ou seja, são inocentes.

Portanto, a letra C é o gabarito.

(CESPE/CEBRASPE – 2021 – PM/TO – Quadro de Praças Especialistas)

Texto 1A6-I

33) Cinco pessoas (Arnaldo, Bernardo, Cláudio, Diógenes e Ernesto), suspeitas de determinada contravenção, são chamadas para acareação por uma autoridade policial. Exatamente dois deles são culpados, e as seguintes declarações foram feitas durante o depoimento:

I.   Arnaldo disse que os culpados não foram Ernesto nem Bernardo.

II. Bernardo disse que os culpados não foram Arnaldo nem Cláudio.

III. Cláudio disse que os culpados não foram Bernardo nem Diógenes.

Se, no texto 1A6-I, a declaração II for a única declaração falsa entre as declarações I, II, III, então, imediatamente, os dois culpados serão

A) Arnaldo e Bernardo.

B) Arnaldo e Cláudio.

C) Arnaldo e Ernesto.

D) Cláudio e Bernardo.

E) Cláudio e Diógenes.

Gabarito comentado: agora, considerando II como a única falsa, temos que, a partir das afirmações I e III verdadeiras, Ernesto, Bernardo e Diógenes não são culpados, ou seja, são inocentes.

Assim, os dois culpados serão Arnaldo e Cláudio, e a letra B é o gabarito.

(CESPE/CEBRASPE – 2021 – PM/TO – Quadro de Praças Especialistas)

Texto 1A6-I

34) Cinco pessoas (Arnaldo, Bernardo, Cláudio, Diógenes e Ernesto), suspeitas de determinada contravenção, são chamadas para acareação por uma autoridade policial. Exatamente dois deles são culpados, e as seguintes declarações foram feitas durante o depoimento:

I.   Arnaldo disse que os culpados não foram Ernesto nem Bernardo.

II. Bernardo disse que os culpados não foram Arnaldo nem Cláudio.

III. Cláudio disse que os culpados não foram Bernardo nem Diógenes.

Se as 3 declarações I, II e III do texto 1A6-I forem falsas, então, imediatamente, haverá dois inocentes, que são:

A) Arnaldo e Bernardo.

B) Arnaldo e Cláudio.

C) Diógenes e Bernardo.

D) Ernesto e Bernardo.

E) Ernesto e Diógenes.

Gabarito comentado: nesse caso, temos as três informações falsas. A partir da afirmação II falsa, caso Arnaldo e Cláudio sejam os culpados, os demais deveriam ser inocentes, porém, as afirmações I e III seriam verdadeiras, ou seja, na afirmação II um, e somente um dos dois, ou Arnaldo ou Cláudio, deve ser culpado para que a afirmação II continue falsa.

Além disso, dentre as três pessoas mencionadas nas afirmações I e III, é necessário que somente um seja culpado, pois o texto informa que há somente dois culpados, e já temos um da afirmação II. Assim, caso Ernesto fosse culpado, os inocentes seriam Bernardo e Diógenes, porém, a afirmação III ficaria verdadeira. Da mesma forma ocorreria se a afirmação I fosse verdadeira, caso Diógenes fosse culpado.

Assim, descobrimos que Bernardo deve ser culpado e os inocentes são Ernesto e Diógenes.

Portanto, a letra E é o gabarito.

(VUNESP – 2021 – TJM/SP – Analista de Redes)

35) Beto, Cadu, Dedé e Fran são irmãos e têm idades que são maiores ou iguais a 30 anos e menores ou iguais a 35 anos. Um irmão que tem uma idade, em anos, representada por um número ímpar fala mentiras, caso contrário fala verdades. Observe o seguinte diálogo que esses irmãos tiveram:

Dedé: Fran é 1 ano mais velho que Cadu.

Beto: Eu tenho 33 anos.

Cadu: Eu sou o mais velho dos irmãos.

Dedé: Cadu é mais velho que Beto.

Fran: Eu e Dedé temos a mesma idade.

Beto: Nenhum de nós tem 34 anos.

Cadu: A soma da minha idade com a idade de Fran é 62 anos.

A soma das idades, em anos, desses quatro irmãos é igual a:

A) 124.

B) 125.

C) 128.

D) 132.

E) 135.

Gabarito comentado: já sabemos que quem tem idade ímpar fala mentiras e quem tem idade par fala verdades. Além disso, as idades podem ser 30, 31, 32, 33, 34 ou 35.

Agora, analisando as afirmações dos irmãos, temos que Beto, que afirma ter 33 anos, necessariamente é mentiroso; caso isso fosse verdade, existiria uma pessoa com idade ímpar falando a verdade, logo, sabemos que Beto deve ter 31 ou 35 anos. Além disso, Beto afirma que nenhum deles tem 34 anos, como isso é mentira, pelo menos um dos irmãos deve ter 34.

Cadu diz que a soma de sua idade com a de Fran é 62 anos. Pelas idades disponíveis, isso só seria possível caso os dois tivessem 31 anos, ou um deles tivesse 32 e o outro 30; porém, Cadu também afirma ser o mais velho dos irmãos, e já sabemos que pelo menos um dos irmãos deve ter 34 anos, logo, Cadu também está mentindo.

Ainda pelo fato de um dos irmãos ter 34 anos, idade par, algum deles deve falar a verdade. Como só restaram Fran e Dedé, caso Fran mentisse, ela e Dedé não teriam a mesma idade e Dedé seria o único falando a verdade, porém Dedé afirma que Fran é um ano mais velha que Cadu, que é mentiroso, logo, tanto Dedé como Fran falam a verdade e ambos têm 34 anos, e como Fran é um ano mais velha que Cadu, o mesmo tem 33 anos.

Dedé afirma ainda que Cadu é mais velho que Beto, logo, Beto só pode ter 31 anos.

Assim, a soma das idades será 132 (34 + 34 + 33 + 31).

Portanto, a letra D é o gabarito.

(VUNESP – 2021 – TJM/SP – Desenvolvedor)

36) Em um congresso de matemáticos, Marcelo, Patrícia e Sabrina participaram de uma oficina de lógica. Em uma das atividades, eles deveriam ter um diálogo de maneira que cada um ou falasse apenas verdades ou apenas mentiras. O diálogo foi o seguinte:

Marcelo: Patrícia e Sabrina estão falando mentiras.

Patrícia: Amanhã será primeiro de março.

Marcelo: Hoje não é 29 de fevereiro.

Sabrina: Patrícia está mentindo.

Esses três matemáticos sabiam o dia correto da oficina, logo quem mentia era:

A) Apenas Marcelo.

B) Apenas Patrícia.

C) Marcelo e Patrícia.

D) Marcelo e Sabrina.

E) Marcelo, Patrícia e Sabrina.

Gabarito comentado: como as pessoas sempre falam verdades ou sempre mentiras, as afirmações de Marcelo ou são ambas verdadeiras ou ambas falsas. Sabrina afirma que Patrícia está mentindo, logo, caso Sabrina minta, Patrícia fala a verdade, e vice-versa, mas como Marcelo em sua primeira afirmação afirma que Patrícia e Sabrina são mentirosas, ele só pode estar mentindo.

Agora, como Marcelo afirma que "hoje não é 29 de fevereiro" e isso também é uma mentira, e de fato hoje é 29 de fevereiro.

Por consequência, dentro do contexto, amanhã será primeiro de março e Patrícia fala a verdade, e Sabrina mente.

Logo, os mentirosos são Marcelo e Sabrina.

Portanto, a letra D é o gabarito.

(NUCEPE – 2022 – PM/PI – Soldado)

37) Manoela, Natacha e Perla são profissionais da área de segurança. Uma delas é policial militar; outra, agente de polícia civil e a outra, delegada; não necessariamente nessa ordem. Sabe-se que somente uma das afirmações seguintes é verdadeira:

Manoela é policial militar.

Natacha não é policial militar.

Perla não é agente de polícia civil.

Afirma-se, então, **corretamente**, que:

A) Manoela é policial militar, e Natacha é delegada.

B) Manoela é agente de polícia civil, e Perla é delegada.

C) Perla é policial militar, e Natacha é agente de polícia civil.

D) Natacha é delegada, e Perla é policial militar.

E) Perla é policial militar, e Manoela é agente de polícia civil.

Gabarito comentado: nesse tipo de questão temos que, além de descobrir as associações lógicas, encontrar qual é a única afirmação falsa, ou, como no caso, a única verdadeira. Para isso, temos que considerar todas as possibilidades e desconsideramos todas que apresentarem contradição. Para começar, temos 3 pessoas e 3 profissões.

I.   Manoela é policial militar.

II. Natacha não é policial militar.

III. Perla não é agente de polícia civil.

Como somente uma afirmação é verdadeira, as demais devem ser falsas, começaremos considerando que a única verdadeira é a afirmação I: a partir disso, teríamos que Manoela é policial militar, e com a afirmação II sendo falsa, Natacha também seria policial militar, portanto, já temos uma contradição, ou seja, duas pessoas com a mesma profissão, logo, essa hipótese não é válida para a questão.

Para a segunda possibilidade vamos considerar verdadeira a afirmação II: nesse caso, Manoela é policial militar é uma afirmativa falsa, e como a afirmativa Natacha não é policial militar é verdadeira, a única pessoa que poderia ser policial militar é Perla, mas a terceira afirmação também é falsa, nessa possibilidade, e ela diz que Perla não é policial civil, ou seja, Perla seria policial militar e civil ao mesmo tempo, novamente uma contradição e uma hipótese inválida.

Por fim, vamos considerar como verdadeira somente a afirmação III: agora, temos que Perla não é agente de polícia civil e também não é policial militar, pois Natacha é policial militar, já que a afirmação II é falsa, portanto Perla é delegada; e assim, Manoela é policial civil.

Assim, com a afirmação III sendo verdadeira, encontramos uma única hipótese válida em que temos para cada pessoa uma única profissão.

Lembre-se de testar sempre todas as possibilidades, pois pode existir mais de uma hipótese válida e, nesses casos, a alternativa correta será aquela garantida em todas as possibilidades válidas.

Portanto, a letra B é o gabarito.

(FGV – 2022 – SSP/AM – Assistente Operacional)

38) Eva, Bia e Gal encontraram-se para almoçar e estavam com bolsas parecidas, mas com cores diferentes. Uma bolsa era cinza, outra era marrom e outra era preta.

Das afirmativas seguintes, somente uma é verdadeira:

• Eva está com a bolsa preta.

• Bia não está com a bolsa marrom.

• Gal não está com a bolsa preta.

É correto afirmar que

A) Eva tem a bolsa marrom.

B) Bia tem a bolsa preta.

C) Gal tem a bolsa marrom.

D) Eva tem a bolsa cinza.

E) Bia não tem a bolsa cinza.

Gabarito comentado: aqui, temos 3 amigas e 3 cores. Além disso, somente uma afirmação é verdadeira.

I.   Eva está com a bolsa preta.

II. Bia não está com a bolsa marrom.

III. Gal não está com a bolsa preta.

Considerando como verdadeira somente a afirmação I, temos que Eva estaria com a bolsa preta, Bia estaria com a marrom e Gal também estaria com a marrom, já que as afirmações II e III seriam falsas, logo, temos uma contradição e uma hipótese inválida.

Agora, testando como verdadeira a afirmação II, e falsas as demais, Gal fica com a bolsa preta, Bia, que não está com a marrom, fica com a cinza e, por consequência, Eva fica com a marrom, logo, essa é uma hipótese válida.

Por fim, vamos considerar como verdadeira a afirmação III, nesse caso, Eva e Gal não estariam com a bolsa preta, ou seja, deveria estar com Bia, porém, Bia estaria com duas bolsas, a preta e a marrom, portanto, hipótese inválida.

Logo, a única hipótese válida é a que considera a afirmação II verdadeira.

Portanto, a letra A é o gabarito.

Raciocínio Matemático

(CESPE/CEBRASPE – 2022 – POLITEC/RO – Perito Criminal)

39) Para abrir um compartimento secreto, um perito deve digitar uma senha numérica de seis dígitos. A senha criptografada é:

 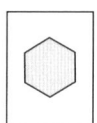    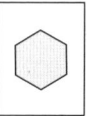

O perito sabe que esses símbolos representam números no conjunto {0, 1, 2, 3, 4, 5, 6, 7, 8, 9} que obedecem às seguintes regras relativas à adição e multiplicação:

$$\heartsuit + \heartsuit = \heartsuit$$

$$\bigstar \times \bigstar = \bigstar$$

$$\heartsuit + \heartsuit + \bigstar + \bigstar = \blacktriangle$$

$$\blacktriangle \times \blacktriangle = \hexagon$$

$$\heartsuit + \bigstar + \blacktriangle + \hexagon = \bullet$$

Com base nessas informações, a senha é:

A) 0 – 2 – 3 – 5 – 2 – 1.

B) 2 – 4 – 7 – 0 – 1 – 4.

C) 1 – 3 – 5 – 4 – 2 – 3.

D) 1 – 2 – 4 – 0 – 7 – 2.

E) 2 – 4 – 0 – 7 – 1 – 4.

Gabarito comentado: nesse caso, precisamos descobrir o valor numérico de cada símbolo por meio das operações apresentadas.

Temos que "coração" + "coração" = "coração"; o único número que somando a ele mesmo terá como resultado ele mesmo é o zero, logo, coração = 0.

Da mesma forma, o único número que multiplicado por si próprio tem como resultado o mesmo é o 1, portanto, estrela = 1.

Agora, temos "coração" + "coração" + "estrela" + "estrela" = "triângulo", ou seja, 0 + 0 + 1 + 1 = 2, assim, triângulo = 2.

"triâgulo" × "triângulo" = "hexágono", ou 2 × 2 = 4, logo, hexágono = 4.

Por fim, "coração" + "estrela" + "triângulo" + "hexágono" = "círculo", ou 0 + 1 + 2 + 4 = 7. Dessa forma, a senha será 2 – 4 – 0 – 7 – 1 – 4.

Portanto, a letra E é o gabarito.

(FCC – 2022 – PGE/AM – Assistente Procuratorial)

40) Cada símbolo representa um número e símbolos diferentes representam números diferentes.

Sabe-se que:

$\rho + \rho + \rho = 33$

$\rho + \Delta + \Delta = 21$

O valor de $\beta + \rho - \Delta$ é:

A) 6.

B) 7.

C) 8.

D) 9.

E) 10.

Gabarito comentado: aqui, temos que $\rho + \rho + \rho = 33$, ou $3\rho = 33$, logo $\rho = 11$;

$\rho + \Delta + \Delta = 21$, ou $\Delta + \Delta = 21 - 11$, logo, $\Delta = 5$ ($2\Delta = 10$);

por fim, $\Delta + \rho + \beta = 19$, ou $\beta = 19 - 5 - 11$, logo $\beta = 3$.

Assim, $\beta + \rho - \Delta = 3 + 11 - 5 = 9$.

Portanto, a letra D é o gabarito.

(FCC – 2022 – PGE/AM – Assistente Procuratorial)

41) Em uma prova com 20 questões de múltipla escolha, uma questão certa vale 7 pontos, uma questão errada vale –2 pontos e uma questão em branco vale 0 pontos. Clara fez 87 pontos nessa prova. O número de questões que Clara deixou em branco é:

A) 5.

B) 3.

C) 4.

D) 7.

E) 6.

Gabarito comentado: aqui utilizaremos a tabuada do 7 para chegarmos ao valor mais próximo da nota de Clara.

Caso ela tivesse respondido corretamente 13 questões e deixado em branco todas as demais, teria marcado 91 pontos, porém, ela marcou 87 pontos, assim, ela errou duas questões gerando –4 pontos em sua nota, e as demais deixou em branco. Ou seja, temos 13 questões corretas, 2 erradas e 5 em branco.

Portanto, a letra A é o gabarito.

(FGV – 2022 – TJ/TO – Técnico Judiciário)

42) Mário e Jorge jogam um jogo de perguntas e respostas. Cada jogador escolhe o número de perguntas que deseja responder e, a seguir, as perguntas são apresentadas sequencialmente. Para cada resposta certa, o jogador ganha 5 pontos, e para cada resposta errada ou pergunta não respondida, o jogador perde 3 pontos.

Mário escolheu responder 20 perguntas e acertou exatamente 14 delas.

Jorge escolheu responder 28 perguntas e fez o mesmo número de pontos que Mário.

O número de perguntas que Jorge acertou foi:

A) 15.

B) 16.

C) 17.

D) 18.

E) 19.

Gabarito comentado: como Mário respondeu 20 perguntas e acertou exatamente 14, seus pontos ganhos foram 70 ($14 \cdot 5 = 70$) e pontos perdidos foram 18 ($6 \cdot 3 = 18$), portanto, sua nota foi 52.

Como Jorge atingiu a mesma pontuação que Mário e respondeu 28 perguntas, precisamos fazer com que essas 8 questões a mais resolvidas por Jorge tenham nota final zero, e para isso, conseguimos com 3 acertos e 5 erros (já que no acerto ganha 5 e no erro perde 3), dessa forma, Jorge tem 17 respostas corretas (14 + 3) e 11 respostas erradas (6 + 5).

Logo, o número de acertos de Jorge é 17.

Portanto, a letra C é o gabarito.

Jogos, Calendários e Outros

(FCC – 2022 – PGE/AM – Assistente Procuratorial)

43) Beatriz quer escrever um número inteiro de 1 a 4 em cada um dos quadradinhos de um tabuleiro 4 × 4, de tal forma que não haja números repetidos na mesma linha ou na mesma coluna. A figura abaixo mostra alguns números que ela já escreveu.

Se Beatriz terminar de preencher o tabuleiro corretamente, a soma dos números que estarão nos quadradinhos destacados será:

A) 5.

B) 6.

C) 7.

D) 8.

E) 9.

Gabarito comentado: essas questões são baseadas em um jogo chamado Sudoku, em que as linhas e colunas nunca possuem mais de uma vez o mesmo número.

Para resolver, buscamos as casas, células ou quadradinho que só podem ser preenchidas por um único número, a exemplo da casa na linha 2 e coluna 4, que só pode ser preenchida pelo número 1, pois na coluna já aparecem os números 3 e 4 e na linha aparece o número 2.

Por consequência, a casa da linha 4 e coluna 4, agora só pode ser preenchida pelo número 2, pois os demais números já aparecem na coluna.

1			3
	2		1
			4
		3	2

Assim, sucessivamente, preenchemos a tabela sempre buscando células que só possuem uma opção para preenchimento.

Ao final do preenchimento, teremos:

1	4	2	3
3	2	4	1
2	3	1	4
4	1	3	2

Logo, a soma será, 3 + 1 + 2 = 6.

Portanto, a letra B é o gabarito.

(FUNDEP – 2022 – Câmara de Pirapora/MG – Assessor Jurídico)

44) Um quadrado mágico é uma tabela quadrada, com números em que a soma de cada coluna, de cada linha e das duas diagonais é igual. Observe o quadrado mágico a seguir.

21	10	Y	Z
H	15	11	20
P	Q	12	W
18	13	X	6

Considerando o quadrado mágico anterior, o valor de Y + Z – P será:

A) 16.

B) 21.

C) 23.

D) 30.

Gabarito comentado: como a soma de cada linha, cada coluna e cada diagonal é igual, começaremos somando todos os valores da diagonal iniciada por 21:

$21 + 15 + 12 + 6 = 54$.

Com isso:

o valor de H, para a segunda linha somar 54, só pode ser 8;

o valor de Q, para a segunda coluna também somar 54, só pode ser 16;

o valor de Z, para a segunda diagonal somar 54, só pode ser 9;

e assim sucessivamente.

O valor de Y só pode ser 14, agora que temos o valor de Z.

O valor de P só pode ser 7, agora que temos o valor de H.

E daí por diante poderíamos preencher todo o quadrado, porém, como se pede o valor de Y + Z − P, que já encontramos, temos $9 + 14 − 7 = 16$.

Portanto, a letra A é o gabarito.

(Quadrix – 2022 – CRC/PR – Analista de Informática)

45) Em 10 de dezembro de 2022, Cássia Rejane Eller, mais conhecida como Cássia Eller, completaria 60 anos de idade. Uma das maiores vozes da música brasileira, Cássia morreu no dia 29 de dezembro de 2001, em razão de um infarto do miocárdio repentino. Com base nessas informações, julgue o item.

Cássia Eller nasceu em 1961.

Gabarito comentado: como Cássia completaria 60 em 10/12/2022, ela nasceu 60 anos antes, ou seja, em 1962 (2022 − 60).

Portanto, a assertiva do enunciado está incorreta.

(Quadrix – 2022 – CRC/PR – Analista de Informática)

46) Em 10 de dezembro de 2022, Cássia Rejane Eller, mais conhecida como Cássia Eller, completaria 60 anos de idade. Uma das maiores vozes da música brasileira, Cássia morreu no dia 29 de dezembro de 2001, em razão de um infarto do miocárdio repentino. Com base nessas informações, julgue o item.

Cássia Eller morreu aos 40 anos de idade.

Gabarito comentado: como Cássia faleceu em 29/12/2001 e já sabemos que ela nasceu em 10/12/1962, então ela tinha 39 anos.

Portanto, a assertiva do enunciado está incorreta.

(FGV – 2022 – SEFAZ/AM – Assistente Administrativo da Fazenda Estadual)

47) Ana arruma o seu armário toda segunda sexta-feira de cada mês. Se Ana arrumou o seu armário no dia 11 de março, a arrumação seguinte ocorreu no dia:

A) 6 de abril.

B) 7 de abril.

C) 8 de abril.

D) 9 de abril.

E) 10 de abril.

Gabarito comentado: algumas questões envolvendo calendário exigem conhecimento sobre quais meses do ano tem 30 ou 31 dias. Para o caso, temos que o dia 11 de março é a segunda sexta-feira do mês. Assim, as próximas sextas-feiras ocorreram nos dias 18 e 25 de março, passados sete dias, já que março é um mês com 31 dias, teremos a primeira sexta-feira de abril no dia primeiro (01/04), e sete dias adiante, no dia 8 de abril, temos a segunda sexta-feira e o dia em que Ana arruma seu armário.

Portanto, a letra C é o gabarito.

(Quadrix – 2022 – CRP – 18ª Região/MT – Auxiliar Administrativo)

48) De acordo com a astrologia chinesa, 2022 é o ano do Tigre, o qual ocorre de 12 em 12 anos. Considerando essa informação, julgue o item.

O ano de 1914 foi o ano do Tigre.

Gabarito comentado: primeiro, devemos analisar que, entre 1914 e 2022, passaram-se 108 anos (2022 – 1914). Como 2022 é o ano do Tigre e 108 é um valor múltiplo do 12, o ano de 1914 também foi o ano do Tigre.

Portanto, a assertiva do enunciado está correta.

(Quadrix – 2022 – CRP 18ª Região/MT – Auxiliar Administrativo)

49) De acordo com a astrologia chinesa, 2022 é o ano do Tigre, o qual ocorre de 12 em 12 anos. Considerando essa informação, julgue o item.

O ano de 4422 será o ano do Tigre.

Gabarito comentado: primeiro, devemos analisar que, entre 2022 e 4422, passaram-se 2.400 anos (4422-2022). Como 2022 é o ano do Tigre e 2.400 também é múltiplo do 12, então o ano de 4422 também será o ano do Tigre.

Portanto, a assertiva do enunciado está correta.

(FGV – 2022 – Prefeitura de Manaus/AM – Especialista em Saúde)

50) Rafael fez certo percurso partindo do ponto A da figura a seguir, andando apenas sobre as linhas do quadriculado e fazendo diversos movimentos em sequência. A unidade de movimento de um percurso é o lado de um quadradinho.

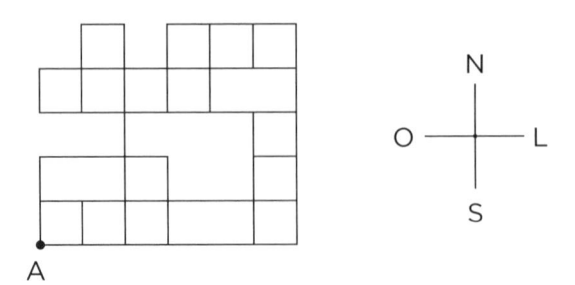

Cada uma das quatro letras a seguir representa o movimento de 1 unidade em cada uma das quatro direções: N = norte, S = sul, L = leste e O = oeste.

Rafael fez, em sequência, os movimentos representados pelo código L L N L L L N N O N L N, chegando ao ponto B.

Um código que permite a Rafael sair de B e chegar em A é:

A) O S S O O O S L S S O O

B) O O S S O S S O O

C) L S S S O S O O S O O

D) O O S S S O S S O O

E) O O S O S S L S O O O S

Gabarito comentado: primeiro, devemos descobrir em qual parte da figura estará o ponto B. Para isso, vamos seguir as direções informadas e encontraremos o ponto B no seguinte lugar:

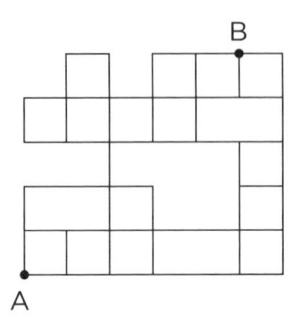

Agora, para se sair de B e chegar em A, o único caminho possível será a sequência apresentada pela letra E, todos os demais não terão fim ou chegarão em outro ponto, que não seja o A. Portanto, a letra E é o gabarito.

(Quadrix – 2022 – CRMV/RJ – Auxiliar Administrativo)

51) O primeiro dia de 1988, um ano bissexto (com 366 dias), foi uma sexta-feira. Com base nessa informação, julgue o item.

O centésimo septuagésimo quinto dia de 1988 foi uma quinta-feira.

Gabarito comentado: como cada semana é formada por 7 dias, para encontrarmos um dia específico do ano, primeiro identificamos o dia em que o ano começou, no caso uma sexta-feira, e dividimos o dia que queremos encontrar, 175º dia por 7. Realizando essa divisão, temos como resultado 25 e resto 0, logo, passaram-se 25 semanas completas a partir da sexta-feira, ou seja, o dia de número 175 do ano será em uma quinta-feira.

Portanto, a assertiva do enunciado está correta.

(Quadrix – 2022 – CRMV/RJ – Auxiliar Administrativo)

52) O primeiro dia de 1988, um ano bissexto (com 366 dias), foi uma sexta-feira. Com base nessa informação, julgue o item.

O último dia do ano de 1988 foi um sábado.

Gabarito comentado: nos anos normais (não bissexto), o ano começa e termina no mesmo dia da semana; já nos anos bissextos, o ano começa em um dia e termina no dia seguinte da semana, portanto, um sábado, já que o ano começou em uma sexta-feira.

Portanto, a assertiva do enunciado está correta.

Acesse a Plataforma Digital com questões de concursos interativas com gabarito selecionadas para você praticar. Para acessá-la, veja o passo a passo na orelha desta obra.

CAPÍTULO 12

CONJUNTOS

Definição

Conjunto é todo agrupamento ou reunião de elementos.

 Observação

Esses elementos devem ter alguma característica em comum.

Exemplo:

Alfabeto (conjunto das letras).

Representação dos Conjuntos

Os conjuntos podem ser representados entre chaves ou pelo diagrama de Venn.

Entre chaves:

A = {a, e, i, o, u}

Diagrama de Venn:

B

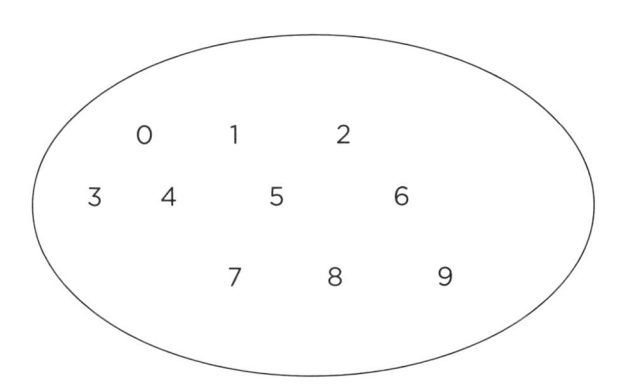

> **Observação**
>
> As letras – **maiúsculas** – do alfabeto servem para dar nome aos conjuntos (pode ser qualquer letra do alfabeto, e o "nome" do conjunto nada tem a ver com as características dos seus elementos).

Alguns Tipos de Conjuntos

Conjunto universo

É o conjunto que reúne **todos** os elementos com determinadas características.

Exemplo:

Conjunto das letras: o universo das letras é o alfabeto.

> **Observação**
>
> A representação do conjunto universo, usualmente, é feita pela letra U – maiúscula – ou pela letra grega ômega – Ω.

Conjunto unitário

É o conjunto que tem **apenas um** elemento.

Exemplo:

Conjunto dos números primos pares:

$M = \{2\}$

Conjunto vazio

É o conjunto que tem **nenhum** elemento.

Exemplo:

Conjunto estados da Região Nordeste do Brasil que fazem fronteira com outros países:

$N = \varnothing$

> **Observação**
>
> A representação do conjunto vazio pode ser tanto o $\varnothing$ como a chave sem nada dentro { }.

Subconjunto

Subconjunto é uma parte de um conjunto, um "pedaço" do conjunto.

Exemplo:

As vogais são um subconjunto do alfabeto.

Simbologia

Em conjuntos, alguns símbolos são bem comuns e devemos ter a devida noção deles. Vejamos:

$\in$ = pertence ($\notin$ = não pertence): relacionado com os **elementos**;
$\subset$ = está contido ($\not\subset$ = não está contido): relacionado com os **subconjuntos**;
$\supset$ = contém ($\not\supset$ = não contém): relacionado com os **conjuntos**;
$\cup$ = união de conjuntos;
$\cap$ = interseção de conjuntos.

Observação

Qual a diferença entre o $\cup$ do conjunto universo para o $\cup$ da união de conjuntos?

A diferença entre os $\cup$ do conjunto universo e da união de conjuntos é que o $\cup$ da união vem sempre entre duas outras letras – maiúsculas – do alfabeto.

Conjunto das Partes

É o total de subconjuntos de um conjunto.

A quantidade de subconjuntos de um conjunto depende do número de elementos que têm no conjunto.

Quantidade de subconjuntos = 2^n (em que "n" é a quantidade de elementos).

Duas regras importantes aqui:

I. o conjunto vazio é subconjunto de qualquer conjunto;
II. todo conjunto é subconjunto de si mesmo.

Esses dois subconjuntos mencionados nas regras I e II são chamados de subconjuntos **não próprios**, pois não são uma parte efetiva do conjunto.

Observação

Os subconjuntos não próprios são sempre e apenas esses dois (o subconjunto vazio e o subconjunto formado pelo próprio conjunto).

Exemplo:
Conjunto das partes do conjunto P = {a, b, c}
$2^n = 2^3 = 2 \cdot 2 \cdot 2 = 8$ subconjuntos
{Ø}, {a}, {b}, {c}, {a, b}, {a, c}, {b, c}, **{a, b, c}**

Atenção:
Ø = conjunto vazio;
{ } = conjunto vazio;
{Ø} = subconjunto vazio.

Operações com Conjuntos

As operações com conjuntos relacionam os elementos pertencentes aos conjuntos envolvidos na operação.

São elas:

União dos conjuntos $(\cup)$.

Interseção dos conjuntos $(\cap)$.

Diferença de conjuntos (–).

Complementar de um conjunto (A^c) ou $(C_A^B$ = complementar de B com relação a A).

A **união** de conjuntos relaciona **todos** os elementos envolvidos nos conjuntos.

Exemplo:

R = {a, b, c, d, e}

S = {a, e, i, o, u}

R $\cup$ S = {a, b, c, d, e, i, o, u}

Veja que os conjuntos R e S têm elementos em comum, logo não precisa repetir esses elementos.

G = {2, 4, 6, 8}

H = {1, 3, 5, 7, 9}

G $\cup$ H = {1, 2, 3, 4, 5, 6, 7, 8, 9}

Veja que os conjuntos G e H **não** têm elementos em comum, portanto, são chamados de conjuntos **disjuntos**.

A **interseção** de conjuntos relaciona apenas os elementos **comuns** envolvidos nos conjuntos.

Exemplo:

R = {a, b, c, d, e}

S = {a, e, i, o, u}

R $\cap$ S = {a, e}

G = {2, 4, 6, 8}

H = {1, 3, 5, 7, 9}

G $\cap$ H = { }

Como os conjuntos G e H são **disjuntos**, eles não têm elementos em comum, com isso a interseção entre eles é um conjunto **vazio**.

A **diferença** de conjuntos relaciona os elementos **exclusivos** de um dos conjuntos.

Exemplo:

R = {a ,b, c, d, e}

S = {a, e, i, o, u}

R – S = {b, c, d}

S – R = {i, o, u}

Veja que em R – S aparecem os elementos exclusivos de R e em S – R aparecem os elementos exclusivos de S.

G = {2, 4, 6, 8}
H = {1, 3, 5, 7, 9}
G – H = {2, 4, 6, 8}
H – G = {1, 3, 5, 7, 9}

Nos conjuntos **disjuntos**, como não têm elementos em comum, os elementos já são exclusivos do próprio conjunto.

O **complementar** é uma diferença específica entre o conjunto universo e uma parte desse universo (ou entre um conjunto qualquer e algum subconjunto seu).

Exemplo:

O complementar das vogais (o universo das vogais é o alfabeto):

Alfabeto – vogais = consoantes

O complementar dos pares (o universo dos pares são os números):

Números – pares = ímpares

Número de Elementos da União de Conjuntos

Olhando para a operação de união de conjuntos, nos deparamos com uma situação interessante. Veja:

R = {a, b, c, d, e}
S = {a, e, i, o, u}
R ∪ S = {a, b, c, d, e, i, o, u}

Note que em R tem 5 elementos, em S tem 5 elementos, mas em R ∪ S apenas 7 elementos.

Isso se deve aos elementos em comum entre os dois conjuntos, e por isso, na organização dos dados dos conjuntos, devemos ficar atentos, principalmente para determinar os números de elementos pertencentes a qualquer conjunto ou parte do conjunto.

Nos diagramas de Venn fica assim:

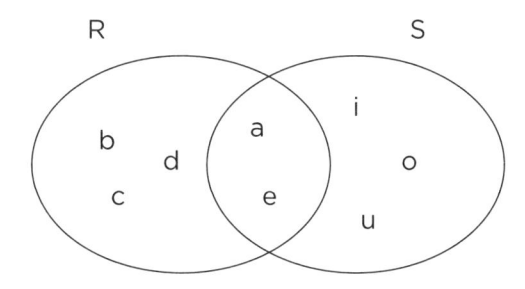

Veja que **ao todo** há 7 elementos, **apenas** em R tem 3 elementos, **somente** em S tem 3 elementos e na interseção tem 2 elementos.

Dito isso, a determinação do número de elementos da união de conjuntos, pode ser assim determinada:

Com conjuntos **disjuntos**:

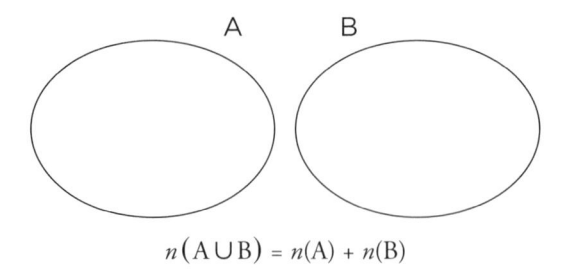

$$n(A \cup B) = n(A) + n(B)$$

Com 2 conjuntos e 1 interseção:

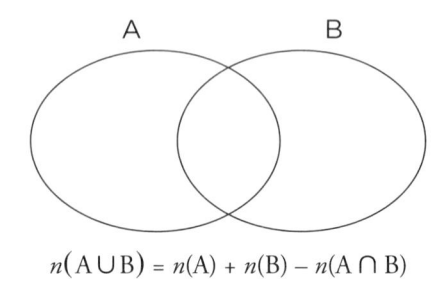

$$n(A \cup B) = n(A) + n(B) - n(A \cap B)$$

Com 3 conjuntos e 2 interseções:

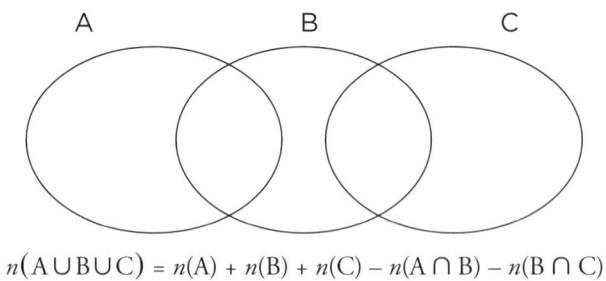

$$n(A \cup B \cup C) = n(A) + n(B) + n(C) - n(A \cap B) - n(B \cap C)$$

Com 3 conjuntos e interseções até dos 3 conjuntos:

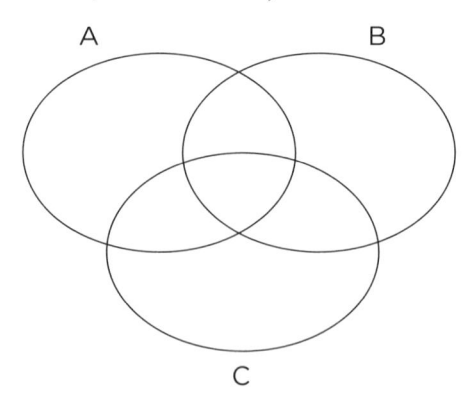

$$n(A \cup B \cup C) = n(A) + n(B) + n(C) - n(A \cap B) - n(A \cap C) - n(B \cap C) + n(A \cap B \cap C)$$

Observação

Em conjuntos, nas questões de concurso, a organização dos dados dos enunciados será o grande determinante do sucesso da resolução da questão.

Estar atento ao que traz o enunciado e organizar corretamente essas informações – atentando a informações como **somente**, **apenas**, **exclusivamente** – contribuirá para o sucesso na resolução da questão e, consequentemente, o acerto da questão.

Apêndice

É importante também termos algumas noções da relação dos conjuntos com outros assuntos da lógica ou da matemática, veja:

Relação dos conjuntos com as proposições:

Proposição	Conjuntos
Conjunção = **e** = ∧	Interseção = ∩
Disjunção = **ou** = v	União = ∪
Disjunção Exclusiva = **ou**, **ou** = v̲	Diferença = –
Condicional = **se, então** = →	⊂ = está contido = subconjunto
Negação = ~	Complementar
∀ = todo	∀ = para todo
∃ = algum	∃ = existe
∄ = nenhum	∄ = não existe

Relação dos conjuntos com os conjuntos numéricos:

$\mathbb{N}$ = conjunto dos números naturais;

$\mathbb{Z}$ = conjunto dos números inteiros;

$\mathbb{Q}$ = conjunto dos números racionais;

$\mathbb{R}$ = conjunto dos números reais;

$\mathbb{N}^*$ = conjunto dos números naturais sem o zero (o * retira o zero do conjunto dos números);

$\mathbb{Z}^*_+$ = conjunto dos números inteiros positivos (o * junto com o sinal de + ou de – restringe o conjunto aos números positivos ou negativos);

[1,4] = intervalo fechado = {1, 2, 3, 4};

]1,4[= intervalo aberto = {2, 3};

≠ = diferente de;

> = maior que;

< = menor que;

≥ = maior ou igual;

≤ = menor ou diferente;

| = tal que.

Questões Comentadas de Concursos

(FUNDATEC – 2022 – BM/RS – Soldado)

1) Considere os conjuntos:

A = {1, 2, 3, 18}

B = {1, 2, 3, ..., 18} = {$x \in N$ / $0 < x < 19$}

É possível afirmar que A∩B é dado por:

A) A

B) B

C) A∪B

D) A\B

E) B\A

Gabarito comentado: todos os elementos do conjunto A também fazem parte do conjunto B, então A é subconjunto de B. Como a interseção relaciona os elementos comuns aos conjuntos, então a interseção A∩B = A.

Portanto, a letra A é o gabarito.

 Observação

Quando um conjunto é subconjunto do outro, a interseção entre eles será sempre o subconjunto.

(Exército – 2021 – EsPCEx – Cadete do Exército)

2) Foi realizada em uma escola uma pesquisa que gerou as seguintes informações:

• 30 alunos leem os livros A, B e C;

• 60 alunos leem os livros A e C;

• 40 alunos leem os livros B e C;

• 40 alunos leem os livros A e B;

• 150 alunos leem o livro A;

• 60 alunos leem somente o livro B;

• 90 alunos leem o livro C; e

• 120 alunos não leem livro nenhum.

De posse dessas informações, o número total de alunos que responderam à pesquisa é igual a

A) 310.

B) 350.

C) 360.

D) 390.

E) 420.

Gabarito comentado: organizando os dados – atentando aos termos **somente**, **apenas** ou sinônimos – fica:

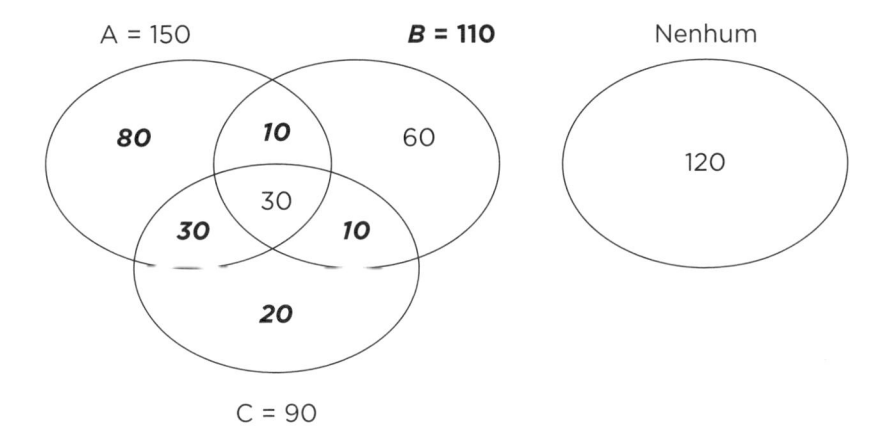

Como 30 alunos leram os 3 livros, tem que ir descontando os valores de acordo com os dados para não ter dados em duplicidade ou triplicidade.

Dessa forma, o total de alunos que participaram da pesquisa foi:

80 + 10 + 30 + 30 + 60 + 10 + 20 + 120 = 360 alunos.

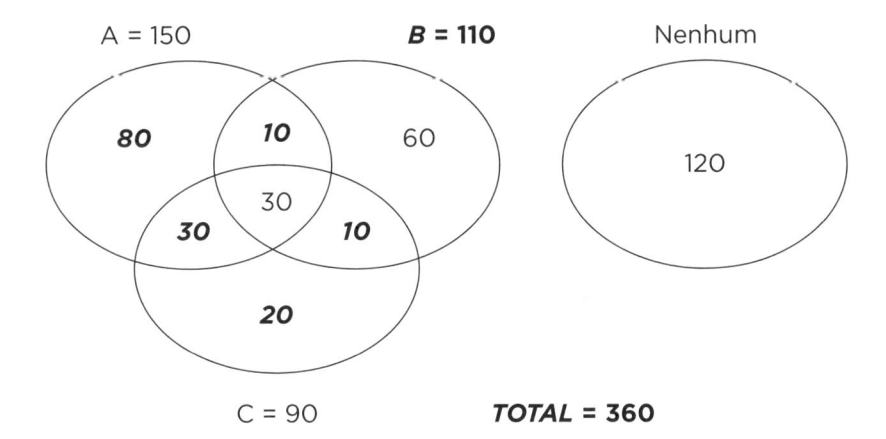

Portanto, a letra C é o gabarito.

(Prefeitura de Bauru/SP – 2021 – Professor)

3) Se o conjunto A =]–2; 3] e o conjunto B = [0; 5], então os números inteiros que estão em B – A são:

A) –1 e 0.

B) 4 e 5.

C) 0 e 3.

D) 3 e 5.

Gabarito comentado: determinando os conjuntos A e B e fazendo a diferença B – A, fica:

A = {–1, 0, 1, 2, 3}

B = {0, 1, 2, 3, 4, 5}

B – A = elementos exclusivos de B = {4, 5}

Portanto, a letra B é o gabarito.

(VUNESP – 2022 – PM/SP – Sargento)

4) A figura a seguir representa uma operação envolvendo conjuntos, em que a região hachurada corresponde à resolução dessa operação.

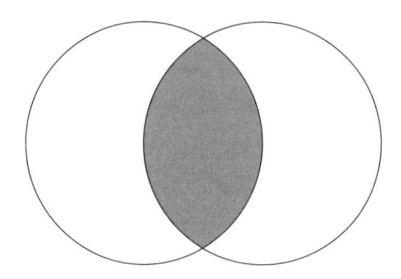

A operação representada pode ser relacionada a uma proposição lógica composta, que é chamada de

A) Conjunção.

B) Disjunção.

C) Condicional.

D) Bicondicional.

Gabarito comentado: a área hachurada da figura é a da interseção dos conjuntos, e, quando relacionadas as proposições, a interseção corresponde à conjunção.

Portanto, a letra A é o gabarito.

(IBADE – 2022 – SEA/SC – Analista Técnico Administrativo)

5) A diretoria de RH de uma empresa de engenharia divulgou o resultado de uma enquete que foi feita com todos os 75 funcionários da empresa. A enquete tratava-se sobre a vontade dos funcionários de voltar a trabalhar presencialmente, continuar no trabalho remoto ou então adotar o modelo híbrido, ou seja, adotar os dois métodos ao mesmo tempo. 20 funcionários não responderam, pois estavam de férias. Sabe-se que 10 pessoas escolheram o modelo híbrido e que 42 pessoas escolheram o modelo remoto. O número de pessoas que escolheu apenas o modelo presencial é:

A) 13.

B) 14.

C) 15.

D) 16.

E) 17.

Gabarito comentado: organizando os dados de acordo com o enunciado fica:

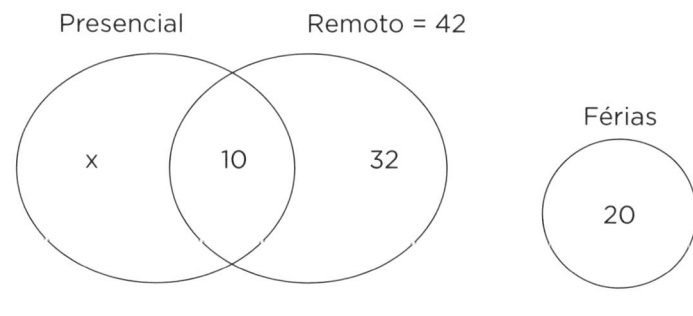

Apenas o modelo presencial é o valor de x. Calculando x:

$x + 10 + 32 + 20 = 75$

$x + 62 = 75$

$x = 75 - 62$

$x = 13$ pessoas que escolheram **apenas** o modelo presencial.

Portanto, a letra A é o gabarito.

(VUNESP – 2022 – PC/SP – Escrivão de Polícia)

6) Foi realizada uma enquete em que se deveria assinalar com um X o alimento que a pessoa respondente comia:

☐ Brócolis   ☐ Jiló

Foram 63 pessoas que responderam a enquete. Brócolis foi assinalado 42 vezes; jiló, 44 vezes; e todas as pessoas assinalaram pelo menos um dos alimentos.

O número dessas pessoas que come apenas um desses alimentos é igual a:

A) 47.

B) 40.

C) 54.

D) 51.

E) 43.

Gabarito comentado: organizando os dados de acordo com o enunciado fica:

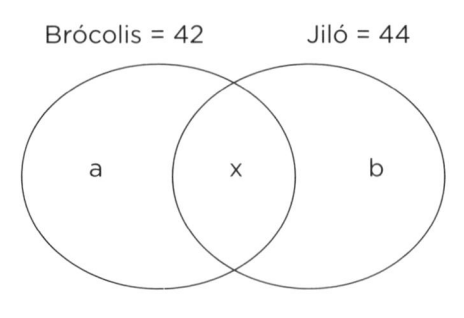

Calculando *x*:

$n(A \cup B) = n(A) + n(B) - n(A \cap B)$

$63 = 42 + 44 - x$

$63 = 86 - x$

$x = 86 - 63$

$x = 23$.

Calculando *a* e *b*:

$a + x = 42$

$a = 42 - x$

$a = 42 - 23$

$a = 19$

$b + x = 44$

$b = 44 - x$

$b = 44 - 23$

$b = 21$.

Logo, quem comeu apenas um desses alimentos foi:

$a + b = 19 + 21 = 40$.

Outra forma de saber quantos comeram apenas um dos alimentos é subtrair dos 63 a quantidade dos que comeram os dois alimentos, que, na nossa resolução, é *x*:

$63 - x = 63 - 23 = 40$.

Portanto, a letra B é o gabarito.

(IDIB – 2022 – Câmara do Jaboatão dos Guararapes/PE – Analista Legislativo)

7) Tem-se $(A \cup B) = \{x \mid x \in A \text{ ou } x \in B\}$. Se $x \in (A \cup B)$, então, obrigatoriamente

A) O elemento *x* está somente em A ou somente em B ou em A∩B.

B) O elemento *x* está em B, mas não está em A.

C) O elemento *x* está simultaneamente em A e B.

D) O elemento *x* está no complementar de A∩B.

Gabarito comentado: a ideia da questão é apenas a definição da união de conjuntos, em que o elemento pode pertencer tanto ao conjunto A como ao conjunto B como aos dois conjuntos ao mesmo tempo A e B, já que a união de conjuntos relaciona todos os elementos de todos os conjuntos.

Portanto, a letra A é o gabarito.

(Quadrix – 2022 – CRP – 11ª Região/CE – Psicóloga Fiscal)

8) Sendo A∪B = {0, 1, 2, 3, 6, 7, 9}, A∩B = {0, 1, 2, 3} e A – B = {7}, julgue o item.

O conjunto dos subconjuntos de B tem 65 elementos.

Gabarito comentado: por definição o conjunto dos subconjuntos, também chamado de conjunto das partes, só tem valores pares, pois são as potências do 2, então 65 não pode ser a quantidade dos elementos do conjunto dos subconjuntos.

Portanto, a assertiva do enunciado está incorreta.

(Quadrix – 2022 – CRP – 11ª Região/CE – Psicóloga Fiscal)

9) Sendo A∪B = {0, 1, 2, 3, 6, 7, 9}, A∩B = {0, 1, 2, 3} e A – B = {7}, julgue o item.

O número de elementos de A é igual a 6.

Gabarito comentado: expondo os elementos dentro dos conjuntos, fica:

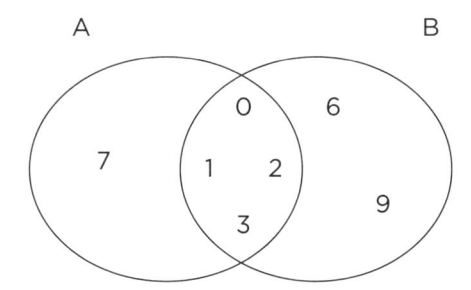

Desse exposto, o conjunto A tem 5 elementos: A = {0, 1, 2, 3, 7}. Portanto, a assertiva do enunciado está incorreta.

(Quadrix – 2022 – CRP – 11ª Região/CE – Psicóloga Fiscal)

10) Sendo A∪B= {0, 1, 2, 3, 6, 7, 9}, A∩B = {0, 1, 2, 3} e A – B = {7}, julgue o item.

B – A = {6, 9}.

Gabarito comentado: expondo os elementos dentro dos conjuntos, fica:

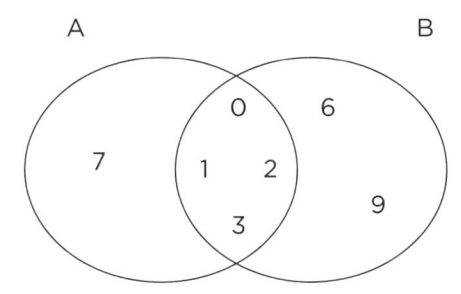

Desse exposto, o conjunto B – A = {6, 9}. Portanto, a assertiva do enunciado está correta.

(IBFC – 2022 – INDEA/MT – Fiscal Estadual de Defesa Agropecuária e Florestal)

11) Considere que um conjunto A possui 4 elementos distintos e que um conjunto B possui 6 elementos distintos. Se a interseção entre o conjunto A e o conjunto B possui 3 elementos, então é correto afirmar que:

A) A união entre os conjuntos A e B possui 10 elementos distintos.

B) A diferença entre os conjuntos A e B, nessa ordem, possui somente 1 elemento.

C) A e B são conjuntos disjuntos.

D) A diferença entre os conjuntos B e A, nessa ordem, possui somente 7 elementos distintos.

Gabarito comentado: organizando os dados de acordo com o enunciado fica:

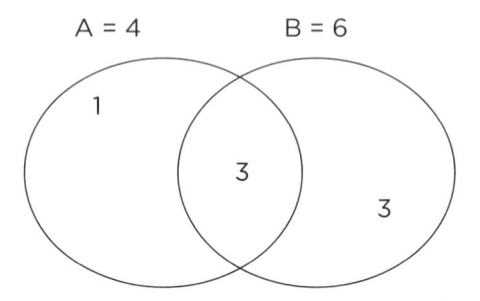

Dessa organização e analisando as alternativas, a única correta é a alternativa B (A – B = 1 elemento). Portanto, a letra B é o gabarito.

(Instituto Access – 2022 – Câmara de Rio Acima/MG – Analista Legislativo)

12) Um grupo de 140 alunos foi imunizado com as vacinas Pfizer ou AstraZeneca. 60 tomaram só a Pfizer e 80 tomaram a AstraZeneca. Se 30 tomaram as duas, o número de alunos que tomaram apenas um tipo de vacina foi:

A) 50.

B) 60.

C) 90.

D) 110.

Gabarito comentado: resolvendo a questão da forma mais objetiva, para descobrir o número de alunos que tomaram apenas um tipo de vacina, basta subtrair do total de vacinados o número de vacinados com as doses dos dois tipos:

140 – 30 = 110. Portanto, a letra D é o gabarito.

(FUNDEP – 2022 – Câmara de Pirapora/MG – Assessor Jurídico)

13) Em um campeonato regional juvenil, estudantes de uma escola se inscreveram para participar de competições em três modalidades, conforme mostra a tabela a seguir.

Modalidades esportivas	Número de estudantes inscritos
Handebol	127
Vôlei	118
Basquete	148
Handebol e basquete	57
Handebol e vôlei	43
Basquete e vôlei	40
Handebol, basquete e vôlei	12

Considerando os dados apresentados pela tabela, pode-se afirmar que o número de inscritos foi de:

A) 140 estudantes.

B) 265 estudantes.

C) 393 estudantes.

D) 545 estudantes.

Gabarito comentado: organizando os dados, começando da maior interseção, fica:

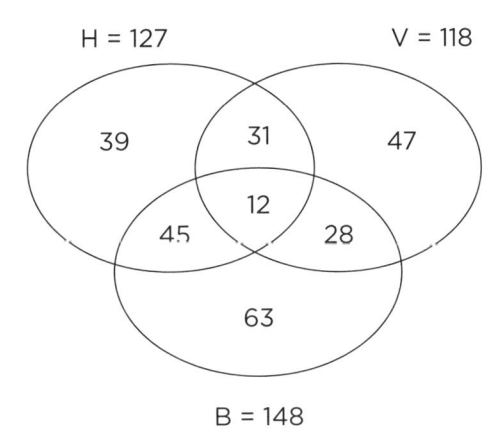

Como 12 estudantes se inscreveram para as 3 modalidades tem que ir descontando os valores de acordo com os dados para não ter dados em duplicidade ou triplicidade.

Dessa forma, o total de estudantes que se inscreveram foi: 39 + 47 + 63 + 31 + 45 + 28 + 12 = 265 estudantes.

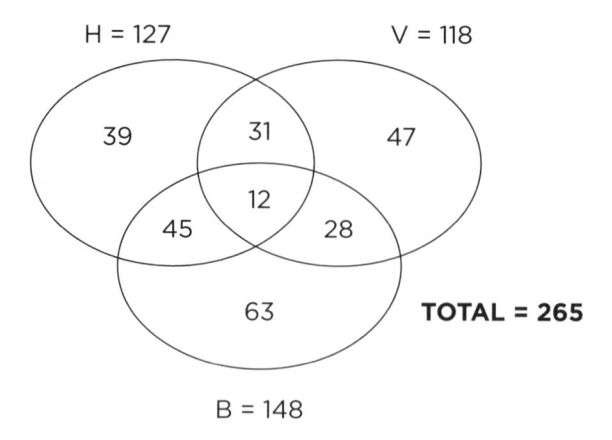

Portanto, a letra B é o gabarito.

Acesse a Plataforma Digital com questões de concursos interativas com gabarito selecionadas para você praticar. Para acessá-la, veja o passo a passo na orelha desta obra.

CAPÍTULO 13

ANÁLISE COMBINATÓRIA

Conceito

Parte da matemática e do raciocínio lógico que estuda o número de possibilidades de determinado evento ocorrer.

Exemplo:

Sabendo que da cidade "A" até a cidade "B" existem 3 estradas, qual o número de possibilidades de se sair de A e chegar em B? Resposta: como são 3 possíveis estradas, o total de possibilidades são exatamente as 3 estradas.

Observação

Por mais simples que pareça, a análise combinatória é literalmente contar de quantas formas determinado evento pode acontecer, mas nem todas as contagens serão fáceis de se fazer, como a do exemplo anterior.

A análise combinatória aborda os assuntos de Princípio Fundamental da Contagem (PFC), Arranjos e Combinações, mas antes de entrar em cada tópico específico é importante revisarmos alguns conceitos básicos utilizados durante o estudo da análise combinatória.

Fatorial (!)

Fatorial de um número – natural – significa multiplicar esse número por todos os seus antecessores, em ordem, até o número 1.

$2! = 2 \cdot 1 = 2$

$3! = 3 \cdot 2 \cdot 1 = 6$

$4! = 4 \cdot 3! = 24$

$5! = 5 \cdot 4! = 120$

$6! = 6 \cdot 5 \cdot 4 \cdot 3 \cdot 2 \cdot 1 = 720$

Além dos números maiores que um, há dois fatoriais importantes, a saber:

$1! = 1$

$0! = 1$

Princípio Fundamental da Contagem (PFC)

O PFC diz que o total de possibilidades é o produto das possibilidades.

 Observação

Ideia de "e" e "ou" na análise combinatória

Sempre que se deparar, em uma conta, com a ideia de um resultado **e** outro, multiplica-se as possibilidades; caso a ideia seja um resultado **ou** outro, somam-se as possibilidades.

Exemplo:

Sabendo que da cidade "A" até a cidade "B" existem três estradas e que da cidade "B" para a cidade "C" existem duas estradas. Sabendo ainda que não existe caminhos diretos da cidade "A" até a cidade "C", quantos caminhos diferentes podem ser adotados para sair de "A" e chegar em "C"?

Utilizando o PFC, há 3 possibilidades de ir de "A" para "B" **e** 2 de ir de "B" para "C", logo, o produto das possibilidades é 3 × 2 = 6. Portanto, há 6 possibilidades diferentes para sair de "A" e chegar em "C".

Arranjo

O arranjo é utilizado para se calcular o número de possibilidades quando, ao ordenar um grupo de elementos, a **ordem** em que eles são alocados **faz** diferença para o grupo:

$$A_{n,p} = \frac{n!}{(n-p)!}$$

em que:

n = total de elementos disponíveis;

p = número de elementos que formarão o arranjo.

Exemplo:

Em uma prova de atletismo, em que participam oito competidores, os três primeiros colocados formarão o pódio e irão receber as medalhas de ouro, prata e bronze, respectivamente, para os primeiro, segundo e terceiro colocados. Qual o total de possibilidades para se formar esse pódio?

Para resolver esse tipo de problema, a primeira pergunta a se fazer é: "a ordem entre, 1°, 2° e 3° importa?". No caso do exemplo, sim, a ordem faz diferença, pois receber uma medalha de ouro é diferente de receber uma de prata. Assim, basta aplicar a fórmula do arranjo:

$$A_{n,p} = \frac{n!}{(n-p)!} \quad A_{8,3} = \frac{8!}{(8-3)!} \quad A_{8,3} = \frac{8 \cdot 7 \cdot 6 \cdot 5!}{5!} \quad A_{8,3} = 8 \cdot 7 \cdot 6 = 336$$

Permutação

A permutação é um caso específico de arranjo em que se utiliza todos (**organiza todos**) os elementos disponíveis:

$$P_n = n!$$

em que n é o número de elementos disponíveis.

> **Observação**
>
> **Anagramas** significam a ordenação das letras de determinada palavra para constituir novas palavras (com ou sem sentido na linguagem coloquial), ou seja, as possibilidades de se alternar as letras de uma palavra.

Exemplo:

Quantos anagramas podem ser formados com as letras da palavra BRASIL?

Como anagrama é permutação, então, aplicando a fórmula da permutação:

$$P_n = n! \quad P_6 = 6! \quad P_6 = 6 \cdot 5 \cdot 4 \cdot 3 \cdot 2 \cdot 1 = 720$$

Permutação com Repetição

Permutação com repetição é o caso especial de permutação em que são utilizados todos os elementos e ainda existem alguns elementos repetidos. Exemplos bem conhecidos são os anagramas de palavras com letras repetidas:

$$P_n^{a,b,c\ldots} = \frac{n!}{a! \cdot b! \cdot c!\ldots}$$

em que:

n = total de elementos disponíveis;

$a, b, c\ldots$ = número de vezes que cada elemento se repete.

Exemplo:

Quantos anagramas podem ser formados com as letras da palavra "ASSISTIR"?

Veja que a palavra "assistir" possui letras repetidas, então, aplicando a fórmula da permutação com repetição:

$$P_n^{a,b,c\ldots} = \frac{n!}{a! \cdot b! \cdot c!\ldots} \quad P_8^{3,2} = \frac{8!}{3! \cdot 2!} \quad P_8^{3,2} = \frac{8 \cdot 7 \cdot 6 \cdot 5 \cdot 4 \cdot 3!}{3! \cdot 2 \cdot 1} \quad P_8^{3,2} = 8 \cdot 7 \cdot 6 \cdot 5 \cdot 2 = 3.360$$

Permutação Circular

A permutação circular é o caso especial da permutação que ocorre quando os elementos estão dispostos "em torno de" ou "ao redor de". Na permutação circular, a ideia é verificar a mudança de posição e não necessariamente a mudança de lugar.

$$P_n^c = (n-1)!$$

com n sendo o número de elementos disponíveis.

Exemplo:

Quatro amigos estão sentados em torno de uma mesa quadrada. Qual o número de possibilidades desses quatro amigos se sentarem à mesa?

Nesse caso, a ordem com que os amigos se sentam à mesa faz diferença, no entanto, caso os quatro troquem de lugar simultaneamente, todos indo para o seu lado direito, a ordem para eles continuará a mesma, pois continuarão com as mesmas pessoas aos seus lados e a sua frente. Por isso, tem-se, aqui, um caso de permutação circular.

$$P_n^c = (4-1)! \qquad P_3^c = 3! \qquad P_3^c = 3 \cdot 2 \cdot 1 = 6$$

Combinação

Combinação é quando, ao ordenar um grupo de elementos, a **ordem** com que eles são alocados **não faz** diferença:

$$C_{n,p} = \frac{n!}{p! \cdot (n-p)!}$$

em que:

n = total de elementos disponíveis;

p = número de elementos que formarão grupo.

Exemplo:

Em uma prova de atletismo da qual participam oito competidores, os três primeiros colocados, independentemente da posição que chegarem, formarão a equipe de atletismo que participará dos jogos escolares. Qual o número total de equipes que podem ser formadas para participar dos jogos escolares?

Para resolver esse tipo de problema, a primeira pergunta a se fazer é: "a ordem entre, 1º, 2º e 3º importa?". Nesse caso, diferentemente do que ocorreu com o exemplo do arranjo, tem-se que a ordem entre 1º, 2º e 3º não importa, já que os três farão parte da equipe de atletismo. O enunciado deixa claro que, independentemente de ser 1º, 2º ou 3º, o atleta estará na equipe. Portanto, estamos na combinação:

$$C_{n,p} = \frac{n!}{p! \cdot (n-p)!} \qquad C_{8,3} = \frac{8!}{3! \cdot (8-3)!} \qquad C_{8,3} = \frac{8 \cdot 7 \cdot 6 \cdot 5!}{3! \cdot 5!} \qquad C_{8,3} = \frac{8 \cdot 7 \cdot 6}{3 \cdot 2 \cdot 1} = 56$$

Combinação com Repetição

Como o próprio nome diz, é o caso especial da combinação na qual existem elementos que podem se repetir:

$$C_{n,p}^r = \frac{(n+p-1)!}{p! \cdot (n-1)!}$$

em que:

n = total de elementos disponíveis;

p = número de elementos que formarão o grupo.

Exemplo:

Luísa foi à livraria comprar oito canetas para montar seus cadernos. Ao chegar à loja, a vendedora informou que havia somente quatro cores – preta, azul, vermelha e verde. De quantas maneiras Luísa pode escolher as oito canetas que irá comprar?

A ordem em que Luísa escolhe as canetas não irá influenciar o resultado, pois de qualquer forma ela sairá da loja com as oito canetas, porém perceba que, como ela irá comprar oito canetas e só existem quatro cores disponíveis, nesse caso, necessariamente, pelo menos uma cor irá se repetir, ou até mesmo todas as cores podem se repetir. Assim, nesse caso, utilizando a fórmula da combinação com repetição, tem-se que o "n" não são as oito canetas, mas sim o "n" são as quatro cores de canetas disponíveis e que podem se repetir, já o "p", que representa o número de elementos que formará o grupo, é 8. Aplicando a fórmula, temos:

$$C_{n,p}^r = \frac{(n+p-1)!}{p!\cdot(n-1)!} \quad C_{4,8}^r - \frac{(4+8-1)!}{8!\cdot(4-1)!} \quad C_{4,8}^r - \frac{11!}{8!\cdot 3!}$$

$$C_{4,8}^r = \frac{11\cdot10\cdot9\cdot8!}{8!\cdot3\cdot2\cdot1} \quad C_{4,8}^r = \frac{11\cdot10\cdot9}{3\cdot2\cdot1} = 165$$

Questões Comentadas de Concursos

(Quadrix – 2022 – CRC/PR – Assistente Administrativo)

1) O cardápio de um restaurante apresenta quatro tipos de entrada, seis tipos de prato principal e três tipos de sobremesa. Para participar de determinada promoção nesse restaurante, cada cliente deverá escolher um item de cada uma dessas três categorias.

Com base nesse caso hipotético, julgue o item.

Há menos de setenta formas de um cliente participante da promoção escolher seus pratos.

Gabarito comentado: o princípio fundamental de contagem (PFC) diz que o total de possibilidades é o produto das possibilidades. Para o caso, temos 4 opções de entrada, 6 pratos principais e 3 tipos de sobremesa. Portanto, temos 4 × 6 × 3 = 72 possibilidades de escolha para um prato. Como o item afirma ser menos de 70, a assertiva do enunciado está incorreta.

(Unesc – 2022 – Prefeitura de Laguna/SC – Instrutor de Informática)

2) Uma lanchonete oferece 18 tipos de sanduíche, 10 tipos de suco e 16 tipos de sorvete. De quantas maneiras diferentes é possível montar uma refeição com um tipo de sanduíche, um tipo de suco e um tipo de sorvete?

A) É possível montar essa refeição de 1.320 maneiras diferentes.

B) É possível montar essa refeição de 2.460 maneiras diferentes.

C) É possível montar essa refeição de 3.550 maneiras diferentes.

D) É possível montar essa refeição de 2.880 maneiras diferentes.

E) É possível montar essa refeição de 1.960 maneiras diferentes.

Gabarito comentado: podemos calcular a quantidade de refeições por PFC (princípio fundamental da contagem):

Um tipo de sanduíche **e** um tipo de suco **e** um tipo de sorvete

$18 \cdot 10 \cdot 16 = 2.880$ refeições.

Portanto, a letra D é o gabarito.

(Avança SP – 2022 – Prefeitura de Laranjal Paulista/SP – Professor)

3) Em uma corrida de Fórmula 1, há 20 pilotos disputando a 1ª, 2ª e 3ª colocação. Sabendo que esses lugares dão, nessa ordem, 25, 18 e 15 pontos para o campeonato. Assim, podemos afirmar com certeza que há:

A) 6.840 formas de acontecer o pódio.

B) 6.750 formas de acontecer o pódio.

C) 5.814 formas de acontecer o pódio.

D) 8.000 formas de acontecer o pódio.

E) 15.625 formas de acontecer o pódio.

Gabarito comentado: questões em que existe um total de pessoas ou objetos e determinado número será selecionado para se formar um grupo, a primeira pergunta a se fazer é se a ordem dos elementos importa. Para o caso, como ser o primeiro colocado é diferente de ser o segundo, a ordem faz diferença, logo, estamos em uma conta de arranjo.

Basta, então, aplicarmos a fórmula $A_{n,p} = \dfrac{n!}{(n-p)!}$.

Como são 20 pilotos e se quer encontrar as possibilidades para os três primeiros, temos:

$$A_{20,3} = \frac{20!}{(20-3)!}$$

$$A_{20,3} = \frac{20 \cdot 19 \cdot 18 \cdot 17!}{17!} \text{ (simplificando 17!)}$$

$A_{20,3} = 20 \cdot 19 \cdot 18 = 6.840$ possibilidades.

Portanto, a letra A é o gabarito.

(OMNI – 2022 – Prefeitura de Rio das Antas/SC – Professor)

4) Sete amigas foram ao parque, elas se sentaram uma ao lado da outra. As diferentes formas que elas puderam sentar-se foi:

A) 50.

B) 720.

C) 5.040.

D) 8.650.

Gabarito comentado: nesse caso, trata-se justamente da forma com que as amigas se sentam, logo, a ordem entre elas faz diferença. Como serão organizadas todas as amigas, tem-se uma questão de permutação. Assim, para se chegar ao total de possibilidades, basta aplicarmos a fórmula $P_n = n!$.

Para o caso, $P_7 = 7! = 7 \cdot 6 \cdot 5 \cdot 4 \cdot 3 \cdot 2 \cdot 1 = 5.040$ possibilidades.

Logo, a letra C é o gabarito.

(Quadrix – 2022 – CRC/PR – Analista de Informática)

5) Em 10 de dezembro de 2022, Cássia Rejane Eller, mais conhecida como Cássia Eller, completaria 60 anos de idade. Uma das maiores vozes da música brasileira, Cássia morreu no dia 29 de dezembro de 2001, em razão de um infarto do miocárdio repentino. Com base nessas informações, julgue o item.

Desconsiderando-se o acento, o número de anagramas da palavra "CÁSSIA" é o sêxtuplo do número de anagramas da palavra "ELLER".

Gabarito comentado: em questões que envolvem anagramas e não existem condições específicas, basta aplicarmos a fórmula da permutação, sempre atentando se a palavra possui ou não letras repetidas. Nas palavras CASSIA e ELLER, têm letras repetidas.

Assim, aplicamos a fórmula da permutação com repetição $P_n^{a,b,c,...} = \dfrac{n!}{a! \cdot b! \cdot c!...}$

Para a palavra CASSIA com 6 letras sendo 2 repetidas, têm-se:

$P_6^2 = \dfrac{6!}{2!}$

$P_6^2 = \dfrac{6 \cdot 5 \cdot 4 \cdot 3 \cdot 2!}{2!}$

$P_6^2 = 6 \cdot 5 \cdot 4 \cdot 3 = 360$.

Para a palavra ELLER, permutação de 5 letras com 2 repetidas:

$P_5^2 = \dfrac{5!}{2!} = \dfrac{5 \cdot 4 \cdot 3 \cdot 2!}{2!} = 60$.

De fato, 360 é o sêxtuplo de 60, portanto, a assertiva do enunciado está correta.

(Quadrix – 2022 – CRC/PR – Analista de Informática)

6) Em 10 de dezembro de 2022, Cássia Rejane Eller, mais conhecida como Cássia Eller, completaria 60 anos de idade. Uma das maiores vozes da música brasileira, Cássia morreu no dia 29 de dezembro de 2001, em razão de um infarto do miocárdio repentino. Com base nessas informações, julgue o item.

O número de anagramas da palavra "REJANE" que terminam em E é igual a 120.

Gabarito comentado: em questões que envolvem anagramas e existem condições específicas, primeiro analisamos e trabalhamos com a condição. No caso, temos a palavra REJANE e uma condição específica de que a última letra seja um E. Assim, fixaremos a 6ª posição como uma letra E, sobrando, assim, 5 letras que trocaram de lugar entre si, ou seja, $P_5 = 5! = 5 \cdot 4 \cdot 3 \cdot 2 \cdot 1 = 120$.

Portanto, a assertiva do enunciado está correta.

(UFRJ – 2022 – Assistente em Administração)

7) Um grupo composto por seis Assistentes em Administração estava em uma sala de reunião mobiliada com uma mesa para analisar diversos Termos de Compromisso de Estágio de alunos

de graduação de uma unidade acadêmica da UFRJ, a fim de verificar se esses documentos atendiam a todos os requisitos previstos nas normas legais que regulamentam e autorizam a realização do estágio. Nesse cenário em que todos dispunham de uma cadeira, o número de maneiras que esses servidores podem se sentar em torno dessa mesa é:

A) 480.

B) 720.

C) 120.

D) 60.

E) 360.

Gabarito comentado: note que todos estão sentados em torno de uma mesma mesa, portanto, estamos na permutação circular, cuja fórmula é $P_n = (n-1)!$.

Para o caso, tem-se:

$P_6 = (6-1)! = 5! = 5 \cdot 4 \cdot 3 \cdot 2 \cdot 1 = 120$.

Portanto, a letra C é o gabarito.

(IADES – 2022 – CAU/SE – Auxiliar de Fiscalização)

8) Em uma empresa de arquitetura, há 10 arquitetos, entre os quais 60% são paisagistas. Dois paisagistas serão escolhidos para realizar um projeto urbanístico. Quantas escolhas distintas poderão ser feitas para selecionar os dois arquitetos?

A) 10.

B) 12.

C) 15.

D) 18.

E) 21.

Gabarito comentado: primeiro, devemos encontrar o total de paisagistas: 60% de 10 = 6 paisagistas.

Como o texto da questão não traz qualquer condição específica, a ordem de escolha não importa. Logo, a conta será de combinação.

Basta aplicarmos a fórmula, representada por $C_{n,p} = \dfrac{n!}{(n-p)! \cdot p!}$. Assim:

$C_{6,2} = \dfrac{6!}{(6-2)! \cdot 4!}$

$C_{6,2} = \dfrac{6!}{2! \cdot 4!}$

$C_{6,2} = \dfrac{6 \cdot 5 \cdot 4!}{2 \cdot 1 \cdot 4!}$ (simplificando 4!)

$C_{6,2} = \dfrac{6 \cdot 5}{2}$

$C_{6,2} = \dfrac{30}{2} = 15$ possibilidades de escolha.

Portanto, a letra C é o gabarito.

(ACCESS – 2022 – Câmara de Arantina/MG – Técnico em Contabilidade)

9) Uma comissão de trabalho será formada entre os funcionários de um setor específico de uma Prefeitura. Este setor possui três Técnicos em Contabilidade, quatro Auxiliares de Serviços gerais e três Auxiliares de Secretaria. A comissão de trabalho será composta por um Técnico em Contabilidade, dois Auxiliares de serviços gerais e dois Auxiliares de Secretaria. O número de maneiras possíveis de formar essa comissão é:

A) 12.

B) 24.

C) 36.

D) 50.

E) 54.

Gabarito comentado: geralmente, questões que tratam de comissão se referem à combinação; com isso, organizando os dados e calculando, tem-se:

Ao todo:

Técnicos em Contabilidade = 3;

Auxiliares de Serviços gerais = 4;

Auxiliares de Secretaria = 3.

E as comissões serão formadas por:

1 Técnico em Contabilidade; **e** 2 Auxiliares de Serviços gerais; **e** 1 Auxiliar de Secretaria.

Não esqueça que quando a ideia for um "**e**" outro, multiplicam-se os resultados.

Agora, aplicando as fórmulas:

$C_{3,1} \cdot C_{4,2} \cdot C_{3,1}$

$$\frac{3!}{(3-2)! \cdot 2!} \cdot \frac{4!}{(4-2)! \cdot 2!} \cdot \frac{3!}{(3-2)! \cdot 2!}$$

$$\frac{3!}{1! \cdot 2!} \cdot \frac{4!}{2! \cdot 2!} \cdot \frac{3!}{1! \cdot 2!} \text{ (simplificando)}$$

$$\frac{3 \cdot (4 \cdot 3)}{2 \cdot 3} =$$

$3 \cdot 6 \cdot 3$ = 54 comissões.

Portanto, a letra E é o gabarito.

(Quadrix – 2022 – CRMV/PR – Agente de Fiscalização)

10) Bárbara quer comprar 10 croissants em uma padaria onde há 3 tipos de croissant (presunto e queijo, pera com gorgonzola e chocolate). Com base nessa situação hipotética, é correto afirmar que ela poderá fazer isso de:

A) 44 maneiras distintas.

B) 55 maneiras distintas.

C) 66 maneiras distintas.

D) 77 maneiras distintas.

E) 88 maneiras distintas.

Gabarito comentado: aqui, temos que a ordem de escolha dos croissants não vai alterar o fato de Bárbara sair da loja com os 10 pães, portanto, já se tem uma combinação, porém, como só existem três tipos disponíveis, eles vão se repetir.

Logo, estamos na fórmula da combinação com repetição, $C_{n,p}^r = \dfrac{(n+p-1)!}{(n-1)! \cdot p!}$

$$C_{3,10}^r = \frac{(3+10-1)!}{(3-1)! \cdot 10!}$$

$$C_{3,10}^r = \frac{12!}{2! \cdot 10!}$$

$$C_{3,10}^r = \frac{12 \cdot 11 \cdot 10!}{2 \cdot 1 \cdot 10!} \text{ (simplificando 10!)}$$

$$C_{3,10}^r = 6 \cdot 11$$

$$C_{3,10}^r = 66.$$

Portanto, a letra C é o gabarito.

(Quadrix – 2022 – CRP-AP/PA – 10ª Região – Analista)

11) Para a realização de uma dinâmica de grupo, deseja-se selecionar 6 pessoas de um conjunto de 10 pessoas (entre elas Anderson e Bárbara). Com base nessa situação hipotética, julgue os itens.

Essa dinâmica de grupo pode ser realizada de 210 modos distintos.

Gabarito comentado: como a questão não traz qualquer especificidade para as 6 pessoas escolhidas, temos combinação de 10 em 6, ou $C_{10,6}$. Resolvendo, temos:

$$C_{10,6} = \frac{10!}{(10-6)! \cdot 6!}$$

$$C_{10,6} = \frac{10 \cdot 9 \cdot 8 \cdot 7 \cdot 6!}{4! \cdot 6!} \text{ (simplificando 6!)}$$

$$C_{10,6} = \frac{10 \cdot 9 \cdot 8 \cdot 7}{4 \cdot 3 \cdot 2 \cdot 1}$$

$$C_{10,6} = 210.$$

Portanto, a assertiva do enunciado está correta.

(Quadrix – 2022 – CRP-AP/PA – 10ª Região – Analista)

12) Para a realização de uma dinâmica de grupo, deseja-se selecionar 6 pessoas de um conjunto de 10 pessoas (entre elas Anderson e Bárbara). Com base nessa situação hipotética, julgue o item.

Se Anderson e Bárbara são um casal inseparável, essa dinâmica de grupo pode ser realizada de 98 maneiras distintas.

Gabarito comentado: já sabemos que a ordem de escolha para o grupo não importa e que a conta é de combinação, porém, aqui, tem uma condição: como Anderson e Bárbara são inseparáveis, temos que os grupos podem ser formados com a participação do casal **ou** sem a participação do casal (atente para o "**ou**", ou seja, no final, somaremos os resultados).

Considerando que eles não participam do grupo, temos que escolher, dentre 8 pessoas, as 6 que participam:

$$C_{8,6} = \frac{8!}{(8-6)! \cdot 6!}$$

$$C_{8,6} = \frac{8 \cdot 7 \cdot 6!}{2! \cdot 6!} \quad \text{(simplificando 6!)}$$

$$C_{8,6} = \frac{8 \cdot 7}{2}$$

$C_{8,6} = 28.$

Agora, considerando que o casal participa do grupo, já temos duas pessoas escolhidas, assim, temos que selecionar entre 8 pessoas mais 4 pessoas:

$$C_{8,4} = \frac{8!}{(8-4)! \cdot 4!}$$

$$C_{8,4} = \frac{8 \cdot 7 \cdot 6 \cdot 5 \cdot 4!}{4! \cdot 4 \cdot 3 \cdot 2 \cdot 1}$$

$$C_{8,4} = \frac{8 \cdot 7 \cdot 6 \cdot 5}{4 \cdot 3 \cdot 2 \cdot 1}$$

$C_{8,4} = 70.$

Como temos uma possibilidade **ou** a outra, somamos 28 + 70 e chegamos a 98 maneiras.

Portanto, a assertiva do enunciado está correta.

(Quadrix – 2022 – CRP-AP/PA – 10ª Região – Analista)

13) Para a realização de uma dinâmica de grupo, deseja-se selecionar 6 pessoas de um conjunto de 10 pessoas (entre elas Anderson e Bárbara). Com base nessa situação hipotética, julgue o item.

As 6 pessoas que participarão dessa dinâmica de grupo poderão formar uma roda de 720 modos distintos.

Gabarito comentado: aqui, temos o grupo de 6 pessoas já formado e eles formarão uma roda, ou seja, tem-se uma permutação circular: $P_n = (n-1)!$

$P_6 = (6-1)! = 5! = 5 \cdot 4 \cdot 3 \cdot 2 \cdot 1 = 120$ possibilidades.

Portanto, a assertiva do enunciado está incorreta.

CAPÍTULO 14
PROBABILIDADE

Conceitos Básicos

Em termos bem simplistas, probabilidade é a **chance** de um acontecimento ocorrer.

Alguns conceitos são importantes e ajudarão a entender esses acontecimentos e suas chances de acontecer.

Experimento aleatório

É todo experimento que **não** tem como **garantir** o resultado, mesmo que esse experimento seja feito diversas vezes e nas mesmas condições. É o experimento que mesmo repetido diversas vezes, nas mesmas condições, não tem garantia do resultado.

O exemplo mais clássico de um experimento aleatório é o lançamento de uma moeda para determinar se o resultado será "cara ou coroa". Entenda que você pode e vai acertar muitas vezes o resultado, contudo você **nunca** poderá **garantir** o resultado (acertar o resultado ≠ garantir o resultado).

Outros exemplos bem comuns dos experimentos aleatórios são o "dado" e o "baralho". Ao lançar o dado, você não tem como garantir o resultado dentre o 1, 2, 3, 4, 5 ou 6; da mesma forma, ao retirar uma carta do baralho (sem ver a carta, óbvio), você não tem como garantir qual é a carta.

Espaço amostral

São todos os resultados possíveis para o experimento aleatório (expresso sempre em valores numéricos).

Na moeda, o espaço amostral é 2, no dado é 6, no baralho é 52.

> **Observação**
> Em termos práticos, o espaço amostral é **tudo** (todas as opções) que **tem** disponível para "acontecer".

Evento

É uma parte do espaço amostral, é a parte que se quer determinar a chance de acontecer (também expresso em valores numéricos).

No baralho, por exemplo, o evento "cartas que são letras" tem um valor igual a 16, pois no baralho há as cartas A, J, Q, K em cada um dos quatro naipes.

 Observação

Em termos práticos, o evento é aquilo que se **quer** saber a chance de "acontecer".

Cálculo da Probabilidade

O cálculo da probabilidade é feito por uma razão entre o **evento** e o **espaço amostral**.

$$P = \frac{\text{evento}}{\text{espaço amostral}}$$

$$P = \frac{\text{quero}}{\text{tenho}}$$

Exemplo:

Qual a probabilidade de, ao retirar uma carta do baralho, essa carta ser uma letra?

$$P = \frac{\text{evento}}{\text{espaço amostral}}$$

$$P = \frac{\text{quero}}{\text{tenho}}$$

$$P = \frac{\text{carta que é letra}}{\text{total de cartas do baralho}}$$

$$P = \frac{16}{52} \text{ (simplificando tudo por 4)}$$

$$P = \frac{4}{13}$$

$P = 0,3077$ (multiplicando por 100)

$P = 30,77\%$.

Os resultados da probabilidade podem ser expressos em **fração**, números **decimais** ou **porcentagem**.

O valor da probabilidade varia de 0 a 1 (ou de 0% a 100%).

Evento com valor igual a 0 é chamado de evento **impossível** (por exemplo: um número no alfabeto).

Evento com valor igual a 1 – ou 100% – é chamado de evento **certo** ou **garantido** (por exemplo: um número no dado).

Probabilidade Complementar

A chance de um evento **acontecer** "somado" à chance de esse evento **não acontecer** sempre será igual a 1 (ou 100%).

$$P_{\text{acontecer}} + P_{\text{não acontecer}} = 1 \text{ (ou 100\%)}$$

Exemplo:

Qual a probabilidade de, ao retirar uma carta do baralho, essa carta **não** ser uma letra?

Como já se sabe que a probabilidade de, ao retirar uma carta do baralho, ela ser uma letra é igual a $\dfrac{4}{13}$ ou 0,3077 ou 30,77%, então a probabilidade de ela não ser uma letra é:

$$P = \dfrac{1-4}{13} = \dfrac{9}{13}$$
$$P = 1 - 0,3077 = 0,6923$$
$$P = 100\% - 30,77\% = 69,23\%.$$

Casos de Probabilidade

Eventos independentes e eventos sucessivos

Em muitas questões, acontece de ser calculada mais de uma probabilidade acerca dos eventos pedidos.

Quando os eventos estiverem ligados por **e**, deverá se multiplicar essas probabilidades; já quando os eventos estiverem ligados por **ou**, deverá se somar as probabilidades.

Via de regra, quando se calcula mais de uma probabilidade, os eventos são sucessivos ou independentes, o que pode implicar uma variação dos valores de eventos e espaços amostrais.

Observe os exemplos.

Exemplo 1:

Eventos independentes e sucessivos

Ao lançar um dado duas vezes, qual a chance de os dois resultados serem números primos?

O lançamento do dado é um evento independente e, como o dado será lançado duas vezes, os eventos serão sucessivos também. Calculando fica:

$$P = \dfrac{\text{quero}}{\text{tenho}}$$

$$P = \dfrac{\text{número primo no dado } (2, 3, 5)}{\text{todos os resultados possíveis no dado } (1, 2, 3, 4, 5, 6)}$$

$$P = \dfrac{3}{6} \left(\text{simplificando}\right) = \dfrac{1}{2}$$

Como são dois lançamentos:

$P = 1^{\text{o}}$ lançamento **e** 2° lançamento

$$P = \dfrac{1}{2} \cdot \dfrac{1}{2} = \dfrac{1}{4} = 0,25 = 25\%$$

Exemplo 2:

Eventos sucessivos, mas não independentes

Em uma urna tem 10 bolas numeradas de 1 a 10, e deseja-se retirar duas bolas da urna. Qual a chance de as duas bolas serem números primos?

A retirada das bolas é um evento sucessivo, mas não independente, pois, ao retirar uma bola, essa não mais estará disponível para a próxima retirada; com isso, ocorrerá uma redução do evento e do espaço amostral para a 2ª retirada. Calculando fica:

$$P = \frac{quero}{tenho}$$

$$P = \frac{\text{número primo } (2, 3, 5, 7)}{\text{total de números}}$$

$P = $ 1ª retirada **e** 2ª retirada

$$P = \frac{4}{10} \cdot \frac{3}{9}$$

$$P = \frac{12}{90} \left(\text{simplificando}\right) = \frac{2}{15} = 0,1333... = 13,33\%$$

 Observação

Pode acontecer de os eventos serem **mutuamente excludentes**, e quando for assim, ao acontecer um dos eventos, o outro não poderá ocorrer.

Probabilidade condicional

Probabilidade condicional é a probabilidade de um evento acontecer sabendo que já aconteceu outro evento antes.

Em termos práticos, o que ocorre é uma redução do espaço amostral em razão da "condição" imposta.

A fórmula para o cálculo da probabilidade condicional é:

$$P_{\frac{A}{B}} = \frac{P_{A \cap B}}{P_B}$$

em que:

$P_{\frac{A}{B}}$ = probabilidade de acontecer o evento A, sabendo que aconteceu o evento B;

$P_{A \cap B}$ = probabilidade dos eventos A e B;

P_B = probabilidade do evento B.

 Observação

Não se prenda à fórmula, lembre-se da redução do espaço amostral.

Exemplo:

Qual a chance de, ao retirar uma carta do baralho, essa ser do naipe de copas sabendo que a carta já é uma letra?

$$P_{\frac{A}{B}} = \frac{P_{A \cap B}}{P_B}$$

$$P = \frac{\text{quero}}{\text{tenho}}$$

$$P = \frac{\text{carta que é letra e de copas}}{\text{carta que é letra}}$$

$$P = \frac{4}{16} = \frac{1}{4} = 0,25 = 25\%.$$

Probabilidade da união de eventos

Também chamada da probabilidade do "**ou**".

É a probabilidade de acontecer um evento, **ou** outro evento, **ou** os dois eventos.

A fórmula do cálculo dessa probabilidade é:

$$P_{(A \text{ ou } B)} = P_A + P_B - P_{(A \text{ e } B)}$$

em que:

$P_{(A \text{ ou } B)}$ = probabilidade de acontecer o evento A **ou** o evento B;

$P_{(A \text{ e } B)}$ = probabilidade de acontecer o evento A **e** o evento B;

P_A = probabilidade do evento A;

P_B = probabilidade do evento B.

Exemplo:

Qual a probabilidade de, ao lançar o dado, o resultado ser um número primo **ou** um número ímpar?

P_A = número primo

$$P_A = \frac{3}{6}$$

P_B = número ímpar

$$P_B = \frac{3}{6}$$

$P_{(A \text{ e } B)}$ = primo **e** ímpar

$$P_{(A \text{ e } B)} = \frac{2}{6}$$

$$P_{(A \text{ ou } B)} = P_A + P_B - P_{(A \text{ e } B)}$$

$$P_{(A \text{ ou } B)} = \frac{3}{6} + \frac{3}{6} - \frac{2}{6}$$

$$P_{(A \text{ ou } B)} = \frac{6}{6} - \frac{2}{6} = \frac{4}{6} = \frac{2}{3} = 0,666... = 66,67\%.$$

Probabilidade binomial

Também chamada de probabilidade do "sucesso".

É a probabilidade de determinado evento específico acontecer, uma quantidade determinada de vezes, como sucesso, dentre todas as vezes que o evento "maior" acontece.

A fórmula do cálculo dessa probabilidade é:

$$P = C_{n,s} \cdot P_s^S \cdot P_f^F$$

em que:

C = combinação;

n = número de repetições do evento "maior";

S = quantidade de sucessos do evento;

F = quantidade de insucessos do evento;

P_s = probabilidade do sucesso do evento;

P_f = probabilidade do insucesso do evento.

Exemplo:

Um casal ao ter 5 filhos deseja que 3 deles sejam meninas. Qual é a probabilidade de isso acontecer?

$n = 5$;

$S = 3$ meninas;

$F = 2$ meninos.

$$P_s = \frac{1}{2}$$

$$P_f = \frac{1}{2}$$

$$P = C_{n,s} \cdot P_s^S \cdot P_f^F$$

$$P = C_{5,3} \cdot \frac{1}{2^3} \cdot \frac{1}{2^2}$$

$$P = \frac{5!}{3!2!} \cdot \frac{1}{8} \cdot \frac{1}{4}$$

$$P = \frac{5 \cdot 4 \cdot 3!}{3! \cdot 2 \cdot 1} \cdot \frac{1}{32}$$

$$P = \frac{20}{2} \cdot \frac{1}{32}$$

$$P = \frac{10}{32} = \frac{5}{16} = 0,3125 = 31,25\%$$ de que, dentre os 5 filhos do casal, 3 sejam meninas.

Questões Comentadas de Concursos

(OBJETIVA – 2022 – Prefeitura de Nova Hartz/RS – Auxiliar Administrativo)

1) Em uma urna, há 7 bolas azuis, 8 bolas amarelas, 6 bolas verdes e 9 bolas brancas. Sorteando-se, ao acaso, uma das bolas dessa urna, a probabilidade de, na primeira retirada, ela sair verde é de:

A) $\frac{1}{6}$

B) $\frac{1}{5}$

C) $\frac{1}{4}$

D) $\frac{1}{2}$

Gabarito comentado: ao todo, há 30 bolas (7 + 8 + 6 + 9) e, dessas, 6 são verdes. Portanto, a probabilidade de a primeira bola retirada ser verde é:

$$P = \frac{\text{quero}}{\text{tenho}}$$

$$P = \frac{6}{30} \text{ (simplificando tudo por 6)}$$

$$P - \frac{1}{5} \, .$$

Portanto, a letra B é o gabarito.

(Instituto UniFil – 2022 – Prefeitura de Lidianópolis/PR – Fiscal)

2) Considerando que dois dados, não viciados, foram lançados ao mesmo tempo, assinale a alternativa que representa a probabilidade de dois números iguais ficarem voltados para cima.

A) 10,30%.

B) 12,56%.

C) 16,67%.

D) 18,10%.

Gabarito comentado: com dois dados, o total de pares formados é 36 (1º dado **e** 2º dado = 6 · 6 = 36), já os pares com números iguais são só 6 (1,1 – 2,2 – 3,3 – 4,4 – 5,5 – 6,6). Calculando a probabilidade:

$$P = \frac{\text{quero}}{\text{tenho}}$$

$$P = \frac{\text{pares iguais}}{\text{total de pares}}$$

$$P = \frac{6}{36}$$

$$P = 0,1666...$$

$$P = 16,67\%.$$

Portanto, a letra C é o gabarito.

(Quadrix – 2022 – CRC/PR – Assistente Administrativo)

3) O cardápio de um restaurante apresenta quatro tipos de entrada, seis tipos de prato principal e três tipos de sobremesa. Para participar de determinada promoção nesse restaurante, cada cliente deverá escolher um item de cada uma dessas três categorias.

Com base nesse caso hipotético, julgue o item.

A probabilidade de um casal, que esteja participando dessa promoção, pedir exatamente os mesmos pratos é maior que 1,4%.

Gabarito comentado: para que um casal peça os mesmos pratos, um deles pode pedir o que quiser (qualquer das 4 entradas, dos 6 pratos principais e das 3 sobremesas) e o outro terá que pedir exatamente os mesmos pratos do cônjuge. Com isso, a probabilidade fica:

P = pedir a mesma entrada do cônjuge **e** pedir o mesmo prato principal **e** pedir a mesma sobremesa

$$P = \frac{1}{4} \cdot \frac{1}{6} \cdot \frac{1}{3} = \frac{1}{72} = 0,01388888... = 1,39\% \text{ (aproximadamente).}$$

Como 1,39% é menor que 1,4%, a assertiva do enunciado está incorreta.

(FGV – 2022 – Prefeitura de Manaus/AM – Advogado)

4) Em uma disputa de pênaltis, quando um time acerta uma cobrança de pênalti, a probabilidade de que esse time acerte a cobrança seguinte é de 70% e, quando um time perde uma cobrança de pênalti, a probabilidade de que esse time também perca a próxima cobrança é de 80%.

Se o time A acertou a primeira cobrança, a probabilidade de que esse time perca a sua terceira cobrança é

A) 45%.

B) 50%.

C) 55%.

D) 60%.

E) 70%.

Gabarito comentado: tendo acertado a 1ª cobrança, para errar a 3ª cobrança têm-se:

P = acertar a 2ª cobrança **e** errar a 3ª cobrança **ou** errar a 2ª cobrança **e** errar a 3ª cobrança

$$P = \left(\frac{70}{100} \cdot \frac{30}{100}\right) + \left(\frac{30}{100} \cdot \frac{80}{100}\right)$$

$$P = \frac{21}{100} + \frac{24}{100}$$

$$P = \frac{45}{100} = 0,45 = 45\% .$$

Portanto, a letra A é o gabarito.

(FGV – 2022 – TJ/TO – Técnico Judiciário)

5) Bárbara escreveu cada uma das 13 letras da palavra PROBABILIDADE em 13 cartões que foram colocados em uma urna. Depois, Bárbara retirou em sequência 2 cartões da urna, sem reposição.

A probabilidade de que Bárbara tenha retirado os 2 cartões com a letra B é:

A) $\frac{1}{78}$.

B) $\dfrac{1}{39}$.

C) $\dfrac{1}{26}$.

D) $\dfrac{2}{13}$.

E) $\dfrac{1}{13}$.

Gabarito comentado: como são 2 cartões com a letra B, ao retirar dois cartões, sem reposição, dentre os 13 cartões, a chance dos dois cartões serem com a letra B é:

$P = 1^{\underline{o}}$ cartão com a letra B **e** $2^{\underline{o}}$ cartão com a letra B

$$P = \dfrac{2}{13} \cdot \dfrac{1}{12}$$

$$P = \dfrac{2}{156}$$

$$P = \dfrac{1}{78}.$$

Portanto, a letra A é o gabarito.

(FUNDATEC – 2022 – Prefeitura de São José dos Ausentes/RS – Professor de Matemática)

6) Um cliente chega em uma padaria onde tem 20 pães, sendo 6 deles do dia anterior e 10 sucos, sendo 2 deles vencidos. A probabilidade de esse cliente comprar um pão do dia e um suco dentro da validade é de:

A) $\dfrac{1}{2}$.

B) $\dfrac{12}{20}$.

C) $\dfrac{14}{25}$.

D) $\dfrac{3}{2}$.

E) $\dfrac{6}{8}$.

Gabarito comentado: dentre os 20 pães, 14 são do dia, e dentre os 10 sucos, 8 estão dentro da validade. Com isso, a probabilidade de o cliente comprar um pão do dia e um suco dentro da validade é:

$P =$ pão do dia **e** suco dentro da validade

$$P = \dfrac{14}{20} \cdot \dfrac{8}{10}$$

$$P = \dfrac{112}{200} \text{ (simplificando por 8)}$$

$P = \dfrac{14}{25}.$

Portanto, a letra C é o gabarito.

(IDIB – 2022 – CREA/PE – Fiscal Auditor)

7) Com os dígitos 1, 2, 3, 4, 5, 6 são formados números de 3 algarismos distintos. Determine a probabilidade de escolher um número entre eles, e esse número ser par.

A) $P = \dfrac{1}{2}.$

B) $P = \dfrac{1}{3}.$

C) $P = \dfrac{1}{4}.$

D) $P = \dfrac{1}{5}.$

E) $P = \dfrac{1}{6}.$

Gabarito comentado: ao todo, existem 120 números de 3 algarismos com esses algarismos e números pares são 60. Veja:

Total de número:

Algarismo **e** Algarismo **e** Algarismo

$6 \cdot 5 \cdot 4 = 120$

Números pares (para ser número par, precisa terminar em um número par, que, dos algarismos dados na questão, são o 2, 4 e 6):

Algarismo **e** Algarismo **e** Algarismo Par

$5 \cdot 4 \cdot 3 = 60$

Calculando a probabilidade:

$P = \dfrac{\text{quero}}{\text{tenho}}$

$P = \dfrac{\text{número par}}{\text{total de números}}$

$P = \dfrac{60}{120}$

$P = \dfrac{1}{2}.$

Portanto, a letra A é o gabarito.

(FGV – 2022 – MPE/SC – Analista em Contabilidade)

8) Duas urnas A e B têm, cada uma, 9 bolas numeradas. Na urna A há 4 bolas com números ímpares e 5 bolas com números pares. Na urna B há 5 bolas com números ímpares e 4 bolas

com números pares. Retira-se, aleatoriamente, uma bola de cada urna. A probabilidade de que o produto dos números das bolas retiradas seja par é:

A) $\dfrac{1}{2}$.

B) $\dfrac{4}{9}$.

C) $\dfrac{5}{9}$.

D) $\dfrac{20}{81}$.

E) $\dfrac{61}{81}$.

Gabarito comentado: para o produto ser par é preciso que um dos números retirado das urnas seja par. Com isso, têm-se as seguintes possibilidades:

Par **e** par **ou** par **e** ímpar **ou** ímpar **e** par

Contudo, isso dá muito trabalho para calcular, logo, é mais interessante calcular a chance de o produto ser ímpar (que só acontece com impar **e** ímpar) e fazer a probabilidade complementar (se o produto não é ímpar, então o produto será par).

Calculando a probabilidade de o produto dos números ser ímpar:

Ímpar da urna A **e** ímpar da urna B

$$P = \frac{4}{9} \cdot \frac{5}{9}$$

$$P = \frac{20}{81}$$

Fazendo agora a probabilidade complementar:

$$P + P' = 1$$

$$\frac{20}{81} + P' = 1$$

$$P' = 1 - \frac{20}{81}$$

$$P' = \frac{81}{81} - \frac{20}{81}$$

$$P' = \frac{61}{81}.$$

Portanto, a letra E é o gabarito.

(Quadrix – 2022 – COREN/AP – Analista Administrativo)

9) Em uma equipe de competição de jiu-jitsu, há 6 faixas brancas, 1 faixa azul, 4 faixas roxa, 2 faixas marrons e 1 faixa preta.

Com base nessa situação hipotética, julgue o item.

Suponha-se que um competidor tenha sido selecionado ao acaso. Nesse caso, sabendo-se que ele não é faixa branca, a probabilidade de ele ser faixa preta é de 6,25%.

Gabarito comentado: se o competidor não é faixa branca, 8 estão disponíveis para a escolha, e dentre essas, só 1 faixa preta, então a probabilidade fica:

$$P = \frac{1}{8} = 0,125 = 12,5\%$$

Portanto, a assertiva do enunciado está incorreta.

(IBFC – 2022 – MGS – Cargos de Nível Médio)

10) Considere as letras da palavra "COMBINATÓRIA", então se tivesse que escolher uma única letra, a probabilidade de ela ser a letra A é, aproximadamente igual a:

A) 23%.

B) 32%.

C) 17%.

D) 13%.

Gabarito comentado: COMBINATÓRIA tem 12 letras e, destas, duas são A. Calculando a probabilidade:

$$P = \frac{quero}{tenho}$$

$$P = \frac{letra\ A}{total\ de\ letras}$$

$$P = \frac{2}{12} \text{ (simplificando por 2)}$$

$$P = \frac{1}{6}$$

$P = 0,16666... = 17\%$ (aproximadamente).

Portanto, a letra C é o gabarito.

(IBADE – 2022 – SEA/SC – Engenheiro)

11) Considerando o lançamento consecutivo de uma moeda não viciada, a probabilidade de em três lançamentos termos pelo menos duas caras é:

A) 10%.

B) 25%.

C) 50%.

D) 75%.

E) 90%.

Gabarito comentado: lançando a moeda 3 vezes, todos os resultados são:

C = cara

K = coroa

CCC

CCK

CKC

KCC

KKC

KCK

CKK

KKK

Nesse universo de 8 resultados, 4 têm pelo menos 3 caras. Calculando a probabilidade:

$$P = \frac{quero}{tenho}$$

$$P = \frac{pelo\ menos\ 3\ caras}{total\ de\ resultados}$$

$$P = \frac{4}{8}\ (simplificando\ por\ 4)$$

$$P = \frac{1}{2}$$

$P = 0,5 = 50\%.$

Portanto, a letra C é o gabarito.

(FGV – 2022 – PC/AM – Escrivão de Polícia)

12) Um dado comum, com as faces numeradas de 1 a 6, é lançado 3 vezes. A probabilidade de a soma dos 3 números obtidos ser igual a 16 é:

A) $\frac{1}{16}$.

B) $\frac{1}{18}$.

C) $\frac{1}{36}$.

D) $\frac{1}{54}$.

E) $\frac{1}{108}$.

Gabarito comentado: com três dados, o total de trincas formadas é 216 (1º dado **e** 2º dado **e** 3º dado = 6 · 6 · 6 = 216); já as trincas cuja soma totaliza 16 são 6 (4,6,6 – 6,4,6 – 6,6,4 – 5,5,6 – 5,6,5 – 6,5,5). Calculando a probabilidade:

$$P = \frac{quero}{tenho}$$

$$P = \frac{soma\ 16}{total\ de\ trincas}$$

$$P = \frac{6}{216}\ (simplificando\ tudo\ por\ 6)$$

$$P = \frac{1}{36}.$$

Portanto, a letra C é o gabarito.

Acesse a Plataforma Digital com questões de concursos interativas com gabarito selecionadas para você praticar. Para acessá-la, veja o passo a passo na orelha desta obra.